# 日本近现代文学作品赏析

王净华 主编

WUHAN UNIVERSITY PRESS
武汉大学出版社

**图书在版编目(CIP)数据**

日本近现代文学作品赏析:日文/王净华主编 .—武汉:武汉大学出版社,2021.5

ISBN 978-7-307-22266-3

Ⅰ.日…　Ⅱ.王…　Ⅲ.①日语—阅读教学—高等学校—教材　②日本文学—文学欣赏—近现代　Ⅳ.H369.4:I

中国版本图书馆 CIP 数据核字(2021)第 072202 号

责任编辑:谢群英　王雪松　　责任校对:汪欣怡　　版式设计:韩闻锦

出版发行:**武汉大学出版社**　(430072　武昌　珞珈山)

(电子邮箱:cbs22@ whu.edu.cn 网址:www.wdp.com.cn)

印刷:湖北金海印务有限公司

开本:787×1092　1/16　印张:20.75　字数:353 千字　插页:1

版次:2021 年 5 月第 1 版　2021 年 5 月第 1 次印刷

ISBN 978-7-307-22266-3　定价:56. 00 元

# 前　言

本书为华中科技大学规划教材《新时期大学生中外语言文化比较研究系列丛书》之一，适合日语语言文学专业高年级、研究生以及日本文学爱好者使用。

教材是编者结合多年教学经验，从日本近现代文学作品中选取具有代表性的作家及作品编写而成。旨在通过阅读日本近现代文学作品，深入了解日本文学总体特征、对不同流派创作特征有较为准确的认识；掌握文学作品阅读方法，提高文学的理解力与赏析能力、培养阅读者的研究能力、提升文学素养。

教材在篇目选择上兼顾日本近现代各个时期、不同流派的代表作品。选入一般文学教材所忽视的童话、诗歌、散文、评论等体裁，增强了文体和题材的丰富性。教材共选择名篇佳作 14 篇，其中部分小说、诗歌为节选。在体例编排上，正文主要由“作家介绍”“作品解说”“读解赏析”“研究综述”“参考文献”五大部分组成。“作家介绍”部分主要是对作家生平、文学生涯、代表作及文学地位进行综述。“作品解说”部分主要围绕作品出版、内容简介、主题思想、人物设定、创作背景、语言风格等进行分析，为学习者提供鉴赏的基本信息和方法，期待学习者在此基础上进行更为深入的多样化解读。“读解赏析”部分主要精选与作品相关的资料、作家重要文论集萃，以拓宽学习者视野、增强阅读趣味，为作品研究提供思路和线索。“研究综述”部分主要以时间为轴线介绍作家作品的研究史。“研究文献”部分主要列举参考文献，为学习者进行科学研究提供指导，以期提升科学研究能力。

本书由华中科技大学王净华担任主编，华中科技大学教师柯子刊、研究生李献参与本书部分编写工作，特此说明。编撰过程中，在尽量保持原汁原味的基础上，编者将部分难懂的旧字改为了常见的新字，以方便阅读者阅读。

由于编者水平有限，在作品甄选、材料取舍和编写中必定有诸多纰漏与不当之处，敬请广大读者和使用本教材的师生批评指正。

本书出版得到武汉大学出版社的大力支持，在此谨表诚挚谢意。

**编者**

2021 年 3 月

# 目　　次

# 一　浮　雲

**二葉亭四迷**

枕頭（まくらもと）で喚覚（よびさ）ます下女の声に見果てぬ夢を驚かされて、文三（ぶんぞう）が狼狽（うろたえ）た顔を振揚げて向うを見れば、はや障子には朝日影が斜めに射している。「ヤレ寐過（ねすご）したか……」と思う間もなく引続いてムクムクと浮み上った「免職」の二字で狭い胸がまず塞（ふさ）がる……茇莒（おんばこ）①を振掛けられた死蟇（しにがえる）の身で、躍上（おどりあが）り、衣服を更（あらた）めて、夜の物を揚げあえず、楊枝（ようじ）を口へ頬張（ほおば）り故手拭（ふるてぬぐい）を前帯にはさんで、あわてて二階を降りる。その足音を聞きつけてか、奥の間で「文さんはやくしないと遅くなるヨ」トいうお政（せい）の声に圭角（かど）はないが、文三の胸にはぎっくり応（こた）えて返答にも迷惑（まごつ）く。そこで頬張っていた楊枝をこれ幸いと、我にも解らぬでたらめを句籠勝（くごもりがち）に言ってまず一寸（ちょっと）のがれ、匆々（そこそこ）に顔を洗ッて朝飯（あさはん）の膳（ぜん）に向ッたが、胸のみ塞がッて箸の歩みも止まりがち、三膳の飯を二膳で済まして、何時（いつ）もならグッと突出す膳もソッと片寄せるほどの心遣い、身体（からだ）まで俄（にわか）に小さくなったように思われる。

文三が食事を済まして縁側を廻わり窃かに奥の間を覗いて見れば、お政ばかりでお勢（せい）の姿は見えぬ。お勢は近ごろ早朝より駿河台辺（するがだいへん）へ英語の稽古（けいこ）に参るようになったこ

---

① 茇莒：オオバコ科の多年草。葉に根生して地に伏し、卵形で、数本の縦脈が目立つ。車前草。オオバコ。

とゆえ、さては今日ももう出かけたのかと恐々(おそるおそる)座舗(ざしき)へ這入(はい)ッて来る。その文三の顔を見て今まで火鉢(ひばち)の琢磨(すりみがき)をしていたお政が、俄かに光沢布巾(つやぶきん)の手を止(とど)めて不思議そうな顔をしたもその筈(はず)、この時の文三の顔色(がんしょく)がツイ一通りの顔色でない。蒼(あお)ざめていて力なさそうで、悲しそうで恨めしそうで耻かしそうで、イヤハヤ何とも言様がない。

「文さんどうかおしか①、大変顔色がわりいヨ」

「イエどうもしませぬが……」

「それじゃア疾(はや)くおしヨ。ソレ御覧な、モウ八時にならアネ②」

「エーまだお話し……申しませんでしたが……実は、ス、さくじつ……め……め……」息気(いき)はつまる、冷汗は流れる、顔は赤くなる、如何(いか)にしても言切れぬ。暫く無言でいて、更らに出直(でなお)して、

「ム、めん職になりました」

ト一思いに言放ッて、ハッと差俯向(さしうつむ)いてしまう。聞くと等しくお政は手に持ッていた光沢布巾を宙に釣(つ)るして、「オヤ」と一声叫んで身を反(そ)らしたまま一句も出(い)でばこそ③、暫らくは唯茫然として文三の貌(かお)を目守めていたが、稍(やや)あッて忙(いそが)わしく布巾を擲却(ほう)り出して小膝(こひざ)を進ませ、

「エ御免にお成りだとエ……オヤマどうしてマア」

「ど、ど、どうしてだか……私(わたくし)にも解りませんが……大方……ひ、人減(ひとべ)らしで……」

「オーヤオーヤ仕様がないネー、マア御免になってサ。ほんとに仕様がないネー」

---

① おしか：「お」は尊敬の意を表す接頭語。「し」はするの連用語。目上の人が目下の人によく使う言い方である。

② ならアネ：なろうね。

③ 出てばこそ：文語動詞「出づ」の未然形+接続助詞「ば」+係助詞「こそ」、終助詞的に用いて強い否定の意を表す。……などするものか。

ト落胆した容子（ようす）。しばらくあッて、

「マアそれはそうと、これからはどうして往（い）くつもりだエ」

「どうも仕様が有りませんから、母親（おふくろ）にはもうすこし国に居て貰ッて、私はまた官員の口でも探そうかと思います」

「官員の口てッたッてチョックラ①チョイ②と有りゃアよし、無かろうもんならまたいつうか③のような憂（つら）い思いをしなくッちゃアならないやアネ……だからあたしが言わない事（こっ）ちゃアないんだ、ちイと④課長さんの所（とこ）へも御機嫌（ごきげん）伺いにおいでおいでと口の酸ぱくなるほど言ッても強情張ッておいでで なかッたもんだから、それでこんな事になったんだヨ」

「まさかそういう訳でもありますまいが……」

「イイエきっとそうに違いないヨ。デなくッて成程（なんぼ）人減らしだッて罪も咎（とが）もない者をそう無暗（むやみ）に御免になさる筈がないやアネ……それとも何か御免になっても仕様がないようなわりい事をした覚えがお有りか」

「イエ何にも悪い事をした覚えは有りませんが……」

「ソレ御覧なネ」

両人とも暫らく無言。

「アノ本田さんは（この男の事は第六回にくわしく）どうだッたエ」

「かの男はよう御座んした」

「オヤ善かッたかい、そうかい、運の善方（いいかた）は何方（どっち）へ廻ッても善（いい）んだネー。それというが全躰（ぜんたい）あの方は如才がなくッて発明⑤で、ハキハキしてお出でなさるからだヨ。そ

---

① チョックラ：ちょっくら、ちょっと。
② チョイ：すこし。
③ いつうか：いつか。
④ ちイと：ちょっと。
⑤ 発明：頭がいい、賢い。

れに聞けば課長さんの所（とこ）へも常不断（じょうふだん）御機嫌伺いにおいでなさるという事（こっ）た①から、必（きっ）とそれで此度（こんど）も善かッたのに違いないヨ。だからお前さんも私の言事（いうこと）を聴いて、課長さんに取り入ッて置きゃア今度もやっぱり善かッたのかも知れないけれども、人の言事をお聴きでなかッたもんだからそれでこんな事になっちまッたんだ」

「それはそうかも知れませんが、しかし幾程（いくら）免職になるのが恐（こわ）いと言ッて、私にはそんな鄙劣（ひれつ）な事は……」

「出来ないとお言いのか……フンやせ我慢をお言いでない、そんな了簡方（りょうけんかた）②だから課長さんにも睨（ねめ）られたんだ。マアヨーク考えて御覧、本田さんのようなあんな方でさえ御免になってはならないと思（おもい）なさるもんだから、手間暇かいで課長さんに取り入（い）ろうとなさるんじゃアないか、ましてお前さんなんざアそう言ッちゃアなんだけれども、本田さんから見りゃア……なんだから、尚更（なおさら）の事だ。それもネー、これがお前さん一人の事なら風見（かざみ）の烏（からす）みたように高くばッかり止まッて、食うや食わずにいようといまいとそりゃアもうどうなりと御勝手次第サ、けれどもお前さんには母親（おっか）さんというものが有るじゃアないかエ」

母親と聞いて文三の萎（しお）れ返るを見て、お政は好い責（せめ）道具を見つけたという顔付、長羅宇（ながらう）の烟管（きせる）で席（たたみ）を叩（たた）くをキッカケに、

「イエサ③母親さんがお可愛（かわい）そうじゃアないかエ、マア篤（とっく）り胸に手を宛（あ）てて考えて御覧。母親さんだッて父親（おとっ）さんには早くお別れなさるし、今じゃ便りにするなアお前さんばッかりだから、どんなにか心細いか知れない。なにもああしてお国で一人暮しの不自由な思いをしてお出でなさりたくもあるまいけれども、それもこれも皆お前さ

---

① た：「だ」。「た」は原作の表記である。
② 了簡方：考え方。
③ イエサ：いやさ。

んの立身するばッかりを楽にして辛抱してお出でなさるんだヨ。そこを些しでも汲分(くみわ)けてお出でなら、仮令(たと)えどんな辛いと思う事があッても厭だと思う事があッても我慢をしてサ、石に噛付(かじりつい)ても出世をしなくッちゃアならないと心懸なければならないとこだ。それをお前さんのように、ヤ①人の機嫌を取るのは厭だの、ヤそんな鄙劣(ひれつ)な事は出来ないのとそんな我儘(きまま)気随を言ッて母親さんまで路頭に迷わしちゃア、今日(こんにち)冥利(みょうり)がわりいじゃないか。それゃアモウお前さんは自分の勝手で苦労するんだから関(かま)うまいけれども、それじゃア母親さんがお可愛そうじゃアないかい」ト層(かさ)にかかッて極付(きめつけ)れど、文三はさしむいたまで返答をしない。

「アアアア母親さんもあんなに今年の暮を楽しみにしてお出でなさるとこだから、今度御免にお成りだとお聞きなすったらさぞマア落胆(がっかり)なさる事だろうが、年を寄(と)ッて御苦労なさるのを見ると真個(ほんと)にお痛(いたわ)しいようだ」

「実に母親には面目が御座んせん」

「当然(あたりまえ)サ、二十三にも成ッて母親さん一人さえ楽に養(すご)す事が出来ないんだものヲ。フフン面目が無くッてサ」

トツンと済まして空嘯(そらうそぶ)き、烟草(たばこ)を環(わ)に吹ている。そのお政の半面(よこがお)を文三は畏(こわ)らしい顔をして佶(きっ)と睨付(ねめつ)け、何事をか言わんとしたが……気を取直して莞爾(にっこり)微笑した積(つもり)でも顔へ顕(あら)われたところは苦笑い、震声(ふるいごえ)とも附かず笑声(わらいごえ)とも附かぬ声で、

「へへへへ面目はござんせんが、しかし……出……出来た事なら……仕様が有りません」

「何だとエ」

トいいながら徐(しず)かに此方(こなた)を振向いたお政の顔を見れば、何時しか額に芋(いもむし)ほどの

---

① ヤ：人の話の前に置く。引用の意を指す。

青筋を張らせ、肝癪の眥を釣上げて唇をヒン曲げている。

「イエサ何とお言いだ。出来た事なら仕様が有りませんと……誰が出来した事たエ、誰が御免になるように仕向けたんだエ、皆自分の頑固から起ッた事じゃアないか。それも傍で気を附けぬ事か、さんざッぱら①人に世話を焼かして置いて、今更御免になりながら面目ないとも思わないで、出来た事なら仕様が有ませんとは何の事たエ。それはお前さんあんまりというもんだ、余り人を踏付けにすると言う者だ。ぜんたいマア人を何だと思ッてお出でだ、そりゃアお前さんの事たから鬼老婆とか糞老婆とか言ッて他人にしてお出でかも知れないが、私ア何処までも叔母の積だヨ。ナアニこれが他人で見るがいい、お前さんが御免になッたッてならなくッたッて此方にゃア痛くも痒くも何とも無い事たから、何で世話を焼くもんですか。けれども血は繋らずとも縁あッて叔母となり甥となりして見れば、そうしたもんじゃアありません。ましてお前さんは十四の春ポッと出の山出し②の時から、長の年月、この私が婦人の手一ツで頭から足の爪頭までの事を世話アしたから、私はお前さんを御迷惑かは知らないが血を分けた子息同様に思ッてます。ああやッてお勢や勇という子供が有ッても、些しも陰陽なくしている事がお前さんにゃア解らないかエ。今までだッてもそうだ、何卒マア文さんも首尾よく立身して、早く母親さんを此地へお呼び申すようにして上げたいもんだと思わない事は唯の一日も有ません。そんなに思ッてるとこだものヲ、お前さんが御免におなりだと聞いちゃア私は愉快はしないよ、愉快はしないからアア困ッた事に成ッたと思ッて、ヤレこれからはどうしていくつもりだ、ヤレお前さんの身になったらさぞ母親さんに面目があるまいと、人事にしないで歎いたり悔だりして心配してるとこだから、全体なら③『叔母さんの了簡に就かなくッて、こう

---

① さんざっぱら：さんざん。

② 山出し：田舎の出身で、世なれていないこと。

③ 全体なら：本来なら。

御免になって実（まこと）に面目が有りません』とか何とか詫言（わびこと）の一言でも言う筈の所だけれど、それも言わないでもよし聞たくもないが、人の言事を取上げなくッて御免になりながら、糞落着（くそおちつき）に落着払ッて、出来た事なら仕様が有りませんとは何の事たエ。マ何処を押せばそんな音（ね）が出ます……アアアアつまらない心配をした、此方ではどこまでも実の甥と思ッて心を附けたり世話を焼たりして信切（しんせつ）を尽していても、先様じゃア屁（へ）とも思召（おぼしめ）さない。」

「イヤ決してそう言う訳じゃア有りませんが、御存知の通り口不調法なので、心には存じながらツイ……」

「イイエそんな言訳は聞きません。なんでも私を他人にしておいでに違いない、糞老婆（くそばばあ）と思ッておいでに違いない……此方はそんな不実な心意気の人と知らないから、文さんも何時までもああやッて一人でもいられまいから、来年母親さんがおいでなすったら篤（とっく）り御相談申して、誰と言ッてあてもないけれども相応なのが有ッたら一人授（さず）けたいもんだ、それにしても外人（ほかびと）と違ッて文さんがお嫁をお貰いの事たから黙ッてもいられない、何かしら祝ッてあげなくッちゃアなるまいからッて、この頃じゃア、アノ博多（はかた）①の帯をくけ直おさして、コノお召縮緬（ちりめん）の小袖（こそで）を仕立直して、あれをこうしてこれをこうしてと、毎日々々勘（かんが）えてばッか②いたんだ。そうしたら案外で、御免になるもいいけれども、面目ないとも思わないで、出来た事なら仕様が有りませぬと済まアしてお出でなさる……アアアアもういうまいいうまい、幾程（いくら）言ッても他人にしておいでじゃア無駄だ」ト厭味文句を並べて始終肝癪の思入（おもいいれ）。暫らく有ッて、

「それもそうだが、全体その位なら昨夕（ゆうべ）の中（うち）に、実はこれこれで御免になりました

---

① 博多：福岡にある区名。

② ばっか：ばかり

と一言ぐらい言ッたッてよさそうなもんだ。お話しでないもんだから此方（こっち）はそんな事とは夢にも知らず、お弁当のお菜（かず）も毎日おんなじ物（もん）ばッかりでもお倦（あ）きだろう、アアして勉強してお勤めにおいでの事たからその位な事は此方で気を附けて上げなくッちゃアならないと思ッて、今日のお弁当のお菜（かず）は玉子焼にして上げようと思ッても鍋①には出来ず、余儀所（よんどころ）ないから私が面倒な思いをして拵（こし）らえて附けましたアネ……アアアア偶（たま）に人が気を利かせればこんな事ッた……しかし飛んだ余計なお世話でしたヨネー、誰も頼みもしないのに……鍋」

「ハイ」

「文さんのお弁当は打開（ぶちあ）けておしまい」

お鍋女郎（じょろう）は襖（ふすま）の彼方（あなた）から横幅（よこはば）の広い顔を差し出して、「ヘー」とモッケな顔付。

「アノネ、内の文さんは昨日（きのう）御免にお成りだッサ」

「ヘーそれは」

「どうしても働のある人は、フフン違ッたもんだヨ」

ト半（なかば）まで言切らぬ内、文三は血相を変てツと身を起し、ツカツカと座舗（ざしき）を立出でてわが子舎（へや）へ戻り、机の前にブッ座ッて歯を噛切（くいしば）ッての悔涙（くやしなみだ）、ハラハラと膝へ濫（こぼ）した。暫（しば）らく有ッて文三は、はふり②落ちる涙の雨をハンカチーフで拭止（ぬぐいと）めた……がさて拭ッても取れないのは沸返える胸のムシャクシャ、熟々（つらつら）と思廻（おもいめぐ）らせば廻らすほど、悔しくも又口惜（くちお）しくなる。免職と聞くより早くガラリと変る人の心のさもしさは、道理（もっとも）らしい愚痴の蓋（ふた）で隠蔽（かく）そうとしても看透（みす）かされる。とはいえそれは忍ぼうと思えば忍びもなろうが、面（まの）あたりに意久地なしと言わぬばかりのからみ文句、人を

① 鍋：女中の名前。
② はふり：ほうり。

見括(みくび)ッた一言(いちごん)ばかりは、如何(いか)にしても腹に据(す)えかねる。なぜ意久地がないとて叔母がああ嘲(あざけ)り辱(はずかし)めたか、其処(そこ)まで思い廻らす暇がない、唯もう腸(はらわた)が断(ちぎ)れるばかりに悔しく口惜しく、恨めしく腹立たしい。文三は憤然として「ヨシ先がその気なら此方(こっち)もその気だ、畢竟(ひっきょう)姨(おば)と思えばこそ甥と思えばこそ、言たい放題をも言わして置くのだ。ナニ縁を断(き)ッてしまえば赤の他人、他人に遠慮も糸瓜(へちま)①もいらぬ事だ……糞ッ、面宛(つらあて)半分に下宿をしてくれよう……」ト肚の裏で独言(ひとりごと)をいうと、不思議やお勢の姿が目前にちらつく。「ハテそうしては彼娘(あれ)が……」ト文三は少しく萎(しお)れたが……ふとまた叔母の悪々(にくにく)しい者面(しゃっつら)を憶出(おもいだ)して、又憤然(やっき)となり、「糞ッ止めても止まらぬぞ」ト何時(いつ)にない断念(おもいきり)のよさ。こう腹を定(き)めて見ると、サアモウ一刻も居るのが厭になる、借住居(かりずまい)かとおもえば子舎(へや)が気に喰わなくなる、我物でないかと思えば縁(ふち)の欠けた火入(ひいれ)まで気色(きしょく)に障(さ)わる。時計を見れば早十一時、今から荷物を取旁付(とりかたづ)けて是非とも今日中には下宿を為よう、と思えば心までいそがれ、「糞ッ止めても止まらぬぞ」ト口癖のように言いながら、熱気(やっき)となって其処らをとりかたづけにかかり、何か探そうとして机の抽斗(ひきだし)を開け、中(うち)に納(い)れてあった年頃五十の上をゆく白髪たる老婦の写真にフト眼を注(と)めて、我にもなく熟々(つらつら)と眺(なが)め入ッた。これは老母の写真で。御存知の通り文三は生得(しょうとく)の親おもい、母親の写真を視て、我が辛苦(しんく)を甞め艱難(かんなん)を忍びながら定めない浮世に存生(なが)らえていたる②、自分一個(ひとり)の為(ため)而已(のみ)でない事を想出(おもいいだ)し、我と我を叱りもし又励しもする事何時も何時も。今も今母親の写真を見て文三は日頃喰付(たべつ)けの感情をおこし覚えずも悄然(しょうぜん)と萎れ返ッたが、又悪々(にくにく)しい叔母の者面(しゃっつら)③を

① 糸瓜：つまらないことのたとえ。
② 存生らえる：長く生き続ける。
③ しゃっつら：顔をののしっている語。「しゃつら」とも言う。

憶出して又熱気(やっき)となり、拳(こぶし)を握り歯を喰切(くいしば)り、「糞ッ止めて止まらぬぞ」ト独言(ひとりごと)を言いながら再び将(まさ)に取旁付(とりかたづけ)にかからんとすると、二階の上り口で「お飯(まんま)で御座いますヨ」ト下女の呼ぶ声がする。故(ことさ)らに二三度呼ばして返事にも勿躰(もったい)をつけ、しぶしぶ二階を降りて、気むずかしい苦り切ッた怖(おそ)ろしい顔色(かんしょく)をして奥坐舗(おくざしき)の障子を開けると……お勢がいるお勢が……今まで残念口惜しいと而已(のみ)一途に思詰めていた事ゆえ、お勢の事は思出したばかりで心にも止めず忘れるともなく忘れていたが、今突然可愛らしい眼と眼を看合わせ、しおらしい口元で嫣然(にっこり)笑われて見ると……淡雪(あわゆき)の日の眼に逢(あ)ッて解けるが如く、胸の鬱結(むすぼれ)も解けてムシャクシャも消え消えになり、今までの我を怪しむばかり、心の変動、心底(むなそこ)に沈んでいた嬉(うれ)しみ有難みが思い懸けなくもニッコリ顔へ浮み出し懸ッた……が、グッと飲込んでしまい、心では笑いながら顔ではフテテ膳に向ッた。さて食事も済む。二階へ立戻ッて文三が再び取旁付に懸ろうとして見たが、何となく拍子抜(ひょうしぬ)けがして以前のような気力が出ない。ソッと小声で「大丈夫」と言ッて見たがどうも気が引立(ひった)たぬ。依(よっ)て更に出直して「大丈夫」ト熱気(やっき)とした風(ふり)をして見て、歯を喰切(くいしば)ッて見て、「一旦思い定めた事を変(へん)がえるという事が有るものか……しらん、止めても止まらんぞ」

と言ッて出て往(ゆ)けば、彼(あれ)娘を捨てなければならぬかと落胆したおもむき。今更未練が出てお勢を捨るなどという事は勿躰(もったい)なくて出来ず、と言ッて叔母に詫言(わびごと)を言うも無念、あれも厭(いや)なりこれも厭なりで思案の糸筋が乱(もつ)れ出し、肚の裏(うち)では上を下へとゴッタ返えすが、この時より既にどうやら人が止めずとも遂(つい)には我から止まりそうな心地がせられた。「マアともかくも」ト取り片づけにかかりは懸ッたが、考えながらするので思の外暇取り、二時頃までかかって漸(ようや)く片付け終りホッと一息吐いていると、ミシリミシリと梯子段(はしごだん)を登る人の跫音(あしおと)がする。跫音を聞たばかりで姿を見ずとも文三にはそれと解(わかっ)ッた者か、先刻飲込んだニッコリを改めて顔へ現わして其方(そなた)を振向く。上ッて来た者はお勢で、文三の顔を見てこれもまたニッコリして、さて坐舗を見廻わし、

「オヤ大変片付たこと」

「余りヒッ散らかっていたから」

ト我知らず言ッて文三は我を怪んだ。何故虚言(そらごと)を言ッたか自分にも解りかねる。お勢は座に着きながら、さして吃驚(びっくり)した様子もなく、

「アノ今母親さんがお噺(はな)しだッたが、文さん免職におなりなすったとネ」

「昨日(きのう)免職になりました」

ト文三も今朝とはうって反(かわ)ッて、今は其処(そこ)どころで無いと言ッたような顔付。

「実に面目は有りませんが、しかし幾程(いくら)悔んでも出来た事は仕様が無いと思ッて今朝母親さんに御風聴(ごふいちょう)申したが……叱られました」

トいって歯を囓切(くいしば)ッて差俯向(さしうつむ)く。

「そうでしたとネー、だけれども……」

「二十三にも成ッて親一人楽に過す事の出来ない意久地なし、と言わないばかりに仰(おっ)しゃッた」

「そうでしたとネー、だけれども……」

「成程私は意久地なしだ、意久地なしに違いないが、しかしなんぼ叔母甥の間柄(あいだがら)だと言ッて面と向ッて意久地なしだと言われては、腹も立たないが余(あんま)り……」

「だけれどもあれは母親さんの方が不条理ですワ。今もネ母親さんが得意になってお話しだったから、私が議論したのですよ。議論したけれども母親さんには私の言事(いうこと)が解らないと見えてネ、唯(ただ)腹ばッかり立てているのだから、教育の無い者は仕様がないのネー」

ト極り文句。文三は垂れていた頭（こうべ）をフッと振挙げて、

「エ、母親さんと議論を成（な）すった」

「ハア」

「僕の為めに」

「ハア、君の為めに弁護したの」

「アア」

ト言って文三は差俯向いてしまう。何だか膝の上へボッタリ落ちた物が有る。

「どうかしたの、文さん」

トいわれて文三は漸く頭（こうべ）を擡（もた）げ、莞爾（にっこり）笑い、その癖をまぶちを湿（うる）ませながら、

「どうもしないが……実に……実に嬉れしい……母親さんの仰しゃる通り、二十三にも成ッてお袋一人さえ過しかねるそんな不甲斐（ふがい）ない私をかばって母親さんと議論をなすったと、実に……」

「条理を説ても解らない癖に腹ばかり立てているから仕様がないの」ト少し得意の躰（てい）。

「アアそれ程までに私を……思ッて下さるとは知らずして、貴嬢（あなた）に向ッて匿立（かくしだ）てをしたのが今更耻かしい、アア耻かしい。モウこうなれば打散（ぶちま）けてお話してしまおう、実はこれから下宿をしようかと思ッていました」

「下宿を」

「サ為（し）ようかと思ッていたんだが、しかしもう出来ない。他人同様の私をかばって実の母親さんと議論をなすった、その貴嬢の御信切を聞ちゃ、しろと仰しゃッてももう出来ない……がそうすると、母親さんにお詫（わび）を申さなければならないが……」

「打遣（うっちゃ）ッてお置きなさいヨ。あんな教育の無い者が何と言ッたッてよう御座（ござ）んさアネ」

「イヤそうでない、それでは済まない、是非お詫を申そう。がしかしお勢さん、お

志は嬉しいが、もう母親さんと議論をすることは罷(や)めて下さい、私の為めに貴嬢を不孝の子にしては済まないから」

「お勢」

ト下坐舗の方でお政の呼ぶ声がする。

「アラ母親さんが呼んでお出でなさる」

「ナアニ用も何にも有るんじゃアないの」

「お勢」

「マア返事を為(な)さいヨ」

「お勢お勢」

「ハアイ……チョッ五月蠅(うるさい)こと」

ト起揚(たちあが)る。

「今話した事は皆(みんな)母親さんにはコレですよ」

ト文三が手頭(てくび)を振ッて見せる。お勢は唯点頭(うなずい)た而已で言葉はなく、二階を降りて奥坐舗へ参ッた。

先程より疳癪(かんしゃく)の眥(まなじり)を釣り上げて手ぐすね引て待ッていた母親のお政は、お勢の顔を見るより早く、込み上げて来る小言を一時にさらけ出しての大怒鳴(おおがなり)。

「お……お……お勢、あれ程呼ぶのがお前には聞えなかッたかエ、聾者(つんぼ)じゃアあるまいし、人(しと)が呼んだら好加減に返事をするがいい……ぜんたい①マア何の用が有ッて二階へお出でだ、エ、何の用が有ッてだエ」

ト逆上(のぼせ)あがッて極(き)め付けても、此方(こなた)は一向平気なもので、

「何(な)にも用は有りゃアしないけれども……」

「用がないのに何故お出でだ。先刻(さっき)あれほど、もうこれからは今までのようにヘタ

---

① ぜんたい：いったい。疑問の意を強く表す。

クタ二階へ往ッてはならないと言ッたのがお前にはまだ解らないかエ。さかりの附た①犬じゃアあるまいし、間(ま)がな透(すき)がな②文三の傍(そば)へばッかし往きたがるよ」

「今までは二階へ往ッても善くッてこれからは悪いなんぞッて、そんな不条理な」

「チョッ解らないネー、今までの文三と文三が違います。お前にゃア免職になった事が解らないかエ」

「オヤ免職に成ッてどうしたの、文さんが人を見ると咬付(かみつ)きでもする様になったの、へーそう」

「な、な、な、なんだと、何とお言いだ……コレお勢、それはお前あんまりと言うもんだ、余(あんま)り親をば、ば、ば、馬鹿にすると言うもんだ」

「ば、ば、ば、馬鹿にはしません。へー私は条理のある所を主張するので御座います」

ト唇を反らしていうを聞くや否(いな)や、お政は忽(たちま)ち顔色を変えて手に持ッていた長羅宇(ながらう)の烟管(きせる)を席(たたみ)へ放り付け、

「エーくやしい」

ト歯を喰切(くいしば)ッて口惜しがる。その顔を横眼でジロリと見たばかりで、お勢はすまアし切ッて座舗を立出でてしまッた。

しかしながらこれを親子喧嘩(げんか)と思うと女丈夫の本意に負(そむ)く。どうしてどうして親子喧嘩……そんな不道徳な者でない。これはこれ辱(かたじけ)なくも難有(ありがた)くも日本文明の一原素ともなるべき新主義と時代後(おく)れの旧主義と衝突をするところ、よくお眼を止めて御覧あられましょう。

その夜文三は断念(おもいき)ッて叔母に詫言をもうしたが、ヤ梃(てこ)ずった③の梃ずらないのと言

---

① 盛りのついた犬：動物が発情すること。
② 間がな透きがな：いつも。
③ 梃ずる：困る、もてあます。

てそれはそれは……まずお政が今朝言ッた厭味に輪を懸け枝を添えて百万陀羅（ひゃくまんだら）①并べ立てた上句（あげく）、お勢の親を麁末（そまつ）にするのまでを文三の罪にして難題をいいかける。されども文三が死だ気になって諸事お容（ゆ）るされてで持切ッているに、お政もスコだれ②の拍子抜けという光景（きみ）で厭味の音締（ねじめ）をするように成ッたから、まず好しと思う間もなく、ふと又文三の言葉尻（じり）から燃出して以前にも立まさる火勢、黒烟焔々（くろけぶりえんえん）と顔に漲（みなぎ）るところを見てはとても鎮火しそうも無かッたのも、文三が済（すみ）ませぬの水を斟尽（くみつく）して澆（そそ）ぎかけたので次第々々に下火になって、プスプス燻（いぶり）になって、遂に不精々々に鎮火（しめ）る。文三は吻（ほっ）と一息、寸善尺魔（すんぜんせきま）の世の習い、またもや御意（ぎょい）の変らぬ内にと、挨拶も匆々（そこそこ）に起ッて坐敷を立出で二三歩すると、後（うしろ）の方（かた）でお政がさも聞えよがしの独語（ひとりごと）、

「アアアア今度（こんだ）こそは厄介（やっかい）払いかと思ッたらまた背負（しょい）込みか」

## 【作家紹介】

二葉亭四迷（1864—1909）、本名長谷川辰之助（はせがわたつのすけ）。小説家、翻訳家。

ペンネームは小説家を志望する彼に親が言った「くたばってしめえ」をもじったものである。江戸の尾州上屋で生まれた。子供の時代に明治維新の動乱を体験し、後の政治的傾向に強く影響したという。

旧制愛知県立第一中学校卒業。明治八年に調印した樺太千島交換条約が、将来日本にとって大きな心配事となる、ロシアから国を守ろうという使命感から陸軍士官学校を三度受験するものも、すべに不合格した。それにもかかわらず、1881 年、東京学外

① 百曼陀羅：百万遍の陀羅尼の意味から、同じことを何度も繰り返し言うことを表す。
② スコだれ：だれきってしまう。

国語学校の露語科に入学した。在学中、ゴーゴリ、ゴンチャロフレールモントフ・ツルゲーネフ、ドストエフスキーらのロシヤの作家たちの作品に接し、ロシア文学に魅せられたが、学制改革による学校併合に憤激し、退学する。退学した1886年、坪内逍遥の作家としての成功に刺激を受け、文学を志す。そして逍遥を訪問、生涯に及ぶ親交を得た。同年には、逍遥の『小説真髄』『当世書生気質』に対する疑問を『小説総論』の形で発表した。『小説総論』は『小説真髄』と並んで重要な評論である。ロシア文学者ベリンスキーの影響を受けた理論であり、「模写（写実）によって［形」に内在する「意」、つまり目に見える現象の背後に潜む本質を明らかにできると主張したものであり、逍遥の理論のあいまいさを明確にした本格的なものであった。

1887年に日本最初の近代リアリズム小説「浮雲」第一篇を世に問った。しかし、翌々年、その第三篇執筆におよぶころ、自己の作家的資質を疑い始め、むしろ哲学者たろうかとの動揺があり、ついに「浮雲」は未完に終わった。1888年に「あひびき」（ツルゲーネフ）を公表のはじめとして、ゴーゴリからゴリキー、アンドレーフにいたる多くの小説を翻訳した。1906年のとき、43歳に至り、久しぶりに「其面影」を発表し、次の年「平凡」を書いた。しかし文学を自ら天職とすることには、あくまで懐疑的であった。41歳に朝日新聞社ロシア特派員として渡露し、帰朝の途、肺結核で客死した。

最初は軍人を志し、後には外交官になろうとした彼が、かりそめに心を寄せた文学によって身を立て、文学者として生涯を終えたという不思議な一生である。しかも、明治文壇に残した足跡は甚だ偉大なるものがある。明治20年代に早くも近代ロシア文学の根本精神を把握していた彼は、創作に翻訳にその現実主義をいち早く導入した。又、現代日本文学の根本基調となった言文一致の文体を創始したうえにも興って甚だ力があった。作家として早く言文一致を用いた者には、ほかに山田微妙・尾崎紅葉があったが、二葉の「浮雲」は後来の作家に影響するところが最も多い。

二葉亭四迷は近代文学の創始者として最大の賛辞に値する作家である。西洋の文学に発想を求めたが、その単なる模倣には満足せず、明治という新時代に忠実な文学を創造しようとした。

## 【作品解説】

長編小説。（1887—1889）。第一編と第二編は坪内逍遥の名で出版、第三編は二葉亭四迷の名で発表され、未完。二葉亭四迷の処女作であり、日本近代小説の先駆とされる。粗筋は以下のとおりである。

主人公は内海文三は貧乏士族の息子で、性格は内向的であるが、学問にはよく向いている。素晴らしい成績で卒業したが、喜ぶ間がなく、お父さんは風邪にかかって死んでしまった。文三は東京の叔父に寄宿した。叔父さんは慈悲深く、しかも律儀な気質で、人の受けがいいが、ちょっと気が弱い。妻のお政は如才なく、地代から賃金の催促まで家事全般、一人で切り盛りしており、万事抜け目がない。文三は叔母のことをいちおうは主人とも親とも思って仕えるものの、気が利かないと言われ、いつも睨まれていた。その中で、叔父の家を出て、給料と寄宿舎を提供する給費生の試験に合格、給費生になった。試験はいつも一番で教員からも感心された。そして、優秀な成績で卒業し、また叔父の家に住むようになった。

文三は仕官の口を捜すが、なかなか見つからない。心ならずも半年ばかりぶらぶらし、叔母のいびりにも耐える。その後、ある下級官吏の職を得て、生活が軌道に乗り始めた。孫兵衛の長女お勢はとてもきれいでやんちゃ娘であった。学問、遊芸ともにできがよいが、わがままな性格のため退塾した。同じ屋根の下に文三とお勢は清純な恋が生まれた。お政は官吏になった文三に態度を和らげた。二人はとうとういいなずけの関係を結んだ。

ところが、「月に群雲、花に風」というように、課長の機嫌をとることができないため、首になった。失業した文三はこのことを言おうと言うまいか悩んだあげく、叔母さんに白状した。文三は本田昇という友人がいる。本田は才徳は文三に及ばないが、愛嬌に富んでいて、きわめて世辞のうまい人間である。そんな如才のなさから、職を失わずにすんだ。

本田は大丈夫だったと聞いたお政は、手腕ありたちまわりの上手な本田をほめ、不器用な文三に癇癪を起こす。

下宿が近い本田はしばしば文三のところへ遊びにくる。特にお勢がもどってきてからは三日あげず遊びに来た。だいたいはお政相手に無駄口をたたくか、花合わせしたりして、お政は大いに気をよくするのである。

また、お勢は生来派手好きな性格から、地味で「不活発」な文三より、気さくで生活力のある本田に引かれていく。

叔母の癇癪とお勢の態度の変化で文三は叔父の家を出ようと、面当て半分に荷物を片付ける。不思議とお勢がやってきて、文三のことで母親と議論してきた。自分をかばいたてをしてくれたお勢のためにも文三はまた家に残った。プライドの高い文三はこのようにお勢への不安の中で生活を続けている。叔父の家を出ようかでまいか途方にくれてしまう。

小説はここで中絶した。残されたプランによると本田はお勢を弄んで捨て、文三は絶望から発狂する。

『浮雲』の第一編は明治10年代の欧化主義に対する劇画の性格があきらかであるが、第二編の中頃から文三の内面が中心になり、特に第三編は「余計者」としての「心理」だけを追求している。才能があり、真面目に働き、良心的に人間らしくいきようとしても、それさえできるものがなかった。文三のような人間は時代に向かず、その社会から追い出されるよりほかなかった。第三編から終わりまでずっと悩んでいて、進展がとても遅い。今では人の心理を描くのは非常に当たり前のことであるが、明治までの文学はむしろ心理抜けの描写のほうが自然である。『浮雲』の中でそれまでの明治文学にはなかった、人間としての読者を納得させるものがある。人物の描写には生きている人間らしい矛盾やあいまいさがあり、リアリズムは歴然としている。当時の批評家の評によれば、「さいきんのおおかたの小説の作中人物は錦絵の中の人物だが、『浮雲』のそれは油絵に描かれた真の人間である」①といい、徳富蘇峰は「浮雲は、是れ人情の解剖学にして、著者先生は即ち人情解剖の哲学者なる哉」②と

① 1887年に行われた匿名批評。

② 大江逸（徳富蘇峰）「浮雲」（二篇）の漫評」『国民の友』第16号、1888年、119頁。

評価する。柄谷行人が『近代文学の起源』の中ですでに指摘したように、日本の近代文学が近世文学から大きな進化のひとつといえば人間の「内面」の発見である。『浮雲』は主人公の内面を求めることで、小説を近代的に意味を持たせるのである。

当時の日本社会は欧化熱で沸き立った。その当時の思潮を孫兵衛という平凡な家庭の中に表現しようとする。『浮雲』はロシア文学の影響下に成立し、旧思想の崩壊と新思想の未熟の谷間で、支柱を持たずに動揺する四迷の心がそのまま作中に反映した。現実に打ち砕かれてしまった自分が運命を変える力がないとすっかり感じ、初編で主人公の力のなさがだんだん明らかになり、これは作者自身も力がない象徴とも言えるだろう。「浮雲」というタイトルの愚意について、中村光夫氏はそれがお勢の心の動揺のたとえと解釈し、つまり、上っ面だけの西洋教育、文三と昇（古い日本と新しい日本）の間に行きつ戻りつする変わりやすい心、確固たる意志の欠如……浮気なお勢こそ「浮雲」の権化であり、二葉亭の時代の日本人の象徴ではなかったか①と指摘した。確かに作品を通し、二葉亭は文明批評を行っているが、この浮雲はまた、主人公文三の悩み、日本という国の不安定と動揺をも反映し、文明批判から知識人の生き方の追求へと、小説を屈折させたものと思われる。

この小説は近代のインテリの青年を登場させ、「余計者」としての知識人像は、ひとつの原型として後代の作家たちに引き継がれた。言文一致の文体（口語文体）で書かれ、明治文化の緩みや知識人の苦しみを典型的に捕らえた。

## 【読解鑑賞】

### ☞ 言文一致

文体の一つ。明治の文学界は、漢文和文のほかに、漢文訓読体、雅俗折衷体、欧文直訳体、和漢洋調和体、普通文体など種々たる非口語的文体が現れている。だが、近代日本人の思想感情の表現にもっとも適合した文体は言文一致体つまり近代口語文体であった。

---

① 中村光夫：『二葉亭四迷伝』講談社、1958 年、81 頁。

言文一致とは言（話し言葉）と文（書き言葉）とを一致させることである。幕末維新の文化変革に際して、洋学者の間には西欧先進国にならって言文の一致に注目し、文末を「じゃ」「でござる」などで結ぶ講釈調の訳書や文章を書くものが出てきた（福沢諭吉、加藤弘之、西周ら）。1886年には国学者の物集高見は『言文一致』を著し、話すように書けとの趣旨を「である」止めの文章で述べている。ついで二葉亭四迷は小説『浮雲』を斬新な言文一致体で発表して文壇を驚かせたが、それと前後して山田美妙も独特な文体で「です」調の作品などを執筆、この二人の言文一致体小説が世間に与えた反響は大きかった。その後、文豪尾崎紅葉も『二人女房』で口語体を用い、『多情多恨』で「である」調の文体を社会に定着させる因をなした。これより先、すでに小学校の国定教科書に口語体が採用されていたが、1900年前後には硬派の新聞の社説や記事にも言文一致体を用いるものも出始めた。文壇では正岡子規らの写生文、自然主義の勃発などを経て、更に大正期に入って、白樺派の登場によって口語文を根付かせた。こうして昭和時代となっていわゆる言文一致体が社会一般の通例となったが、法令、詔勅、官庁用語などの特殊な文語体が口語化されたのは、第二次世界大戦後の1946年からである。①

## 【研究情報】

二葉亭四迷をめぐる戦後の伝記研究は追悼文集『二葉亭四迷』（易風社、1909・8）内田魯庵『思ひ出す人々』（春秋社、1925・6）、坪内逍遥『柿の蔕』（中央公論社、1933・7）などの同時代証言をまずあげられる。中村光夫の評伝『二葉亭四迷伝』（講談社、1958・12）は多くの伝記的事実と長年の研究成果が集成されて、今も二葉亭討究のための礎石たりえている。

作家論では、戦後の二葉亭再評価の気運を受けて、稲垣達郎「文学革命期と二葉亭四迷」（『岩波講座文学』4、1954・1）などに代表される諸文が二葉亭の文学史的な

① 言文一致体についての解釈は下中邦彦『日本文学事典』（平凡社、1982年9月）を参照した。

位置づけを果たし、確かな地固めとなった。十川信介「二葉亭四迷における『正直』の成立」（『国語国文』1964・8）、『二葉亭四迷論』（筑摩書房、1971・11）は同二葉亭像の研究に新しい一時期を画したる。

作品論といえば、『浮雲』論が中心となのはいうまでもない。お勢をめぐる四辺形構想説を立てた関良一「『浮雲』考」（『国語』1954・11」あたりがその後の議論の方向を定めた。四辺形説に対し楕円形説を提案するのは十川信介「『浮雲』の世界」（『文学』1965・11」であり、「『浮雲』の対立点は善悪でなく想実である」と述べ、作品展開の筋道の読みとりを重視す論説である。越智治雄「浮雲の行方」（『国文學』1971・7、9、10」は「作品という形に現われた論理をたどる」ことを表明しつつ、主人公の生の不安の位相を抽出してみせた。それは、「表現主体」を問題にした杉山康彦「長谷川二葉亭における言文一致」（『文学』1968・9）の姿勢にも通ずるものがあって、作者の意図を重視するより、作品をテクストとしてとらえ、そのテクストを表現構造に即して読みぬこうとする立場に先鞭をつけた行文として注目されている。80年代に、小森陽一は〈語り手〉論をひっさげて新しい『浮き雲』研究の地平を開き、更に「『浮雲』研究の今後」（『成城国文学論集』17、1985・8）は「閉じた〈作品〉として見るのではなく、同時代の様々な現象に向かって開かれ、多様な結びあいの仲に解き放たれた〈テクスト〉として見る立場」の必要性を再確認している。きわめて自覚性の高い対話というべく、二葉亭研究の新しいうねりを象徴する図柄とみなすことができよう。また、都市空間論の視点からきりこむ前田愛「二階の下宿」（『展望』1978・5）、伝統と文体を論ずる林原純生「『浮雲』と滑稽本」（『國文学』1978・12）、言文一致体への途を考える原子朗「二葉亭四迷、内面の言語へ」（『國文学』1980・8）、フェミニズム的視点からのお勢試論たる高田知波「浮雲」（『日本の近代小説』Ⅰ、東京大学出版会、1986・6）などが新しい論点を示唆する論考である。

『浮雲』の研究史には、1990年代にひとつの区切りがあったとされる。〈終わり〉について考えることが90年代的なテーマであった。多高橋修は2000年代に書い「〈終り〉をめぐる政治学——『浮雲』の結末」（『日本近代文学』65、2001・

10）、宇佐美毅は語り手というイデオロギーを論ずる「〈語り手〉という思想」（『国語と国文学』2006・11）でこの問題に言及している。

2000年代の『浮雲』の研究は、実証的な研究成果からいえば、十川信介の注釈があげられる（新日本古典文学大系明治編18『坪内逍遥　二葉亭四迷集』、岩波書店、2002）また文学研究のみならず、国語学・言語学の分野からもなされている。服部隆の三本の論稿と遠藤好英の研究は特に注目されている。

2010年代になると、『浮雲』についての講演会・シンポジウムが相次いで組まれ、それぞれ重要な問題提起がなされている。『浮雲』と同時代のとの呼応、『浮雲』というタイトルの題意、『浮雲』をてがかりに明治の教育制度、婚姻論、また、二葉亭のロシア観など、様々な分野で新たな二葉亭四迷論、『浮雲』論が行われている。

## 【参考文献】

柳田泉「二葉亭とその周囲」『文学』、1954年10月、1955年2、5月

木村毅「二葉亭四迷と社会主義」『明治大正文学研究』15、1955年2月

畑有三「日露戦後の二葉亭」『日本文学』、1973年7月

北岡誠司「『小説総論』材源考」『国語と国文学』、1975年9月

黒沢峯夫「芸術の理念」『比較文学年誌』6、1970年3月

亀井秀雄『戦争と革命の放浪者二葉亭四迷』新典社、1986年5月

篠田浩一郎『竹取と浮雲』集英社、1981年3月

桶谷秀昭『二葉亭四迷と明治日本』文芸春秋、1986年9月

小森陽一「『浮雲』の地の文」『国語国文研究』62、1979年8月

小森陽一「『浮雲』研究の今後」『成城国文学論集』17、1985年8月

東雅夫「『浮雲』論」『文言論集』5、1979年10月

関良一『考証と試論　二葉亭・透谷』教育出版センター、1992年8月

遠藤好英「ダ体の文章の系譜——『浮雲』の史的位置——」『国語論究』11、2004年6月

大田英昭「二葉亭四迷における知識人像の形成と崩壊——『浮雲』の挫折まで」『思想史研究』7、2007年3月

天野勝重「『浮雲』における「学問」の意味」『文芸論叢』72、2009年3月

小林実『明治大正露文化受容史——二葉亭四迷・相馬黒光』春風社、2010年4月

# 二　舞　姫

**森鴎外**

石炭をば早(は)や積み果てつ。中等室の卓(つくえ)のほとりはいと静にて、熾熱燈(しねつとう)①の光の晴れがましきも徒(いたづら)なり。今宵は夜毎にこゝに集ひ来る骨牌(カルタ)仲間も「ホテル」に宿りて、舟に残れるは余一人のみなれば②。

五年(いつとせ)前の事なりしが、平生(ひごろ)の望足りて、洋行の官命を蒙(こうむ)り、このセイゴン③の港まで来(こ)し頃は、目に見るもの、耳に聞くもの、一つとして新(あらた)ならぬはなく、筆に任せて書き記しつる紀行文日ごとに幾千言をかなしけむ、当時の新聞に載せられて、世の人にもてはやされしかど、今日になりておもへば、稚(おさな)き思想、身の程④知らぬ放言、さらぬも⑤尋常(よのつね)の動植金石、さては風俗などをさへ珍しげにしるしゝを、心ある人はいかにか見けむ。こたび⑥は途に上りしとき、日記(にき)ものせむとて買ひし冊子(さつし)もまだ白紙のまゝなるは、独逸(ドイツ)にて物学びせし間(ま)に、一種の「ニル、アドミラリイ」⑦の気象をや養ひ得たりけむ、あらず、これには別に故あり。

---

① 熾熱燈：電灯の一種。白熱電灯、アーク灯。
② 余一人のみなれば：私一人だけなのだから。前文との倒置。
③ セイゴン：ベトナム南部の中心都市。ヨーロッパ航路の寄港地。現在のホーチミン市。
④ 身の程：自分の能力、地位などの程度、身分。
⑤ さらぬ：そうではないものも。
⑥ こたび：このたび。
⑦ ニル・アドミラリイ：何事にも冷淡で無感動なこと。

げに①東（ひんがし）に還（かへ）る今の我は、西に航せし昔の我ならず、学問こそ猶（なほ）心に飽き足らぬところも多かれ、浮世のうきふしをも知りたり、人の心の頼みがたきは言ふも更なり、われとわが心さへ変り易きをも悟り得たり。きのふの是はけふの非なるわが瞬間の感触を、筆に写して誰（たれ）にか見せむ。これや日記の成らぬ縁故なる、あらず、これには別に故あり。

嗚呼（あゝ）、ブリンヂイシイの港を出（い）でゝより、早や二十日あまりを経ぬ。世の常ならば生面（せいめん）②の客にさへ交（まじはり）を結びて、旅の憂さを慰めあふが航海の習（ならひ）なるに、微恙（びやう）にことよせて房（へや）の裡（うち）にのみ籠（こも）りて、同行の人々にも物言ふことの少きは、人知らぬ恨に頭（かしら）のみ悩ましたればなり。此恨（うらみ）は初め一抹の雲の如く我心を掠（かす）めて、瑞西（スイス）の山色をも見せず、伊太利（イタリア）の古蹟にも心を留めさせず、中頃は世を厭（いと）ひ、身をはかなみて、腸（はらわた）日ごとに九廻す③ともいふべき惨痛をわれに負はせ、今は心の奥に凝り固まりて、一点の翳（かげ）とのみなりたれど、文（ふみ）読むごとに、物見るごとに、鏡に映る影、声に応ずる響の如く④、限なき懐旧の情を喚び起して、幾度（いくたび）となく我心を苦む。嗚呼、いかにしてか此恨を銷（せう）せむ⑤。若し外の恨なりせば、詩に詠じ歌によめる後は心地（こゝち）すがすがしくもなりなむ。これのみは余りに深く我心に彫（ゑ）りつけられたればさはあらじと思へど、今宵はあたりに人も無し、房奴（ばうど）⑥の来て電気線の鍵を捩（ひね）るには猶（なお）程もあるべければ、いで、その概略を文に綴りて見む。

---

① げに：現在、現に。

② 生面：初対面。

③ 腸日ごろに九廻す：腸が何回もねじれるほどの苦しみ。断腸の苦痛、深い悲しみのたとえ。

④ 鏡に映る影、声に応ずる響の如く：すぐに即応する。

⑤ 銷せむ：発散しよう。

⑥ 房奴：給仕、ボーイ。

余は幼き比（ころ）より厳しき庭の訓（をしへ）①を受けし甲斐（かひ）に、父をば早く喪（うしな）ひつれど、学問の荒（すさ）み衰ふることなく、旧藩の学館にありし日も、東京に出でて予備黌（よびくわう）②に通ひしときも、大学法学部に入りし後も、太田豊太郎（とよたらう）といふ名はいつも一級の首（はじめ）③にしるされたりしに、一人子（ひとりご）の我を力になして世を渡る母の心は慰みけらし④。十九の歳には学士の称を受けて、大学の立ちてよりその頃までにまたなき名誉なりと人にも言はれ、某（なにがし）省に出仕して、故郷なる母を都に呼び迎へ、楽しき年を送ること三年（みとせ）ばかり、官長の覚え殊（こと）なりしかば⑤、洋行して一課の事務を取り調べよとの命を受け、我名を成さむも、我家を興さむも、今ぞ⑥とおもふ心の勇み立ちて、五十を踰（こ）えし母に別るゝをもさまで悲しとは思はず、遥々と家を離れて伯林（ベルリン）の都に来ぬ。

余は模糊（もこ）たる功名の念と、検束⑦に慣れたる勉強力とを持ちて、忽（たちま）ちこの欧羅巴（ヨオロツパ）の新大都の中央に立てり。何等（なんら）の光彩ぞ、我目を射むとするは。何等の色沢ぞ、我心を迷はさむとするは。菩提樹（ぼだいじゅ）下と訳するときは、幽静なる境（さかひ）なるべく思はるれど、この大道髪（かみ）の如き⑧ウンテル・デン・リンデン⑨に来て両辺なる石だゝみの人道を行く隊々（くみぐみ）の士女を見よ。胸張り肩聳（そび）えたる士官の、まだ維廉（キルヘルム）一世の街に臨めるに倚（よ）り玉ふ頃なりければ、様々の色に飾り成したる礼装をなしたる、妍（かほよ）き少女（をとめ）の巴里（パリー）まねびの粧（よそほひ）したる、彼も此も目を驚かさぬはなきに、車道の土瀝青（アスファルト）の上を音もせで

---

① 庭の訓：家庭教育。
② 予備黌：大学予備門。東京大学予科。現在の東京大学教養学部。
③ 一級の首：クラスの一番。
④ 慰みけらし：慰んだであろう、安心したようだ。
⑤ 覚え殊なりしかば：信頼も格別だったので。
⑥ 今ぞ：今こそ、今が好機だ。
⑦ 検束：自ら引き締めること。
⑧ 大道髪のごとき：大通りがまっすぐに伸びている様子のたとえ。
⑨ ウンテル・デン・リンデン：ベルリンの中心街。「菩提樹下」の訳語。

走るいろいろの馬車、雲に聳ゆる楼閣の少しとぎれたる処（ところ）には、晴れたる空に夕立の音を聞かせて漲（みなぎ）り落つる噴井（ふきゐ）の水、遠く望めばブランデンブルク門①を隔てゝ緑樹枝をさし交（か）はしたる中より、半天に浮び出でたる凱旋塔②の神女の像、この許多（あまた）の景物目睫（もくせふ）の間に聚（あつ）まりたれば、始めてこゝに来（こ）しものゝ応接に遑（いとま）なき③も宜（うべ）なり④。されど我胸には縦（たと）ひいかなる境に遊びても、あだなる⑤美観に心をば動さじの誓ありて、つねに我を襲ふ外物を遮（さへぎ）り留めたりき。

余が鈴索（すゞなは）を引き鳴らして謁（えつ）を通じ、おほやけの紹介状を出だして東来の意を告げし普魯西（プロシヤ）の官員は、皆快く余を迎へ、公使館よりの手つゞきだに事なく済みたらましかば、何事にもあれ、教へもし伝へもせむと約しき。喜ばしきは、わが故里（ふるさと）にて、独逸、仏蘭西（フランス）の語を学びしことなり。彼等は始めて余を見しとき、いづくにていつの間にかくは学び得つると問はぬことなかりき。

さて官事の暇（いとま）あるごとに、かねておほやけの許をば得たりければ、ところの大学に入りて政治学を修めむと、名を簿冊（ぼさつ）⑥に記させつ。

ひと月ふた月と過す程に、おほやけの打合せも済みて、取調も次第に捗（はかど）り行けば、急ぐことをば報告書に作りて送り、さらぬをば写し留めて、つひには幾巻（いくまき）をかなしけむ。大学のかたにては、穉き心に思ひ計りしが如く、政治家になるべき特科のあるべうもあらず、此か彼かと心迷ひながらも、二三の法家の講筵（かうえん）⑦に列（つらな）ることに

---

① ブランデンブルク：ウンテル・デン・リンデン街の西端にある。

② 凱旋塔：ブランデンブルク門の西にある普仏戦争の戦勝記念塔。屋上に勝利の女神像が飾られる。

③ 応接に遑なき：とても対応しきれないほど、次々に華やかな景色が現れるさま。

④ 宜なり：もっともである。当然である。

⑤ あだなる：はかなく移ろいやすい、むだな。

⑥ 簿冊：ここで学籍簿を指す。

⑦ 講筵：講義。

おもひ定めて、謝金を収め、往きて聴きつ。

かくて三年ばかりは夢の如くにたちしが、時来れば包みても包みがたきは人の好尚なるらむ、余は父の遺言を守り、母の教に従ひ、人の神童なりなど褒(ほ)むるが嬉しさに怠らず学びし時より、官長の善き働き手を得たりと奨(はげ)ますが喜ばしさにたゆみなく勤めし時まで、たゞ所動的①、器械的の人物になりて自ら悟らざりしが、今二十五歳になりて、既に久しくこの自由なる大学の風に当りたればにや、心の中なにとなく妥(おだやか)ならず、奥深く潜みたりしまことの我は、やうやう表にあらはれて、きのふまでの我ならぬ我を攻むるに似たり。余は我身の今の世に雄飛すべき政治家になるにも宜(よろ)しからず、また善く法典を諳(そら)じて獄を断ずる法律家になるにもふさはしからざるを悟りたりと思ひぬ。

余はひそかに思ふやう、我母は余を活(い)きたる辞書となさんとし、我官長は余を活きたる法律となさんとやしけん。辞書たらむはなほ堪ふべけれど、法律たらんは忍ぶべからず。今までは瑣々(さゝ)たる問題にも、極めて丁寧にいらへしつる余が、この頃より官長に寄する書(ふみ)には連(しき)りに法制の細目に拘(かゝづら)ふべきにあらぬを論じて、一たび法の精神をだに得たらんには、紛々(ふんぷん)たる万事は破竹の如くなるべしなどゝ広言しつ。又大学にては法科の講筵を余所(よそ)にして、歴史文学に心を寄せ、漸く蔗(しよ)を嚼(か)む境②に入りぬ。

官長はもと心のまゝに用ゐるべき器械をこそ作らんとしたりけめ。独立の思想を懐(いだ)きて、人なみならぬ面(おも)もちしたる男をいかでか喜ぶべき。危きは余が当時の地位なりけり。されどこれのみにては、なほ我地位を覆(くつが)へすに足らざりけんを、日ごろ伯林の留学生の中(うち)にて、或る勢力ある一群(ひとむれ)と余との間に、面白からぬ関係ありて、彼人々は余を猜疑(さいぎ)し、又遂(つひ)に余を讒誣(ざんぶ)③するに至りぬ。されどこれとても其故なくてやは④。

---

① 所動的：受動的。

② 蔗を嚼む境：面白みが分かる境地。

③ 讒誣：無実のことで非難・中傷する。

④ 故なくてやは：理由がないことがあろうか。（あるのだ）「やは（あらむ）反語表現」

彼(かの)人々は余が倶(とも)に麦酒(ビイル)の杯をも挙げず、球突きの棒(キユウ)をも取らぬを、かたくななる①心と慾を制する力とに帰して、且(かつ)は嘲(あざけ)り且は嫉(ねた)みたりけん。されどこは余を知らねばなり②。嗚呼、此故よしは、我身だに知らざりしを、怎(いか)でか人に知らるべき。わが心はかの合歓(ねむ)③といふ木の葉に似て、物触(さや)れば縮みて避けんとす。我心は処女に似たり。余が幼き頃より長者の教を守りて、学(まなび)の道をたどりしも、仕(つかへ)の道をあゆみしも、皆な勇気ありて能(よ)くしたるにあらず、耐忍勉強の力と見えしも、皆な自ら欺き、人をさへ欺きつるにて、人のたどらせたる道を、唯(た)だ一条(ひとすぢ)にたどりしのみ。余所に心の乱れざりしは、外物を棄てゝ顧みぬ程の勇気ありしにあらず、唯(たゞ)外物に恐れて自らわが手足を縛せしのみ。故郷を立ちいづる前にも、我が有為の人物なることを疑はず、又我心の能く耐へんことをも深く信じたりき。嗚呼、彼も一時。舟の横浜を離るるまでは、天晴(あつぱれ)豪傑と思ひし身も、せきあへぬ涙に手巾(しゆきん)を濡らしつるを我れ乍(なが)ら怪しと思ひしが、これぞなかなかに④我本性なりける。此心は生れながらにやありけん、又早く父を失ひて母の手に育てられしによりてや生じけん。

彼(かの)人々の嘲るはさることなり。されど嫉むはおろかならずや。この弱くふびんなる心を。

赤く白く面(おもて)を塗りて、赫然(かくぜん)たる色の衣を纏(まと)ひ、珈琲店(カツフエエ)に坐して客を延(ひ)く女(をみな)を見ては、往きてこれに就かん勇気なく、高き帽を戴き、眼鏡に鼻を挟ませて、普魯西(プロシヤ)にては貴族めきたる鼻音にて物言ふ「レエベマン」⑤を見ては、往きてこれと遊ばん勇気なし。此等の勇気なければ、彼活溌なる同郷の人々と交らんやうもなし。この交際

① かたくななり：融通が利かない、頑固。
② 知らねばなり：知らないからである。
③ 合歓：マメ科の落葉高木。ここで、オジギソウを指す。
④ なかなかに：かえって、むしろ。
⑤ レエベマン：道楽者。

の疎(うと)きがために、彼人々は唯余を嘲り、余を嫉むのみならで、又余を猜疑することゝなりぬ。これぞ①余が冤罪(ゑんざい)を身に負ひて、暫時の間に無量の艱難(かんなん)を閲(けみ)し尽す媒(なかだち)なりける。

或る日の夕暮なりしが、余は獣苑(じうえん)②を漫歩して、ウンテル、デン、リンデンを過ぎ、我がモンビシユウ街の僑居(けうきよ)③に帰らんと、クロステル巷(かう)④の古寺の前に来ぬ。余はかの燈火(ともしび)の海を渡り来て、この狭く薄暗き巷(こうぢ)に入り、楼上の木欄(おばしま)に干したる敷布、襦袢(はだぎ)などまだ取入れぬ人家、頬髭長き猶太(ユダヤ)教徒の翁(おきな)が戸前に佇(たゝず)みたる居酒屋、一つの梯(はしご)は直ちに楼(たかどの)に達し、他の梯は窖(あなぐら)⑤住まひの鍛冶(かぢ)が家に通じたる貸家などに向ひて、凹字(あふじ)の形に引籠みて立てられたる、此三百年前の遺跡を望む毎に、心の恍惚となりて暫し佇みしこと幾度なるを知らず。

今この処を過ぎんとするとき、鎖(とざ)したる寺門の扉に倚りて、声を呑みつゝ泣くひとりの少女(をとめ)あるを見たり。年は十六七なるべし。被(かむ)りし巾(きれ)を洩れたる髪の色は、薄きこがね色にて、着たる衣は垢つき汚れたりとも見えず。我足音に驚かされてかへりみたる面(おもて)、余に詩人の筆なければこれを写すべくもあらず。この青く清らにて物問ひたげに愁(うれひ)を含める目(まみ)の、半ば露を宿せる長き睫毛(まつげ)に掩(おほ)はれたるは、何故に一顧したるのみにて、用心深き我心の底までは徹したるか。

彼は料(はか)らぬ深き歎きに遭(あ)ひて、前後を顧みる遑(いとま)なく、こゝに立ちて泣くにや。わが臆病なる心は憐憫(れんびん)の情に打ち勝たれて、余は覚えず側(そば)に倚り、「何故に泣き玉ふか。ところに繋累(けいるゐ)なき外人(よそびと)は、却(かへ)りて力を借し易きこともあらん。」といひ掛けた

---

① これぞ：これこそが。「ぞ」は強意の係助詞。「なりける」に係る。
② 獣苑：動物公園。動物のある森林公園を指す。
③ 僑居：仮の宿、旅宿。
④ クロステル港：原語では「修道院（僧院）通り」
⑤ 窖：穴倉、地下室。

るが、我ながらわが大胆なるに呆(あき)れたり。

彼は驚きてわが黄なる面を打守りしが、我が真率なる心や色に形(あら)はれたりけん。「君は善き人なりと見ゆ。彼の如く酷(むご)くはあらじ。又(ま)た我母の如く。」暫し涸れたる涙の泉は又溢れて愛らしき頬を流れ落つ。

「我を救ひ玉へ、君。わが恥なき人とならんを。母はわが彼の言葉に従はねばとて、我を打ちき。父は死にたり。明日(あす)は葬らではは叶ぬに、家に一銭の貯(たくはへ)だになし。」

跡は欷歔(ききよ)の声のみ。我眼(まなこ)はこのうつむきたる少女の顫(ふる)ふ項(うなじ)にのみ注がれたり。

「君が家(や)に送り行かんに、先(ま)づ心を鎮(しづ)め玉へ。声をな人に聞かせ玉ひそ①。こゝは往来なるに。」彼は物語するうちに、覚えず我肩に倚りしが、この時ふと頭(かしら)を擡(もた)げ、又始てわれを見たるが如く、恥ぢて我側を飛びのきつ。

人の見るが厭はしさに、早足に行く少女の跡に附きて、寺の筋向ひなる大戸を入れば、欠け損じたる石の梯あり。これを上ぼりて、四階目に腰を折りて潜るべき程の戸あり。少女はびたる針金の先きを捩(ね)ぢ曲げたるに、手を掛けて強く引きしに、中には咳枯(しはが)れたる老媼(おうな)の声して、「誰(た)ぞ」と問ふ。エリス帰りぬと答ふる間もなく、戸をあらゝかに引開(ひきあ)けしは、半ば白(しら)みたる髪、悪(あ)しき相にはあらねど、貧苦の痕を額(ぬか)に印せし面の老媼にて、古き獣綿の衣を着、汚れたる上靴を穿(は)きたり。エリスの余に会釈して入るを、かれは待ち兼ねし如く、戸を劇(はげ)しくたて切りつ。

余は暫し茫然として立ちたりしが、ふと油燈(ラムプ)の光に透して戸を見れば、エルンスト、ワイゲルトと漆(うるし)もて書き、下に仕立物師と注したり。これすぎぬといふ少女が父の名なるべし。内には言ひ争ふごとき声聞えしが、又静になりて戸は再び明きぬ。

---

①　声をな人に聞かせ玉ひそ：声を人に聞かせなさいますな。「な…そ」は「してはいけない」の意味で、軽い禁止表現を表す。

さきの老媼は慇懃におのが無礼の振舞せしを詫びて、余を迎へ入れつ。戸の内は厨にて、右手の低き窓に、真白に洗ひたる麻布を懸けたり。左手には粗末に積上げたる煉瓦の竈あり。正面の一室の戸は半ば開きたるが、内には白布を掩へる臥床あり。伏したるはなき人なるべし。竈の側なる戸を開きて余を導きつ。この処は所謂「マンサルド」①の街に面したる一間なれば、天井もなし。隅の屋根裏より窓に向ひて斜に下れる梁を、紙にて張りたる下の、立たば頭の支ふべき処に臥床あり。中央なる机には美しき氈②を掛けて、上には書物一二巻と写真帖とを列べ、陶瓶にはこゝに似合はしからぬ価高き花束を生けたり。そが傍に少女は羞を帯びて立てり。

彼は優れて美なり。乳の如き色の顔は燈火に映じて微紅を潮したり。手足の繊くなるは、貧家の女に似ず。老媼の室を出でし跡にて、少女は少し訛りたる言葉にて云ふ。「許したまへ。君をこゝまで導きし心なさを。君は善き人なるべし。我をばよも憎み玉はじ。明日に迫るは父の葬、たのみに思ひしシヤウムベルヒ、君は彼を知らでやおはさん。彼は「ヰクトリア」座の座頭なり。彼が抱へとなりしより、早や二年なれば、事なく我等を助けんと思ひしに、人の憂に附けこみて、身勝手なるいひ掛けせんとは。我を救ひ玉へ、君。金をば薄き給金を析きて還し参らせん③。縦令我身は食はずとも④。それもならずば母の言葉に。」彼は涙ぐみて身をふるはせたり。その見上げたる目には、人に否とはいはせぬ媚態あり。この目の働きは知りてするにや、又自らは知らぬにや。

---

① マンサルド：(フランス語) 屋根裏部屋。
② 氈：獣毛をよって作った織物。敷物として使われる。ここでテーブル掛けを指す。
③ 還し参らせん：お返し申し上げます。謙譲語。
④ 縦令（よしや）～とも：たとえ～とも。

我が隠し①には二三「マルク」②の銀貨あれど、それにて足るべくもあらねば、余は時計をはづして机の上に置きぬ。「これにて一時の急を凌(しの)ぎたまへ。質屋の使のモンビシユウ街三番地にて太田と尋ね来(こ)ん折には価を取らすべきに。」

少女は驚き感ぜしさま見えて、余が辞別(わかれ)のために出(いだ)したる手を唇にあてたるが、はらはらと落つる熱き涙(なんだ)を我手の背(そびら)に灑(そゝ)ぎつ。

嗚呼、何等の悪因ぞ。この恩を謝せんとて、自ら我僑居(けうきよ)に来(こ)し少女は、シヨオペンハウエル③を右にし、シルレル④を左にして、終日(ひねもす)、兀坐(こつざ)する我読書のに、一輪の名花を咲かせてけり。この時を始として、余と少女との交(まじはり)漸く繁くなりもて行きて、同郷人にさへ知られぬれば、彼等は速了(そくれう)にも、余を以(も)て色を舞姫の群に漁(ぎよ)するものとしたり。われ等二人の間にはまだ痴(ちがい)⑤なる歓楽のみ存したりしを。

その名を斥(さ)さんは憚(はゞかり)あれど、同郷人の中に事を好む人ありて、余が屡(しば／＼)芝居に出入して、女優と交るといふことを、官長の許(もと)に報じつ。さらぬだに⑥余が頗(すこぶ)る学問の岐路(きろ)に走るを知りて憎み思ひし官長は、遂に旨を公使館に伝へて、我官を免じ、我職を解いたり。公使がこの命を伝ふる時余に謂(い)ひしは、御身(おんみ)⑦若し即時に郷に帰らば、路用を給すべけれど、若し猶こゝに在らんには、公の助をば仰ぐべからずとのことなりき。余は一週日の猶予を請ひて、とやかうと思ひ煩ふうち、我生涯にて尤(もつと)も悲痛を覚えさせたる二通の書状に接しぬ。この二通は殆ど同時にいだしゝものなれ

① 隠し：ポケット。
② マルク：ドイツの貨幣の単位。
③ シヨオペンハウエル：ドイツの哲学者（1788—1860）。
④ シルレル：ドイツの詩人、劇作家（1759—1805）。
⑤ 痴：子供っぽい。
⑥ さらぬだに：そうでなくてさえ。
⑦ 御身：あなた。

ど、一は母の自筆、一は親族なる某(なにがし)が、母の死を、我がまたなく慕ふ母の死を報じたる書(ふみ)なりき。余は母の書中の言をこゝに反覆するに堪へず、涙の迫り来て筆の運(はこび)を妨ぐればなり①。

余とエリスとの交際は、この時までは余所目(よそめ)に見るより清白なりき。彼は父の貧きがために、充分なる教育を受けず、十五の時舞の師のつのりに応じて、この恥づかしき業(わざ)を教へられ、「クルズス」②果てゝ後、「ヰクトリア」座に出でゝ、今は場中第二の地位を占めたり。されど詩人ハツクレンデル③が当世の奴隷といひし如く、はかなきは舞姫の身の上なり。薄き給金にて繋がれ④、昼の温習、夜の舞台と緊(きび)しく使はれ、芝居の化粧部屋に入りてこそ紅粉をも粧ひ、美しき衣をも纏へ、場外にてはひとり身の衣食も足らず勝なれば、親腹からを養ふものはその辛苦奈何(いかに)ぞや。されば彼等の仲間にて、賤(いや)しき限りなる業に堕(お)ちぬは稀(まれ)なりとぞいふなる。エリスがこれをれしは、おとなしき性質と、剛気ある父の守護とに依りてなり。彼は幼き時より物読むことをば流石(さすが)に好みしかど、手に入るは卑しき「コルポルタアジユ」⑤と唱ふる貸本屋の小説のみなりしを、余と相識(あひし)る頃より、余が借しつる書を読みならひて、漸く趣味をも知り、言葉の訛(なまり)をも正し、いくほどもなく余に寄するふみにも誤字(あやまりじ)少なくなりぬ。かゝれば余等二人の間には先づ師弟の交りを生じたるなりき。我が不時の免官を聞きしときに、彼は色を失ひつ。余は彼が身の事に関りしを包み隠しぬれど、彼は余に向ひて母にはこれを秘め玉へと云ひぬ。こは母の余が学資を失ひしを知りて余を疎(うと)んぜんを恐れてなり。

---

① 妨ぐればなり：妨げるからである。

② クルズス：（ドイツ語）講習、課程。

③ ハックレンデル：ドイツの作家、詩人（1816—1877）。「ヨーロッパの奴隷生活」（1854）で宮廷劇場の踊り子を現代の奴隷に擬した。

④ 繋がれ：拘束を受ける。

⑤ コルポルタアジュ：通俗小説。ドイツ語。

嗚呼、委(くはし)くこゝに写さんも要なけれど、余が彼を愛(め)づる心の俄(にはか)に強くなりて、遂に離れ難き中となりしは此折なりき。我一身の大事は前に横(よこたは)りて、洵(まこと)に危急存亡の秋(とき)なるに、この行(おこなひ)ありしをあやしみ、また誹(そし)る人もあるべけれど、余がエリスを愛する情は、始めて相見し時よりあさくはあらぬに、いま我数奇(さくき)①を憐み、又別離を悲みて伏し沈みたる面に、鬢(びん)の毛の解けてかゝりたる、その美しき、いぢらしき姿は、余が悲痛感慨の刺激によりて常ならずなりたる脳髄を射て、恍惚の間にこゝに及びしを奈何(いか)にせむ。

公使に約せし日も近づき、我命(めい)はせまりぬ。このまゝにて郷にかへらば、学成らずして汚名を負ひたる身の浮ぶ瀬あらじ。さればとて留まらんには、学資を得べき手だてなし。

此時余を助けしは今我同行の一人なる相沢謙吉(あいざわけんきち)なり。彼は東京に在りて、既に天方伯②の秘書官たりしが、余が免官の官報に出でしを見て、某新聞紙の編輯長に説きて、余を社の通信員となし、伯林に留まりて政治学芸の事などを報道せしむることとなしつ。

社の報酬はいふに足らぬほどなれど、棲家(すみか)をもうつし、午餐(ひるげ)に往く食店(たべものみせ)をもかへたらんには、微(かすか)なる暮しは立つべし。とかう③思案する程に、心の誠を顕(あら)はして、助の綱をわれに投げ掛けしはエリスなりき。かれはいかに母を説き動かしけん、余は彼等親子の家に寄寓することゝなり、エリスと余とはいつよりとはなしに、有るか無きかの収入を合せて、憂きがなかにも楽しき月日を送りぬ。

朝のカフェ果つれば、彼は温習に往き、さらぬ日には家に留まりて、余はキヨオニヒ街④の間口せまく奥行のみいと長き休息所に赴(おもむ)き、あらゆる新聞を読み、鉛筆取

---

①　数奇：不幸、不運。

②　天方伯：天方伯爵。

③　とかう：とかく。あれこれと。

④　キヨオニヒ街：クロスター街に直交する旧市街の大通り。

り出でゝ彼此と材料を集む。この截(き)り開きたる引窓より光を取れる室にて、定りたる業(わざ)なき若人(わかうど)、多くもあらぬ金を人に借して己れは遊び暮す老人、取引所の業の隙を偸(ぬす)みて足を休むる商人(あきうど)などと臂(ひぢ)を並べ、冷なる石卓(いしづくゑ)の上にて、忙はしげに筆を走らせ、小女(こおんな)①が持て来る一盞(ひとつき)のカフェの冷(さ)むるをも顧みず、空きたる新聞の細長き板ぎれに挟みたるを、幾種(いくいろ)となく掛け聯(つら)ねたるかたへの壁に、いく度となく往来(ゆきき)する日本人を、知らぬ人は何とか見けん。又一時近くなるほどに、温習に往きたる日には返り路(ぢ)によぎりて、余と倶(とも)に店を立出づるこの常ならず軽き、掌上(しやうじやう)の舞②をもなしえつべき少女を、怪み見送る人もありしなるべし。

我学問は荒(すさ)みぬ。屋根裏の一燈微に燃えて、エリスが劇場よりかへりて、椅に寄りて縫ものなどする側の机にて、余は新聞の原稿を書けり。昔しの法令条目の枯葉を紙上に掻寄(かきよ)せしとは殊にて、今は活溌々たる政界の運動、文学美術に係る新現象の批評など、彼此と結びあはせて、力の及ばん限り、ビヨルネ③よりは寧ろハイネ④を学びて思を構へ、様々の文(ふみ)を作りし中にも、引続きて維廉(ヰルヘルム)一世と仏得力(フレデリック)三世⑤との崩(ほうそ)⑥ありて、新帝の即位、ビスマルク⑦侯の進退如何(いかん)などの事に就ては、故(ことさ)らに詳(つまびら)かなる報告をなしき。さればこの頃よりは思ひしよりも忙はしくして、多くもあらぬ蔵書を繙(ひもと)き、旧業をたづぬることも難く、大学の籍はまだ刪(けづ)られねど、謝金を収むることの難ければ、唯だ一つにしたる講筵だに往きて聴くことは稀なりき。

我学問は荒みぬ。されど余は別に一種の見識を長じき。そをいかにといふに、凡(およ)そ

---

① 小女：給仕の少女。
② 掌上の舞：身振りのごく軽い舞。
③ ビヨルネ：ドイツの文芸評論家。官憲の弾圧を逃れ、パリで政府批判を展開した。
④ ハイネ：ドイツの詩人、評論家。同じくパリに逃れ、風刺的な時局批判を行った。
⑤ 仏得力三世：フレデリック三世。父帝ヴィルペルム一世とともに1888年中に病没。
⑥ 崩そ：崩御、皇帝を敬ってその死をいう語。
⑦ ビスマイク：ヴィルペルム一世時代以来のドイツの宰相。

民間学の流布（るふ）したることは、欧洲諸国の間にて独逸に若（し）くはなからん。幾百種の新聞雑誌に散見する議論には頗（すこぶ）る高尚なるもの多きを、余は通信員となりし日より、曾（かつ）て大学に繁く通ひし折、養ひ得たる一隻の眼孔もて①、読みては又読み、写しては又写す程に、今まで一筋の道をのみ走りし知識は、自（おのづか）ら綜括的になりて、同郷の留学生などの大かたは、夢にも知らぬ境地に到りぬ。彼等の仲間には独逸新聞の社説をだに善くはえ読まぬがあるに。

明治廿一年の冬は来にけり。表街（おもてまち）の人道にてこそ沙（すな）をも蒔（ま）け、すきをも揮へ、クロステル街のあたりは凸凹坎（とつあふかんか）の処は見ゆめれど、表のみは一面に氷りて、朝に戸を開けば飢ゑ凍（こゞ）えし雀の落ちて死にたるも哀れなり。室（へや）を温め、竈に火を焚きつけても、壁の石を徹し、衣の綿を穿（うが）つ北欧羅巴の寒さは、なかなかに②堪へがたかり。エリスは二三日前の夜、舞台にて卒倒しつとて、人に扶（たす）けられて帰り来しが、それより心地あしとて休み、もの食ふごとに吐くを、悪阻（つはり）といふものならんと始めて心づきしは母なりき。嗚呼、さらぬだに覚束（おぼつか）なきは我身の行末なるに、若し真（まこと）なりせばいかにせまし。

今朝は日曜なれば家に在れど、心は楽しからず。エリスは床に臥（ふ）すほどにはあらねど、小（ちさ）き鉄炉の畔（ほとり）に椅子さし寄せて言葉寡（すくな）し。この時戸口に人の声して、程なく庖厨（はうちゆう）にありしエリスが母は、郵便の書状を持て来て余にわたしつ。見れば見覚えある相沢が手なるに、郵便切手は普魯西（プロシヤ）のものにて、消印には伯林（ベルリン）とあり。訝（いぶか）りつゝも披きて読めば、とみの事③にて預（あらかじ）め知らするに由なかりしが、昨夜（よべ）こゝに着せら

---

① 一隻の眼孔もて：物事を見抜く鋭い眼力で。
② なかなかに：打消語と呼応して、とても、とうてい。
③ とみの事：急な事。

れし天方大臣に附きてわれも来たり。伯の汝（なんぢ）を見まほし①とのたまふに疾（と）く来よ。汝が名誉を恢復するも此時にあるべきぞ。心のみ急がれて用事をのみいひ遣（や）るとなり。読み畢（をは）りて茫然たる面もちを見て、エリス云ふ。「故郷よりの文なりや。悪しき便（たより）にてはよも。」彼は例の新聞社の報酬に関する書状と思ひしならん。「否、心にな掛けそ。おん身も名を知る相沢が、大臣と倶にこゝに来てわれを呼ぶなり。急ぐといへば今よりこそ。」

かはゆき独り子を出し遣る母もかくは心を用ゐじ。大臣にまみえもやせんと思へばならん、エリスは病をつとめて起ち、上襦袢（うはじゆばん）も極めて白きを撰び、丁寧にしまひ置きし「ゲエロツク」といふ二列ぼたんの服を出して着せ、襟飾りさへ余が為めに手づから結びつ。

「これにて見苦しとは誰（た）れも得言はじ。我鏡に向きて見玉へ。何故（なにゆゑ）にかく不興なる面もちを見せ玉ふか。われも諸共（もろとも）に行かまほしきを。」少し容（かたち）をあらためて。「否、かく衣を更め玉ふを見れば、何となくわが豊太郎の君とは見えず。」又た少し考へて。「縦令（よしや）富貴になり玉ふ日はありとも、われをば見棄て玉はじ。我病は母の宣（のたま）ふ如くならずとも。」

「何、富貴。」余は微笑しつ。「政治社会などに出でんの望みは絶ちしより幾年（いくとせ）をか経ぬるを。大臣は見たくもなし。唯年久しく別れたりし友にこそ逢ひには行け。」エリスが母の呼びし一等「ドロシユケ」は、輪下にきしる雪道を窓の下まで来ぬ。余は手袋をはめ、少し汚れたる外套を背に被（おほ）ひて手をば通さず帽を取りてエリスに接吻して楼（たかどの）を下りつ。彼は凍れる窓を明け、乱れし髪を朔風（さくふう）に吹かせて余が乗りし車を見送りぬ。

余が車を下りしは「カイゼルホオフ」の入口なり。門者に秘書官相沢が室の番号を

---

① 見まほ不利ピン。

問ひて、久しく踏み慣れぬ大理石の階(はしご)を登り、中央の柱に「プリユツシユ」を被へる「ゾフア」を据ゑつけ、正面には鏡を立てたる前房に入りぬ。外套をばこゝにて脱ぎ、廊(わたどの)をつたひて室の前まで往きしが、余は少し踟(ちちう)したり。同じく大学に在りし日に、余が品行の方正なるを激賞したる相沢が、けふは怎(いか)なる面もちして出迎ふらん。室に入りて相対して見れば、形こそ旧に比ぶれば肥えて逞(たく)ましくなりたれ、依然たる快活の気象、我失行をもさまで意に介せざりきと見ゆ。別後の情を細叙するにも遑(いとま)あらず、引かれて大臣に謁し、委托せられしは独逸語にて記せる文書の急を要するを飜訳せよとの事なり。余が文書を受領して大臣の室を出でし時、相沢は跡より来て余と午餐(ひるげ)を共にせんといひぬ。

食卓にては彼多く問ひて、我多く答へき。彼が生路は概(おほむ)ね平滑なりしに、轗軻(かんか)数奇(さくき)なるは我身の上なりければなり。

余が胸臆を開いて物語りし不幸なる閲歴を聞きて、かれはしばしば驚きしが、なかなかに余を譴(せ)めんとはせず、却りて他の凡庸なる諸生輩を罵りき。されど物語の終りしとき、彼は色を正して諫(いさ)むるやう、この一段のことはもと生れながらなる弱き心より出でしなれば、今更に言はんも甲斐なし。とはいへ、学識あり、才能あるものが、いつまでか一少女の情にかゝづらひて、目的なき生活(なりはひ)をなすべき。今は天方伯も唯だ独逸語を利用せんの心のみなり。おのれも亦(また)伯が当時の免官の理由を知れるが故に、強(しひ)て其成心を動かさんとはせず、伯が心中にて曲庇者(きよくひもの)なりなんど思はれんは、朋友に利なく、おのれに損あればなり。人を薦(すゝ)むるは先づ其能を示すに若(し)かず。これを示して伯の信用を求めよ。又彼少女(をとめ)との関係は、縦令(よしや)彼に誠ありとも、縦令情交は深くなりぬとも、人材を知りての恋にあらず、慣習といふ一種の惰性より生じたる交なり。意を決して断てと。是(こ)れその言(こと)のおほむねなりき。

大洋に舵(かぢ)を失ひしふな人が、遙(はるか)なる山を望む如きは、相沢が余に示したる前途の方鍼(はうしん)①なり。されどこの山は猶ほ重霧の間に在りて、いつ往きつかんも②、否、果して往きつきぬとも、我中心に満足を与へんも定かならず。貧きが中にも楽しきは今の生活(なりはひ)、棄て難きはエリスが愛。わが弱き心には思ひ定めんよしなかりしが、姑(しばら)く友の言(こと)に従ひて、この情縁を断たんと約しき。余は守る所を失はじと思ひて、おのれに敵するものには抗抵すれども、友に対して否とはえ対(こた)へぬが常なり。

別れて出づれば風面(おもて)を撲(う)てり。二重(ふたへ)の玻璃(ガラス)窓を緊しく鎖ざして、大いなる陶炉に火を焚きたる「ホテル」の食堂を出でしなれば、薄き外套を透る午後四時の寒さは殊さらに堪へ難く、膚(はだへ)粟(あはだ)立つと共に、余は心の中に一種の寒さを覚えき。

飜訳は一夜になし果てつ。「カイゼルホオフ」へ通ふことはこれより漸く繁くなりもて行く程に、初めは伯の言葉も用事のみなりしが、後には近比(ちかごろ)故郷にてありしことなどを挙げて余が意見を問ひ、折に触れては道中にて人々の失錯ありしことどもを告げて打笑ひ玉ひき。

一(ひと)月ばかり過ぎて、或る日伯は突然われに向ひて、「余は明旦(あす)魯西亜(ロシア)に向ひて出発すべし。随(したが)ひて来(く)べきか。」と問ふ。余は数日間、かの公務に遑なき相沢を見ざりしかば、此問は不意に余を驚かしつ。「いかで命に従はざらむ。」余は我恥を表はさん。此答はいち早く決断して言ひしにあらず。余はおのれが信じて頼む心を生じたる人に、卒然③ものを問はれたるときは、咄嗟(とつさ)の間(かん)、その答の範囲を善くも量らず、直ちにうべなふことあり。さてうべなひし上にて、その為(な)し難きに心づきても、強(しひ)て当時の心虚なりしを掩ひ隠し、耐忍してこれを実行すること屢々なり。

此日は飜訳の代(しろ)に、旅費さへ添へて賜(たま)はりしを持て帰りて、飜訳の代をばエリス

---

① 方鍼：方針、進路。
② いつ往きつかんも：必ず行き着くものとも。
③ 卒然：にわかに。

に預けつ。これにて魯西亜より帰り来んまでの費（つひえ）をば支へつべし。彼は医者に見せしに常ならぬ身なりといふ。貧血の性（さが）なりしゆゑ、幾月か心づかでありけん。座頭よりは休むことのあまりに久しければ籍を除きぬと言ひおこせつ。まだ一月ばかりなるに、かく厳しきは故あればなるべし。旅立の事にはいたく心を悩ますとも見えず。偽りなき我心を厚く信じたれば。

鉄路にては遠くもあらぬ旅なれば、用意とてもなし。身に合せて借りたる黒き礼服、新に買求めたるゴタ板①の魯廷（ろてい）②の貴族譜、二三種の辞書などを、小「カバン」に入れたるのみ。流石に心細きことのみ多きこの程なれば、出で行く跡に残らんも物憂かるべく、又停車場にて涙こぼしなどしたらんには影護（うしろめた）かるべければ③とて、翌朝早くエリスをば母につけて知る人がり④出（いだ）しやりつ。余は旅装整へて戸を鎖し、鍵をば入口に住む靴屋の主人に預けて出でぬ。

魯国行につきては、何事をか叙すべき。わが舌人（ぜつじん）⑤たる任務（つとめ）は忽地（たちまち）に余を拉（らつ）し去りて、青雲⑥の上に堕（おと）したり。余が大臣の一行に随ひて、ペエテルブルク⑦に在りし間に余を囲繞（ゐねう）せしは、巴里絶頂の驕奢（けうしや）を、氷雪の裡（うち）に移したる王城の粧飾（さうしよく）、故（ことさ）らに黄蝋（わうらふ）の燭（しよく）を幾つ共なく点（とも）したるに、幾星の勲章、幾枝の「エポレツト」⑧が映射する光、彫鏤（てうる）の工（たくみ）を尽したる「カミン」⑨の火に寒さを忘れて使ふ宮女の扇の閃きなどにて、この間仏蘭西語を最も円滑に使ふものはわれなるがゆゑに、賓主の間に周旋して事を弁ずるものもまた多くは余なりき。

---

① ゴタ板：「ゴタ」はベルリンの南西にある都市名。ゴタで出版した書物。
② 魯廷：ロシアの宮廷。
③ 影護かるべければ：きがかりだろうから。
④ 知る人がり：彼らの知人のもとへ。
⑤ 舌人：通訳。
⑥ 青雲：地位、学徳なごが高いこと。高尚な上流社会を指す。
⑦ ペエテルブルク：帝政ロシアの首都。今のサンクトペテルブルク。
⑧ エポレット：肩章。フランス語。
⑨ カミン：壁に取り付けた暖炉。

この間余はエリスを忘れざりき①、否、彼は日毎に書（ふみ）を寄せしかばえ忘れざりき。余が立ちし日には、いつになく独りにて燈火に向はん事の心憂さに、知る人の許（もと）にて夜に入るまでもの語りし、疲るゝを待ちて家に還り、直ちにいねつ。次の朝（あした）目醒めし時は、猶独り跡に残りしことを夢にはあらずやと思ひぬ。起き出でし時の心細さ、かゝる思ひをば、生計（たつき）に苦みて、けふの日の食なかりし折にもせざりき。これ彼が第一の書（ふみ）②の略（あらまし）なり。

又程経てのふみは頗る思ひせまりて書きたる如くなりき。文をば否といふ字にて起したり。否、君を思ふ心の深き底（そこひ）をば今ぞ知りぬる。君は故里（ふるさと）に頼もしき族（やから）なしとのたまへば、此地に善き世渡のたつきあらば、留り玉はぬことやはある。又我愛もて繋ぎ留めでは止（や）まじ。それもはで東（ひんがし）に還り玉はんとならば、親と共に往かんは易けれど、か程に多き路用を何処（いづく）よりか得ん。怎（いか）なる業をなしても此地に留りて、君が世に出で玉はん日をこそ待ためと常には思ひしが、暫しの旅とて立出で玉ひしより此二十日ばかり、別離の思は日にけに③茂りゆくのみ。袂（たもと）を分つはたゞ一瞬の苦艱（くげん）なりと思ひしは迷なりけり。我身の常ならぬが漸くにしるく④なれる、それさへあるに⑤、縦令いかなることありとも、我をばゆめな棄て玉ひそ。母とはいたく争ひぬ。されど我身の過ぎし頃には似で思ひ定めたるを見て心折れぬ。わが東（ひんがし）に往かん日には、ステツチン⑥わたりの農家に、遠き縁者あるに、身を寄せんとぞいふなる。書きおくり玉ひし如く、大臣の君に重く用ゐられ玉はゞ、我路用の金は兎も角もなりなん。今は只管（ひたすら）君が伯林にかへり玉はん日を待つのみ。

---

① 忘れざきり：忘れることができない。
② 書：ふみ。手紙。
③ 日にけに：日増しに、日に日に。
④ しるく：著しく、めだつ。
⑤ それさへあるに：それだけでもどうかと思うのに。
⑥ ステッチン：ベルリンの郊外の町。現在のシュチェチン。ボーランドの領地。

嗚呼、余は此書を見て始めて我地位を明視し得たり。恥かしきはわが鈍(にぶ)き心なり。余は我身一つの進退につきても、また我身に係らぬ他人(ひと)の事につきても、決断ありと自ら心に誇りしが、此決断は順境にのみありて、逆境にはあらず。我と人との関係を照さんとするときは、頼みし胸中の鏡は曇りたり。

大臣は既に我に厚し。されどわが近眼は唯だおのれが尽したる職分をのみ見き。余はこれに未来の望を繋ぐことには、神も知るらむ、絶えて想(おもひ)到らざりき。されど今こゝに心づきて、我心は猶ほ冷然たりし歟(か)。先に友の勧めしときは、大臣の信用は屋上の禽(とり)①の如くなりしが、今は稍(やゝ)これを得たるかと思はるゝに、相沢がこの頃の言葉の端に、本国に帰りて後も倶にかくてあらば云々(しかじか)といひしは、大臣のかく宣(のたま)ひしを、友ながらも公事なれば明には告げざりし歟。今更おもへば、余が軽卒にも彼に向ひてエリスとの関係を絶たんといひしを、早く大臣に告げやしけん。

嗚呼、独逸に来し初に、自ら我本領を悟りきと思ひて、また器械的人物とはならじと誓ひしが、こは足を縛して放たれし鳥の暫し羽を動かして自由を得たりと誇りしにはあらずや。足の糸は解くに由なし。曩(さき)にこれを繰(あや)つりしは、我某(わがなにがし)省の官長にて、今はこの糸、あなあはれ、天方伯の手中に在り。余が大臣の一行と倶に伯林に帰りしは、恰(あたか)も是れ新年の旦(あした)なりき。停車場に別を告げて、我家をさして車を駆(か)りつ。こゝにては今も除夜に眠らず、元旦に眠るが習なれば、万戸寂然たり。寒さは強く、路上の雪は稜角ある氷片となりて、晴れたる日に映じ、きらきらと輝けり。車はクロステル街に曲りて、家の入口に駐(とゞ)まりぬ。この時窓を開く音せしが、車よりは見えず。馭丁(ぎよてい)②に「カバン」持たせて梯を登らんとする程に、エリスの梯を駈け下るに逢ひぬ。彼が一声叫びて我頸(うなじ)を抱きしを見て馭丁は呆れたる面もちにて、何やらむ髭(ひげ)の内にて云ひしが聞えず。「善くぞ帰り来玉ひし。帰り来玉はずば我命は絶えなんを。」

---

① 屋上の禽：風見鶏のことか。得ようとしても用意に捕らえられないもののたとえ。
② 馭丁：馭者。

我心はこの時までも定まらず、故郷を憶(おも)ふ念と栄達を求むる心とは、時として愛情を圧せんとせしが、唯だ此一刹那(せつな)、低徊踟(ていくわいちちう)①の思は去りて、余は彼を抱き、彼の頭(かしら)は我肩に倚りて、彼が喜びの涙ははらはらと肩の上に落ちぬ。

「幾階か持ちて行くべき。」と鑼(どら)の如く叫びし馭丁は、いち早く登りて梯の上に立てり。

戸の外に出迎へしエリスが母に、馭丁を労(ねぎら)ひ玉へと銀貨をわたして、余は手を取りて引くエリスに伴はれ、急ぎて室に入りぬ。一瞥(いちべつ)して余は驚きぬ、机の上には白き木綿、白き「レエス」などを堆(うづたか)く積み上げたれば。

エリスは打笑(うちゑ)みつゝこれを指(ゆびさ)して、「何とか見玉ふ、この心がまへを。」といひつゝ一つの木綿ぎれを取上ぐるを見れば襁褓(むつき)なりき。「わが心の楽しさを思ひ玉へ。産れん子は君に似て黒き瞳子(ひとみ)をや持ちたらん。この瞳子。嗚呼、夢にのみ見しは君が黒き瞳子なり。産れたらん日には君が正しき心にて、よもあだし名をばなのらせ玉はじ②。」彼は頭を垂れたり。「穉(をさな)しと笑ひ玉はんが、寺に入らん日③はいかに嬉しからまし。」見上げたる目には涙満ちたり。

二三日の間は大臣をも、たびの疲れやおはさんとて敢(あへ)て訪(とぶ)らはず、家にのみ籠り居(をり)しが、或る日の夕暮使して招かれぬ。往きて見れば待遇殊にめでたく、魯西亜行の労を問ひ慰めて後、われと共に東にかへる心なきか、君が学問こそわが測り知る所ならね、語学のみにて世の用には足りなむ、滞留の余りに久しければ、様々の係累もやあらんと、相沢に問ひしに、さることなし④と聞きて落居(おちゐ)たり⑤と宣ふ。其気色辞(いな)む

① 踟：ぐずぐずすること。ためらうこと。

② よもあだし名をば名のらせたまはじ：まさかあなたと別の姓を名のらせなさりはしないでしょうね。あだし名：他の姓名。

③ 寺に入らん日：洗礼を受けさせるために教会に行く日。

④ さることなし：そういうことはない。

⑤ 落ち居たり：安心した。

べくもあらず。あなや①と思ひしが、流石に相沢の言(こと)を偽なりともいひ難きに、若しこの手にしも縋(すが)らずば、本国をも失ひ、名誉を挽(ひ)きかへさん道をも絶ち、身はこの広漠たる欧洲大都の人の海に葬られんかと思ふ念、心頭を衝(つ)いて起れり。嗚呼、何等の特操なき心ぞ、「承(うけたま)はり侍(はべ)り」と応(こた)へたるは。

黒がねの額(ぬか)②はありとも、帰りてエリスに何とかいはん。「ホテル」を出でしときの我心の錯乱は、譬(たと)へんに物なかりき。余は道の東西をも分かず、思に沈みて行く程に、往きあふ馬車の馭丁に幾度か叱(しつ)せられ、驚きて飛びのきつ。暫くしてふとあたりを見れば、獣苑の傍(かたはら)に出でたり。倒るゝ如くに路の辺(べ)の榻(こしかけ)に倚りて、灼くが如く熱し、椎(つち)にて打たるゝ如く響く頭(かしら)を榻背(たふはい)に持たせ、死したる如きさまにて幾時をか過しけん。劇しき寒さ骨に徹すと覚えて醒めし時は、夜に入りて雪は繁く降り、帽の庇(ひさし)、外套の肩には一寸許(ばかり)も積りたりき。

最早(もはや)十一時をや過ぎけん、モハビツト③、カルヽ街通ひの鉄道馬車の軌道も雪に埋もれ、ブランデンブルゲル門の畔(ほとり)の瓦斯燈(ガスとう)は寂しき光を放ちたり。立ち上らんとするに足の凍えたれば、両手にて擦(さす)りて、漸やく歩み得る程にはなりぬ。

足の運びの捗(はかど)らねば、クロステル街まで来しときは、半夜をや過ぎたりけん。こゝ迄来し道をばいかに歩みしか知らず。一月上旬の夜なれば、ウンテル、デン、リンデンの酒家、茶店は猶ほ人の出入盛りにて賑(にぎ)はしかりしならめど、ふつに④覚えず。我脳中にはただただ我は免(ゆる)すべからぬ罪人なりと思ふ心の満々たりき。

四階の屋根裏には、エリスはまだ寝(い)ねずと覚(お)ぼしく、烱然(けいぜん)たる一星の火、暗き空

---

① あなや：ああ、しまった。
② 黒がねの額：恥知らずなこと。
③ モハビット：ベルリンの西北の地名。
④ ふつに：まったく（ない）。

にすかせば、明かに見ゆるが、降りしきる鷺の如き雪片に、乍(たちま)ち掩はれ、乍ちまた顕れて、風に弄(もてあそ)ばるゝに似たり。戸口に入りしより疲を覚えて、身の節の痛み堪へ難ければ、這(は)ふ如くに梯を登りつ。庖厨(はうちゆう)を過ぎ、室の戸を開きて入りしに、机に倚りて襁褓(むつき)縫ひたりしエリスは振り返へりて、「あ」と叫びぬ。「いかにかし玉ひし。おん身の姿は。」

驚きしも宜(うべ)なりけり、蒼然として①死人に等しき我面色、帽をばいつの間にか失ひ、髪は蓬(おど)ろと乱れて、幾度か道にて跌(つまづ)き倒れしことなれば、衣は泥まじりの雪にれ、処々は裂けたれば。

余は答へんとすれど声出でず、膝の頻(しき)りに戦(をのゝ)かれて立つに堪へねば、椅子を握(つか)まんとせしまでは覚えしが、その儘(まゝ)に地に倒れぬ。

人事を知る程になりしは数週(すしう)の後なりき。熱劇しくて譫語(うはこと)のみ言ひしを、エリスが慇(ねもごろ)に②みとる程に、或日相沢は尋ね来て、余がかれに隠したる顛末(てんまつ)を審(つば)らに③知りて、大臣には病の事のみ告げ、よきやうに繕(つくろ)ひ置きしなり。余は始めて、病牀に侍するエリスを見て、その変りたる姿に驚きぬ。彼はこの数週の内にいたく④痩せて、血走りし目は窪み、灰色の頬(ほ)は落ちたり。相沢の助にて日々の生計(たつき)には窮せざりしが、此恩人は彼を精神的に殺しゝなり。

後に聞けば彼は相沢に逢ひしとき、余が相沢に与へし約束を聞き、またかの夕べ大臣に聞え上げし⑤一諾を知り、俄(にはか)に座より躍り上がり、面色さながら土の如く、「我豊太郎ぬし⑥、かくまでに我をば欺き玉ひしか」と叫び、その場に僵(たふ)れぬ。相沢

---

① 蒼然として：真っ青になって。
② 懇ろ：心をこめて。
③ 審らに：詳しく。
④ いたく：たいへん。
⑤ 聞こえ上げし：申し上げた。
⑥ ぬし：さん、様（敬称）。

は母を呼びて共に扶（たす）けて床に臥させしに、暫くして醒めしときは、目は直視したるまゝにて傍の人をも見知らず、我名を呼びていたく罵り、髪をむしり、蒲団（ふとん）を噛みなどし、また遽（にはか）に心づきたる様にて物を探り討（もと）めたり。母の取りて与ふるものをば悉く抛（なげう）ちしが、机の上なりし襁褓を与へたるとき、探りみて顔に押しあて、涙を流して泣きぬ。

これよりは騒ぐことはなけれど、精神の作用は殆（ほとんど）全く廃して、その痴（ち）なること赤児の如くなり。医に見せしに、過劇なる心労にて急に起りし「パラノイア」①といふ病（やまひ）なれば、治癒の見込なしといふ。ダルドルフ②の癲狂院（てんきやうゐん）に入れむとせしに、泣き叫びて聴かず、後にはかの襁褓一つを身につけて、幾度か出しては見、見ては欷歔（ききよ）す。余が病牀をば離れねど、これさへ心ありてにはあらずと見ゆ。たゞ折々（をりをり）思ひ出したるやうに「薬を、薬を」といふのみ。

余が病は全く癒えぬ。エリスが生ける屍（かばね）を抱きて千行（ちすぢ）の涙を濺（そゝ）ぎしは幾度ぞ。大臣に随ひて帰東の途に上ぼりしときは、相沢と議（はか）りてエリスが母に微（かすか）なる生計（たつき）を営むに足るほどの資本を与へ、あはれなる狂女の胎内に遺しゝ子の生れむをりの事をも頼みおきぬ。

嗚呼、相沢謙吉が如き良友は世にまた得がたかるべし。されど我脳裡（なうり）に一点の彼を憎むこゝろ今日までも残れりけり。

（明治二十三年一月）

## 【作家紹介】

森鴎外（1862—1922）、本名林太郎。小説家、戯曲家、評論家、翻訳家、医学者、陸軍軍医総監。別号鴎外、観潮楼主人。

---

①　パラノイア：　偏執症。分裂症の症状の一つで、以前は「失神」「痴呆」などという訳語を当てていた。

②　ダルドルフ：ベルリンの北約１０キロメートルにある町。

石見国（現・島根県）鹿足郡津和野藩に、代々津和野典医の家に生まれた。落ち目だった家の再興を願う勝気な母み子（通称峰子）によって、幼いごろから厳しい教育を受けた。論語や孟子やオランダ語などを学び、藩校の養老館では四書五経を復読。当時の記録から、9 歳で15 歳の学力と推測されており、激動の明治維新に家族と周囲から将来を期待されることになる。

1872 年、森鴎外は10 歳のとき、父とともに上京し、二年後、年齢不足のため生年を二年繰り上げている。13 歳で東京医学校予科（現・東京大学医学部）予科入学。在学中は医学の他、和歌・漢詩文も師について学び、1881 年、実際には19 歳という、開校以来最年少で東大医学部を卒業、陸軍の軍医となった。

1884—1888 年多年の念願がかなって、ドイツ留学を命じられた。細菌学の権威コッホらに師事して医学を勉強する一方、ショーペンハウアーやハルトマンなど、西欧の哲学や文学にも接近、西欧の近代化した思想や文明に触れた鴎外は、日本との文明の格差を感じつつあった。帰国後の鴎外は、医学界と文学界のきんぢあかに意欲的に動く。文学活動で訳詩集『於母影』（1889）は日本の初めて西欧詩の芸術的香気を伝えた訳詩であると評価された。アンデルセンの『即興詩人』（1903）の訳は原作以上に讃えられる。よどんでいる日本文壇の流れにしがらみをかけようと創刊した文学評論雑誌『しがらみ草紙』と『めさまし草』（1896）を通じて、文学作品や演劇など、幅広い分野で啓発的な評論活動を展開した。この時期、『紅露逍鴎』時代と呼ばれ、坪内逍遥との間に起こった没理想論争もこの時期であった。美を理想としてとらえる鴎外は、世界は現実だけである「没理想」の主張に反し、文学の芸術性を打ち出した。1890 年—1891 年にかけて、留学体験に取材した恋愛小説『舞姫』を世を出し、『うたかたの記』『文づかひ』と並び、ドイツ三部作を称された。『舞姫』は二葉亭四迷『浮雲』とともに日本近代文学の出発を告げる作品とされた。

1899 年、医学界で論争を起こって、文学界にも憎まれた鴎外は小倉に赴任した。不本意の左遷であった。文学的には沈黙に近い状態にあった小倉時代は、鴎外の人間的、文学的な熟成を促した。1902 年、荒木志と再婚し、同年、第一師団軍医部長となって帰京した。

夏目漱石の創作に刺激を受け、当時自然主義の流行の反発もあって、文学活動を再開した。口語体による最初の小説『半日』『青年』『妄想』『雁』などの長短の現代小説を相次いで発表した。

1912 年に明治天皇がなくなり乃木稀典夫妻が殉死した。このことをきっかけに、『興津弥五右衛門の遺書』という歴史小説を書いた。以降、小説の題材を過去に求め、『阿部一族』『大塩平八郎』『安井夫人』『山椒大夫』『高瀬舟』『寒山拾得』などの歴史小説を次々と世を送った。鴎外は歴史小説の中では自由にふるまっている。1915 年、伝説的な素材を小説にした『山椒大夫』で成功するとともに、同じ月に『歴史其儘と歴史離れ』というエッセイを書き、その題名どおりの二つの方向が歴史小説にありうるとするにいたった。

53 歳の鴎外は『歴史其儘と歴史離れ』で、歴史の史料にうずもれる「自然」を尊重という創作理念を表し、それまでフィクションといった「歴史離れ」の歴史小説から離れ、史料上の事実を曲げないといった「歴史其儘」の姿勢をとろうと、史伝の創作に移行した。『渋江抽斎』『伊沢蘭軒』などで自己の理想像を模索するとともに、近代的問題意識を託したのである。さらに史伝から進んで『帝諡考』『元号考』（未完）などの考証物をまとめていく。

1922 年、「余は石見人森林太郎トシテ死セント欲ス」「墓ハ森林太郎墓ノ外一字モホル可ラズ」と、死後一切の栄誉を拒絶するよう厳命した遺言を残し没した。

森鴎外は軍医を勤めながら文学活動を行う文学者である。1907 年陸軍軍医総監、陸軍省医務局長に任じ、軍医として最高の地位を得た。文学においても、文明批評的な視野の広さと、洋の東西を問わない豊富な教養に裏付けられた、質の高い創作活動を展開した。その文学の底には、強靭な道義や倫理的要素があり、自我の苦悩を日本の性急な甚大かのゆがみの中に認識していた。その創作は後続の文学世代に大きな影響を与え、夏目漱石と並んで日本近代文学史上における文豪を評されている。

## 【作品解説】

短編小説。1890 年 1 月、雑誌『国民の友』に発表。森鴎外の出世作であり、『うたかたの記』『文づかい』とあわせて、森鴎外のドイツ三部作と成る。日本近代文学の誕生を告げる作品とされる。粗筋は以下のとおりである。

物語は、帰国途上セイゴン港に停泊中の船の中で、太田が事件の回想記をつづるという形で書かれている。

主人公太田豊太郎は、大学卒業後官吏となってベルリンに留学する。幼時は神童と言われ、大学も常に首席で通し、ひたすら立身出世のエルートコースを歩んできた。ところが、大学の自由な精神風土に触れ、ヨーロッパ近代文明に接することで今まで封建的な官僚機構と「家」に縛られた自分の生き方を疑い、「奥深くひそみたりしまことの我」がしだいに自覚するようになる。

ある日、涙に暮れる美しい踊子エリスに出会い、心を奪われた。彼女が父の葬儀費用さえなく身を売る可否かという窮状に陥っていることを知り、これを救った。以後二人が清純な交際を始めたが、他の者の中傷により免職となって、帰国命令を受けた。さらにたった一人の肉親であった母の死の知らせに接し、その悲嘆の中で太田はエリスと「ついに離れがたき中」となる。帰国の費用も絶たれた彼は、新聞社の通信員という職を得て、エリスと同棲する。やがてエリスは豊太郎の子を身篭った。

折しも大臣に同行してベルリンにやってきた友人相沢は、豊太郎を大臣の通訳として推薦した。その才能を認め、大臣の信頼を得た豊太郎は相沢にエリスと関係を絶ち、同行帰国するよう勧められて、彼は承諾してしまつた。出産の準備に夢中になつているエリスに真実を告げられず悩んだ豊太郎は、雪の夜道を錯乱彷徨し人事不省に陥る。その間に相沢から事情を知らされたエリスは、衝撃のあまり発狂してしまつた。豊太郎はエリスの母にいくらかの生活資金を托し、エリスを残して帰国する。「相沢謙吉が如き良友は世にまた得がたかるべし。されど我が脳里に一点の彼を憎む心今日までも残れりけり。」豊太郎の心からの呟きであった。

この作品から留学期の鴎外の青春の一断面がうかがえる。清新な異国情緒と典雅な和文体が当時の若い読者を魅了した。その美的要素は運命悲劇独特の感傷に基づいてもいるが、本作の内実する悲劇性の緊迫感は主人公豊太郎の苦悩が青年鴎外の自画像の投影である点にも原因している。特に最後の一文は栄達の機会を提供してくれた友人に感謝しながらも、自我解放の端緒的行動を蹂躙された痛憤の告白である。これを鴎外の主題把握のあいまいさや非近代意識の限界を示すものよりも、作品が書かれた当時の日本の家や国家機構を本作が底辺としていること。つまり明治10年代から20年代を当てられるが、この時代は文明開化の風潮が強かったといっても、人々はまだ封建的な家を重圧感から解放されていない。知識人はまことの我に目覚めながら、自らの弱さと明治の官僚制度の重圧のため、敗北してしまう悲劇は近代日本の悲劇の象徴でもあった。『舞姫』は日本近代文学にはじめて近代的自我に目覚めたインテリ青年を登場させた画期的な意義を持つものである。

文章は従来の戯作調とまったく異なり、和文を主体とした和漢混淆体で流麗な古典調であり、かつ各所にヨーロッパ的清新な感覚がみなぎる。漢語も巧みに使い、その雅文体がみごとに生かされて、清新な芳香を放っている。それらだけが当時のロマン的青年の魅力となったのではなく、根本的には「於面影」以来流れきった鴎外の抒情精神が、この題材に触発され、さらに前述のごとき青春の思い出が復活して、それが深い実感をもって読者に訴えたからであろう。小田切秀雄は「人間とその自我とにとってまさに悲しまるべきことを、その悲しみのみずみずしい抒情的表現で描いているのだから、この作品がきわめてロマン主義的悲傷の情緒、気分の作品であることは一面の事実だが、同時にまた、その傷心を抱きつつも官僚体制のなかで自己の力をふるいつつ生きてゆく道を手放さない生活者の姿がとりだされ、それによって作品がしめくくられている、という意味では、きわめて現実的、実社会的であることが、この作品のもう一つの真実の面をなしている。」と作品が浪漫性と現実性を両方備えていることを指摘した。

『舞姫』は二葉亭四迷の『浮雲』とともに、近代知識人の目覚めた苦悩を始めて文学に定着したものとして、高く評価される。両作品は日本近代文学の出発を告げるものとされる。この小説は、エリスとの愛を捨てて、立身出世のコースを選んだ主人公を通して、個人と対立する前近代的な明治社会の厚い壁と、それによつて傷つく個人内面の傷痕を痛切に謳い上げた作品として日本近代文学史の出発点を示す記念碑的作品となっている。

## 【読解鑑賞】

### ☞ 森鴎外の翻訳——『即興詩人』

明治期戦闘的な文学啓蒙活動を行った鴎外は西欧の文芸作品の紹介に力を尽くした。バイロン、ハイネらのロマンチックな死を翻訳集成した『於面影』、アンデルセンの『即興詩人』などは後世に影響を与えた。特に『即興詩人』は『舞姫』以下に示した精神な麗筆をふるって訳出し、その浪漫的香気が原作をはるかに凌ぐのとなった。明治20年代の後半から30年代の半ばにかけてロマン心情を抱いていた若い読者は特に南欧のルネッサンス的風潮や風景に強い憧れを感じたが、その好尚を具体的に満足させるものはこの『即興詩人』の翻訳である。以下は作品からの摘出である。

我は日ごとに姫をおとづれき。わづかに残れる謝肉祭（カルネワレ）の日はいつしか夢のごとくに過ぎ去りぬ。されどこの間われは遺憾なくこのまつりの興（きょう）を受用し尽せり。そはアヌンチヤタが我に賦（ふ）したる楽天主義の賜（たまもの）なりき。ある時ベルナルドオのいふやう。（中略）我は明らかに知る、汝が唇の未だ曾て女子（おみなご）の口に触れず、汝が頭（こうべ）の女子の肩に倚（よ）らざるを。今もしアヌンチヤタまことに汝を愛せばいかに。我。思ひも掛けぬ事かな。アヌンチヤタは我がわづかに能く仰ぎ見るものゝ名にして、我手の届くべきものゝ名にあらず。彼。あらず。高くもあれ低くもあれ、アヌンチヤタとは女子の名なり。汝は詩人にあらずや。詩人は測るべからざる性（さが）あるものなり。その女子の胸の片隅を占むるや、その奥に進むべき鍵は、詩人の手にあるものぞ。我。姫がやさしさ、賢（さか）しさ、姫が芸術のすぐれたるをこそ慕へ。これに恋せんなどとは、われ実（まことに）に夢にだにおもひしことなし。

### ☞ 森鴎外の歴史意識

1912 年 7 月 30 日、明治天皇は世を去り、明治時代の幕が閉じた。この事件は漱石や鴎外らの明治時代の知識人に多大な衝撃を与えた。特に乃木希典夫婦が殉死し、社会における異様な雰囲気が頂点に至った。鴎外も本格的な歴史小説を次々と世を送った。森鴎外の文学として、前期のロマン風の作品のほか、歴史小説およびその歴史意識も把握するのは重要である。

その歴史小説を創作するにあたり、二つ解決しなければならないことがある。ひとつは史実と虚構の関係で、一つは描かれた時代の再現である。森鴎外は『歴史其儘と歴史離れ』において自分の歴史意識をこう述べた。

わたくし自身も、これまで書いた中で、材料を感傷的に見た程度に、大分の相違のあるのを知っている。（中略）わたくしは史料を調べて見て、その中に窺われる「自然」を尊重する念を発した。そしてそれを猥に変更するのが厭になった。これが一つである。わたくしは又現存の人が自家の生活を有りの儘に書くのを見て、現在がありの儘に書いて好いなら、過去も書いて好い筈だと思った。これが二つである。

## 【研究情報】

戦後、率先して鴎外論をスタートするのは高橋義孝『森鴎外：文藝學試論』（雄山閣、1946・10）である。その翌年、岸田美子は綿密な読解を展開した『森鴎外小論』（至文堂、1947）を発表した。中野重治『鴎外：その側面』（筑摩書房、1952）は戦前以来の欧外批判の成果をまとめたもので、マルキシズム的作家の立場から鴎外の矛盾を分析した。福田恒存「近代日本文学の系譜——鴎外と 9 漱石」（『文学』1946・6）、桑原武夫「日本文学と俗物性——鴎外と不俗」（『世界』1951・2）や『舞姫』の虚実を論じた平野謙「芸術と実生活」（『人間』1949・5—6）なども注目すべき論著である。

50年代に『文学』の特集号「鴎外について」を皮切りに、雑誌特集号や講座・研究論集なども相次いで世を送った。その中で、三島由紀夫「鴎外の短編小説」（『文芸』1956年7月臨時増刊）、神田孝夫「鴎外初期の文芸評論」（『比較文学研究』1957・12）、浅井清、越智治雄、三好行雄「鴎外と明治」（『解釈と鑑賞』1959・8）などが注目されている。

1970年代に入って、星新一『祖父・小金井良精の記』（河出書房新社、1974・2）「資料・エリス」の項の日記に来日した舞姫のモデルとの鴎外の具体的接触という証言を披露し、鴎外研究に大きな反響を起こした。歴史小説の分野でも、新しい進展を遂げた。藤本千鶴子「鴎外『阿部一族』の主資料『阿部茶事談』の性格」（『近世・近代のことばと文学』第一学習社、1972・12）などは『阿部一族』の史実離れの性の剔決であり、今までの典拠と研究方法を批判した。鴎外の『堺事件』をめぐって、体制とイデオロギー性にまでさかのぼって、大岡昇平は「森鴎外における切盛と捏造——『堺事件』をもぐって」「『堺事件』の構造——森鴎外における切盛と捏造（続）」（「世界」1975・6—7）二作を続けて綴った。

これをきっかけに、森鴎外の「歴史其儘」をめぐる論争も起こった。

森鴎外の初期評論をめぐる研究は70年代末から注目された。磯貝英夫『森鴎外——明治20年代を中心に』（明治書院、1979・12）、嘉部嘉隆『森鴎外——初期文芸評論の理論と方法』（桜楓社、1980・9）がその例である。歴史小説において浦生芳郎『鴎外の歴史小説　その詩と真実』（春秋社、1983・5）山崎一潁『森鴎外、歴史小説研究』（桜楓社、1981・10、1982・5）北川伊男『森鴎外の観照と幻影』（近代文芸社、1984・3）など、すばらしい成果を実った。特筆すべきは、伊達一男『医師としての森鴎外』正・続（績文堂、1981・2、1989・4）、丸山博『森鴎外と衛生学』（勁草書房、1984・7）など医事・評論活動に向けられた本格的追究の輩出である。医師鴎外像の科学的定立に向けて大きく研究を進めた。長谷川泉「『舞姫』太田豊太郎のモデル『武嶋務』資料の受贈」（『森鴎外』1989・7）は密度の高い考証的研究であった。

1990年代、森鴎外の研究の幅は確実に拡散しつつあった。新妻佳珠子「台湾における森鴎外——『徂征日記』にそって」（『野稗』1990・11）、金子幸代「台湾・香港の森鴎外——日清戦争時代を中心に」（『鴎外』1991・7）、竹森天雄らが『解釈と鑑賞』（1991・7—2009・2）「鴎外その出発」シリーズを発表し、さまざまな角度から鴎外を論じた。小森陽一「日本近代文学における男色の背景」（『文学』1995・1）、1998 年 1 月『国文学』特集号に集中的に発表された須田喜代次らの論文は鴎外文学を見直し、斬新な角度を提供した。桑名靖治「注解「舞姫」（1）（2）（3）（4）（5）」（『月刊国語教育』1999・4—8）は特に注目に値するものである。

専門的な研究類著書或いは論文集も多数現れた。清田文武『鴎外文芸の研究　青年期篇』（有精堂、1991・10）、平川祐弘・平岡敏夫・竹盛天雄『講座　森鴎外』第一巻~第三巻（新曜社、1997・5）、小堀桂一郎『森鴎外：批評と研究』（岩波書店、1998・11）森まゆみ『鴎外の坂』（新潮社、1997・10）、池内健次『森鴎外と近代日本』（ミネルヴァ書房、2001・12）、末延芳晴『森鴎外と日清・日露戦争』（平凡社、2008・8）なども注目される成果である。

これまで、森鴎外研究はあらゆる視点から行われておるが、新しい理論と角度によるラディカルな批評や哲学的な探求はまだまだである。国民国家批判、カルチュラル・スタディーズ、ニューヒストリイズム、ポストコロニアルなどを援用して、〈いま・ここ〉という見地からの研究が期待される。

## 【参考文献】


唐木順三『森鴎外』世界評論社、1949 年

竹内好「舞姫・森鴎外——エリスは空想の産物である」『国文学解釈と鑑賞』6、1961 年 5 月

小泉浩一郎「森鴎外の文体と文体意識——「舞姫」を視座として」『国文学解釈と教材の研究』10、1980 年 8 月

宮本忍『森鴎外の医学思想』勁草書房、1979 年 2 月

小島憲之『ことばの重み：鴎外の謎を解く漢語』新潮社、1984 年 1 月

磯貝英夫「森鴎外研究案内」『鑑賞日本現代文学』1、角川書店、1981 年 8 月

三好行雄「森鴎外」『別冊國文学　日本現代文学研究必携』、1983 年 7 月

成瀬正允「舞姫異説」『国語と国文学』、1972 年 4 月

出原隆俊「洋行と“からゆき”——反『舞姫』小説の位相」『文学』、1985 年 3 月

田中実「多層的意識のなかの〈劇作者〉——『舞姫』と作者」『日本文学』、1986 年 2 月

遠藤誠治「森鴎外『舞姫』の社会小説的側面小論」『個人誌作品研究』一、1986 年 10 月

山下浩「森鴎外『舞姫』と底本の選定」筑波大学『言語文化論集』26、1988 年 12 月

清水茂「鴎外『舞姫』の〈七不思議〉とその基底としての伝承・伝統に就いて」『国文学研究』102、1990 年 10 月

橋口晋作「森鴎外「舞姫」の位置——先行する作品の世界との比較から」『文学研究』79、1994 年 6 月

原国人「森鴎外「舞姫」覚書——その文芸史的位置をめぐって」『中京大学文学部紀要』2、1998 年 11 月

小金井喜美子『鴎外の思い出』岩波書店、1999 年 11 月

植木哲『新説鴎外の恋人エリス』新潮社、2000 年 4 月

長谷川泉『鴎外《舞姫》作品論集』近代文学作品論成②、2000 年 10 月

小平克『森鴎外「我百首」と「舞姫事件」』同時代社、2006 年 6 月

# 三　金色夜叉

尾崎紅葉

## 第八章

打霞(うちかす)みたる空ながら、月の色の匂滴(にほひこぼ)るるやうにして、微白(ほのじろ)き海は縹渺(ひようびよう)として限を知らず、譬(たと)へば無邪気なる夢を敷けるに似たり。寄せては返す波の音も眠(ねむ)げに怠りて、吹来る風は人を酔はしめんとす。打連れてこの浜辺を逍遙(しようよう)せるは貫一と宮となりけり。

「僕は唯胸が一杯で、何も言ふことが出来ない」

五歩六歩(いつあしむあし)行きし後宮はやうやう言出でつ。

「堪忍(かんにん)して下さい」

「何も今更謝ることは無いよ。一体今度の事は翁さん姨さんの意から出たのか、又はお前さんも得心であるのか、それを聞けば可(い)いのだから」

「……」

「此地(こつち)へ来るまでは、僕は十分信じてをつた、お前さんに限つてそんな了簡(りようけん)①のあ

---

① 了簡：対策、処置。

るべき筈は無いと。実は信じるも信じないも有りはしない、夫婦の間（なか）で、知れきつた話だ。

昨夜（ゆふべ）翁さんから悉（くはし）く話があつて、その上に頼むといふ御言（おことば）だ」

差含（さしぐ）む涙に彼の声は顫（ふる）ひぬ。

「大恩を受けてゐる翁さん姨さんの事だから、頼むと言はれた日には、僕の体は火水（ひみづ）の中へでも飛込まなければならないのだ。翁さん姨さんの頼なら、無論僕は火水の中へでも飛込む精神だ。火水の中へなら飛込むがこの頼ばかりは僕も聴くことは出来ないと思つた。火水の中へ飛込めと云ふよりは、もつと無理な、余り無理な頼ではないかと、僕は済まないけれど翁さんを恨んでゐる。

さうして、言ふ事も有らうに、この頼を聴いてくれれば洋行さして遣（や）るとお言ひのだ。い……い……いかに貫一は乞食士族の孤児（みなしご）でも、女房を売つた銭で洋行せうとは思はん！」

貫一は蹈留（ふみとどま）りて海に向ひて泣けり。宮はこの時始めて彼に寄添ひて、気遣（きづかは）しげにその顔を差覗（さしのぞ）きぬ。

「堪忍して下さいよ、皆私が…どうぞ堪忍して下さい」

貫一の手に縋（すが）りて、忽ちその肩に面（おもて）を推当（おしあ）つると見れば、彼も泣音（なくね）を洩（もら）すなりけり。波は漾々（ようよう）として遠く烟（けむ）り、月は朧（おぼろ）に一湾の真砂（まさご）を照して、空も汀（みぎは）も淡白（うすじろ）き中に、立尽せる二人の姿は墨の滴（したた）りたるやうの影を作れり。

「それで僕は考へたのだ、これは一方には翁さんが僕を説いて、お前さんの方は姨さんが説得しやうと云ふので、無理に此処（ここ）へ連出したに違無い。翁さん姨さんの頼と有つて見れば、僕は不承知を言ふことの出来ない身分だから、唯々（はいはい）と言つて聞いてゐたけれど、宮（みい）さんは幾多（いくら）でも剛情を張つて差支無いのだ。どうあつても可厭（いや）だとお前さんさへ言通せば、この縁談はそれで破れて了（しま）ふのだ。僕が傍に居ると智慧（ちゑ）を付けて邪魔を為(す)ると思ふものだから、遠くへ連出して無理往生①に納得させる計(はかりごと)だなと考着くと、さあ心配で心配で僕は昨夜は夜一夜(よつぴて)寐(ね)はしない、そんな事は万々(ばんばん)有るまいけれど、種々言はれる為に可厭と言はれない義理になつて、若や承諾するやうな事があつては大変だと思つて、家は学校へ出る積(つもり)で、僕はわざわざ様子を見に来たのだ。

馬鹿な、馬鹿な！貫一ほどの大馬鹿者が世界中を捜して何処(どこ)に在る！！僕はこれ程自分が大馬鹿とは、二十五歳の今日まで知……知……知らなかつた」

宮は可悲(かなしさ)と可懼(おそろしさ)に襲はれて少(すこし)く声さへ立てて泣きぬ。

憤(いかり)を抑(おさ)ふる貫一の呼吸は漸(やうや)く乱れたり。

「宮さん、お前は好くも僕を欺いたね」

宮は覚えず慄(をのの)けり。

「病気と云つてここへ来たのは、富山と逢ふ為だらう」

「まあ、それはつかりは……」

「おおそれはつかりは？」

「余(あんま)り邪推が過ぎるわ、余り酷いわ。何ぼ何でも余り酷い事を」

泣入る宮を尻目に挂(か)けて、

「お前でも酷いと云ふ事を知つてゐるのかい、宮さん。これが酷いと云つて泣く程なら大馬鹿者にされた貫一は……貫一は……貫一は血の涙を流しても足りは為(せ)んよ。

お前が得心せんものなら、此地へ来るに就いて僕に一言(いちごん)も言はんと云ふ法は無からう。家を出るのが突然で、その暇が無かつたなら、後から手紙を寄来(よこ)すが可いぢやないか。出抜(だしぬ)いて家を出るばかりか、何の便(たより)も為んところを見れば、始から富山と出会ふ手筈(てはず)になつてゐたのだ。或(あるひ)は一所に来たのか知れはしない。宮さん、お前は

---

① 無理往生：無理に自分に従わせること。

奸婦(かんぷ)だよ。姦通(かんつう)したも同じだよ」

「そんな酷いことを、貫一さん、余(あんま)りだわ、余りだわ」

彼は正体も無く泣頽(なきくづ)れつつ、寄らんとするを貫一は突退(つきの)けて、

「操(みさを)を破れば奸婦ぢやあるまいか」

「何時(いつ)私が操を破つて？」

「幾許(いくら)大馬鹿者の貫一でも、おのれの妻(さい)が操を破る傍に付いて見てゐるものかい！貫一と云ふ歴(れき)とした夫を持ちながら、その夫を出抜いて、余所(よそ)の男と湯治に来てゐたら、姦通してゐないといふ証拠が何処に在る？」

「さう言はれて了ふと、私は何とも言へないけれど、富山さんと逢ふの、約束してあつたのと云ふのは、それは全く貫一さんの邪推よ。私等(わたしたち)が此地に来てゐるのを聞いて、富山さんが後から尋ねて来たのだわ」

「何で富山が後から尋ねて来たのだ」

宮はその唇(くちびる)に釘(くぎ)打たれたるやうに再び言(ことば)は出(い)でざりき。貫一は、かく詰責せる間に彼の必ず過を悔い、罪を詫(わ)びて、その身は未(おろ)か命までも己(おのれ)の欲するままならんことを誓ふべしと信じたりしなり。よし信ぜざりけんも、心陰(こころひそか)に望みたりしならん。如何(いか)にぞや、彼は露ばかりもさせる気色(けしき)は無くて、引けども朝顔の垣を離るまじき一図の心変(こころがはり)を、貫一はなかなか信(まこと)しからず覚ゆるまでに呆(あき)れたり。

宮は我を棄てたるよ。我は我妻を人に奪はれたるよ。我命にも換へて最愛(いとをし)みし人は芥(あくた)の如く我を悪(にく)めるよ。恨は彼の骨に徹し、憤(いかり)は彼の胸を劈(つんざ)きて、ほとほと身も世も忘れたる貫一は、あはれ奸婦の肉を啖(くら)ひて、この熱腸(ねつちよう)を冷(さま)さんとも思へり。忽(たちま)ち彼は頭脳の裂けんとするを覚えて、苦痛に得堪(えた)へずして尻居①に僵(たふ)れたり。

---

① 尻居：しりもちをつくこと。

宮は見るより驚く遑(いとま)もあらず、諸共(もろとも)に砂に塗(まび)れて掻抱(かきいだ)けば、閉ぢたる眼(まなこ)より乱落つる涙に浸れる灰色の頬を、月の光は悲しげに彷徨(さまよ)ひて、迫れる息は凄(すさまし)く波打つ胸の響を伝ふ。宮は彼の背後(うしろ)より取縋(とりすが)り、抱緊(いだきし)め、撼動(ゆりうごか)して、戦(をのの)く声を励せば、励す声は更に戦きぬ。

「どうして、貫一さん、どうしたのよう！」

貫一は力無げに宮の手を執れり。宮は涙に汚れたる男の顔をいと懇(ねんごろ)①に拭(ぬぐ)ひたり。

「吁(ああ)、宮さんかうして二人が一処に居るのも今夜限だ。お前が僕の介抱をしてくれるのも今夜限、僕がお前に物を言ふのも今夜限だよ。一月の十七日、宮さん、善く覚えてお置き。来年の今月今夜は、貫一は何処でこの月を見るのだか！再来年の今月今夜…十年後(のち)の今月今夜…一生を通して僕は今月今夜を忘れん、忘れるものか、死んでも僕は忘れんよ！可いか、宮さん、一月の十七日だ。来年の今月今夜になつたならば、僕の涙で必ず月は曇らして見せるから、月が……月が……月が……曇つたらば、宮さん、貫一は何処かでお前を恨んで、今夜のやうに泣いてゐると思つてくれ」

宮は挫(ひし)ぐばかりに貫一に取着きて、物狂(ものぐるはし)う咽入(むせびい)りぬ。

「そんな悲い事をいはずに、ねえ貫一さん、私も考へた事があるのだから、それは腹も立たうけれど、どうぞ堪忍して、少し辛抱してゐて下さいな。私はお肚(なか)の中には言ひたい事が沢山あるのだけれど、余(あんま)り言難(いひにく)い事ばかりだから、口へは出さないけれど、唯一言(たつたひとこと)いひたいのは、私は貴方(あなた)の事は忘れはしないわ——私は生涯忘れはしないわ」

「聞きたくない！忘れんくらゐなら何故見棄てた」

「だから、私は決して見棄てはしないわ」

「何、見棄てない？見棄てないものが嫁に帰(ゆ)くかい、馬鹿な！二人の夫が有てるかい」

---

①　懇：心のこもっているさま。

「だから、私は考へてゐる事があるのだから、も少(すこ)し辛抱してそれを——私の心を見て下さいな。きつと貴方の事を忘れない証拠を私は見せるわ」

「ええ、狼狽(うろた)へてくだらんことを言ふな。食ふに窮(こま)つて身を売らなければならんのぢやなし、何を苦んで嫁に帰(ゆ)くのだ。内には七千円も財産が在つて、お前は其処(そこ)の一人娘ぢやないか、さうして婿まで極(きま)つてゐるのぢやないか。その婿も四五年の後には学士になると、末の見込も着いてゐるのだ。しかもお前はその婿を生涯忘れないほどに思つてゐると云ふぢやないか。それに何の不足が有つて、無理にも嫁に帰(ゆ)かなければならんのだ。天下にこれくらゐ理(わけ)の解らん話が有らうか。どう考へても、嫁に帰(ゆ)くべき必用の無いものが、無理に算段をして嫁に帰(ゆ)かうと為るには、必ず何ぞ事情が無ければ成らない。

婿が不足なのか、金持と縁を組みたいのか、主意は決してこの二件(ふたつ)の外にはあるまい。言つて聞かしてくれ。遠慮は要らない。さあ、さあ、宮さん、遠慮することは無いよ。一旦夫に定めたものを振捨てるくらゐの無遠慮なものが、こんな事に遠慮も何も要るものか」

「私が悪いのだから堪忍して下さい」

「それぢや婿が不足なのだね」

「貫一さん、それは余(あんま)りだわ。そんなに疑ふのなら、私はどんな事でもして、さうして証拠を見せるわ」

「婿に不足は無い？それぢや富山が財(かね)があるからか、して見るとこの結婚は慾からだね、僕の離縁も慾からだね。で、この結婚はお前も承知をしたのだね、ええ？

翁さん姨さんに迫られて、余義無くお前も承知をしたのならば、僕の考で破談にする方は幾許もある。僕一人が悪者になれば、翁さん姨さんを始めお前の迷惑にもならずに打壊(ぶちこは)して了ふことは出来る、だからお前の心持を聞いた上で手段があるのだが、お前も適(い)つて見る気は有るのかい」

貫一の眼(まなこ)はその全身の力を聚(あつ)めて、思悩める宮が顔を鋭く打目戍(うちまも)れり。五歩行き、七歩行き、十歩を行けども、彼の答はあらざりき。貫一は空を仰ぎて太息(ためいき)したり。

「宜(よろし)い、もう宜い。お前の心は能く解つた」

今ははや言ふも益無ければ、重ねて口を開かざらんかと打按(うちあん)じつつも、彼は乱るる胸を寛(ゆる)うせんが為に、強(し)ひて目を放ちて海の方(かた)を眺めたりしが、なほ得堪へずやありけん、又言はんとして顧れば、宮は傍(かたはら)に在らずして、六七間後(あと)なる波打際(なみうちぎは)に面(おもて)を掩(おほ)ひて泣けるなり。

可悩(なやま)しげなる姿の月に照され、風に吹れて、あはれ消えもしぬべく立ち迷へるに、べうべうたる海の端(はし)の白く頽(くづ)れて波と打寄せたる、艶(えん)に哀(あはれ)を尽せる風情に、貫一は憤をも恨をも忘れて、少時(しばし)は画を看(み)る如き心地もしつ。更に、この美き人も今は我物ならずと思へば、なかなか夢かとも疑へり。

「夢だ夢だ、長い夢を見たのだ！」

彼は頭(かしら)を低(た)れて足の向ふままに汀(みぎは)の方(かた)へ進行きしが、泣く泣く歩来(あゆみきた)れる宮と互に知らで行合ひたり。

「宮さん、何を泣くのだ。お前は些(ちつと)も泣くことは無いぢやないか。空涙①！」

「どうせさうよ」

殆ど聞得べからざるまでにその声は涙に乱れたり。

「宮さん、お前に限つてはさう云ふ了簡は無からうと、僕は自分を信じるほどに信じてゐたが、それぢややつぱりお前の心は慾だね、財なのだね。如何(いか)に何でも余り情無い、宮さん、お前はそれで自分に愛相は尽きないかい。

好(い)い出世をして、さぞ栄耀(えよう)も出来て、お前はそれで可からうけれど、財に見換へら

---

① 空涙：わざと悲しそうなふりをして流す涙。いつわりの涙。

れて棄てられた僕の身になつて見るが可い。無念と謂(い)はうか、口惜(くちをし)いと謂はうか、宮さん、僕はお前を刺殺(さしころ)して——驚くことは無い！——いつそ死んで了ひたいのだ。それを怺(こら)へてお前を人に奪(とら)れるのを手出しも為(せ)ずに見てゐる僕の心地(こころもち)は、どんなだ①と思ふ、どんなだと思ふよ！自分さへ好ければ他(ひと)はどうならうともお前はかまはんのかい。一体貫一はお前の何だよ。何だと思ふのだよ。鴫沢(しぎさわ)の家には厄介者の居候(ゐさふらふ)②でも、お前の為には夫ぢやないかい。僕はお前の男妾(をとこめかけ)になつた覚(おぼえ)は無いよ、宮さん、お前は貫一を玩弄物(なぐさみもの)にしたのだね。平生(へいぜい)お前の仕打が水臭い水臭い③と思つたも道理だ、始から僕を一時の玩弄物の意(つもり)で、本当の愛情は無かつたのだ。さうとは知らずに僕は自分の身よりもお前を愛してゐた。お前の外には何の楽も無いほどにお前の事を思つてゐた。それ程までに思つてゐる貫一を、宮さん、お前はどうしても棄てる気かい。

それは無論金力の点では、僕と富山とは比較(くらべもの)にはならない。彼方(あつち)は屈指の財産家、僕は固(もと)より一介の書生だ。けれども善く宮さん考へて御覧、ねえ、人間の幸福ばかりは決して財で買へるものぢやないよ。幸福と財とは全く別物だよ。人の幸福の第一は家内の平和だ、家内の平和は何か、夫婦が互に深く愛すると云ふ外は無い。お前を深く愛する点では、富山如きが百人寄つても到底僕の十分の一だけでも愛することは出来まい、富山が財産で誇るなら、僕は彼等の夢想することも出来んこの愛情で争つて見せる。夫婦の幸福は全くこの愛情の力、愛情が無ければ既に夫婦は無いのだ。

己の身に換へてお前を思つてゐる程の愛情を有(も)つてゐる貫一を棄てて、夫婦間の幸福には何の益も無い、寧ろ害になり易い、その財産を目的に結婚を為るのは、宮さん、どういふ心得なのだ。

---

① どんなだ：どんなものだ。
② 居候：他人の家に寄食すること。また、その人。
③ 水臭い：親しい間柄なのに、よそよそしい。

然し財といふものは人の心を迷はすもので、智者の学者の豪傑のと、千万人に勝(すぐ)れた立派な立派な男子さへ、財の為には随分甚(ひど)い事も為るのだ。それを考へれば、お前が偶然(ふつと)気の変つたのも、或(あるひ)は無理も無いのだらう。からして僕はそれは咎(とが)めない、但(ただ)もう一遍、宮さん善く考へて御覧な、その財が——富山の財産がお前の夫婦間にどれ程の効力があるのかと謂(い)ふことを。

雀(すずめ)が米を食ふのは僅(わづ)か十粒(とつぶ)か二十粒だ、俵(たわら)①で置いてあつたつて、一度に一俵(ひょう)食へるものぢやない、僕は鴫沢の財産を譲つてもらはんでも、十粒か二十粒の米に事を欠いて、お前に餒(ひもじ)い②思を為せるやうな、そんな意気地(いくぢ)の無い男でもない。若し間違つて、その十粒か二十粒の工面③が出来なかつたら、僕は自分は食はんでも、決してお前に不自由は為せん。宮さん、僕はこれ…これ程までにお前の事を思つてゐる！」

貫一は雫(しづく)する涙を払ひて、

「お前が富山へ嫁(ゆ)く、それは立派な生活をして、栄耀(えよう)も出来やうし、楽も出来やう、けれどもあれだけの財産は決して息子の嫁の為に費さうとて作られた財産ではない、と云ふ事をお前考へなければならんよ。愛情の無い夫婦の間に、立派な生活が何だ！栄耀が何だ！世間には、馬車に乗つて心配さうな青い顔をして、夜会へ招(よば)れて行く人もあれば、自分の妻子(つまこ)を車に載せて、それを自分が挽(ひ)いて花見に出掛ける車夫もある。富山へ嫁(ゆ)けば、家内も多ければ人出入(ひとでいり)も、劇(はげ)しし、従つて気兼も苦労も一通の事ぢやなからう。その中へ入つて、気を傷(いた)めながら愛してもをらん夫を持つて、それでお前は何を楽(たのしみ)に生きてゐるのだ。さうして勤めてゐれば、末にはあの財産がお

① 俵：わらや茅などで編んで作った袋。穀物、炭などを入れる。
② 餒：腹がへっている。空腹である。
③ 工面：かねまわり、身代。

前の物になるのかい、富山の奥様と云へば立派かも知れんけれど、食ふところは今の雀の十粒か二十粒に過ぎんのぢやないか。よしんばあの財産がお前の自由になるとしたところで、女の身に何十万と云ふ金がどうなる、何十万の金を女の身で面白く費（つか）へるかい。雀に一俵の米を一度に食へと云ふやうなものぢやないか。男を持たなければ女の身は立てないものなら、一生の苦楽他人に頼（よ）るで、女の宝とするのはその夫ではないか。何百万の財（かね）が有らうと、その夫が宝と為るに足らんものであつたら、女の心細さは、なかなか車に載せて花見に連れられる車夫の女房には及ばんぢやあるまいか。

聞けばあの富山の父と云ふものは、内に二人外（おもて）に三人も妾を置いてゐると云ふ話だ。財の有る者は大方そんな真似をして、妻は些（ほん）の床の置物にされて、謂（い）はば棄てられてゐるのだ。棄てられてゐながらその愛されてゐる妾よりは、責任も重く、苦労も多く、苦（くるしみ）ばかりで楽は無いと謂つて可い。お前の嫁（ゆ）く唯継だつて、固（もと）より所望（のぞみ）でお前を迎（もら）ふのだから、当座は随分愛しも為るだらうが、それが長く続くものか、財（かね）が有るから好きな真似も出来る、他（ほか）の楽（たのしみ）に気が移つて、直（ぢき）にお前の恋は冷（さま）されて了ふのは判つてゐる。その時になつて、お前の心地（こころもち）を考へて御覧、あの富山の財産がその苦（くるしみ）を拯（すく）ふかい。家に沢山の財が在れば、夫に棄てられて床の置物になつてゐても、お前はそれで楽（たのしみ）かい、満足かい。

僕が人にお前を奪られる無念は謂ふまでも無いけれど、三年の後のお前の後悔が目に見えて、心変（こころがはり）をした憎いお前ぢやあるけれど、やつぱり可哀（かあい）さうでならんから、僕は真実で言ふのだ。

僕に飽きて富山に惚（ほ）れてお前が嫁くのなら、僕は未練らしく何も言はんけれど、宮さん、お前は唯立派なところへ嫁くといふそればかりに迷はされてゐるのだから、それは過（あやま）つてゐる、それは実に過（あやま）つてゐる、愛情の無い結婚は究竟（つまり）自他の後悔だよ。今夜この場のお前の分別（ふんべつ）一つで、お前の一生の苦楽は定るのだから、宮さん、お前も自分の身が大事と思ふなら、又貫一が不便（ふびん）①だと思つて、頼む！頼むから、もう一度分別を為直（しなお）してくれないか。

七千円の財産と貫一が学士とは、二人の幸福を保つには十分だよ。今でさへも随分二人は幸福ではないか。男の僕でさへ、お前が在れば富山の財産などを可羨（うらやまし）いとは更に思はんのに、宮さん、お前はどうしたのだ！僕を忘れたのかい、僕を可愛（かはゆ）くは思はんのかい」

彼は危（あやふ）きを拯（すく）はんとする如く犇（ひし）と宮に取着きて匂滴（にほひこぼ）るる頸元（えりもと）に沸（に）ゆる涙を濺（そそ）ぎつつ、蘆（あし）の枯葉の風に揉（もま）るるやうに身を顫（ふるは）せり。宮も離れじと抱緊（いだきし）めて諸共（もろとも）に顫ひつつ、貫一が臂（ひぢ）を咬（か）みて咽泣（むせびなき）に泣けり。

「嗚呼（ああ）、私はどうしたら可からう！若し私が彼方へ嫁（い）つたら、貫一さんはどうするの、それを聞かして下さいな」

木を裂く如く貫一は宮を突放して、

「それぢや断然（いよいよ）お前は嫁く気だね！これまでに僕が言つても聴いてくれんのだね。ちええ、腸（はらわた）の腐つた女！姦婦（かんぷ）！！」

その声とともに貫一は脚（あし）を挙げて宮の弱腰をはたとたり。地響して横様（よこさま）に転（まろ）びしが、なかなか声をも立てず苦痛を忍びて、彼はそのまま砂の上に泣伏したり。貫一は猛獣などを撃ちたるやうに、彼の身動も得為（えせ）ず弱々（よわよわ）と僵（たふ）れたるを、なほ憎さげに見遣（みや）りつつ、「宮、おのれ、おのれ姦婦、やい！貴様のな、心変をしたばかりに間貫一の男一匹（いつぴき）はな、失望の極発狂して、大事の一生を誤つて了ふのだ。学問も何ももう廃（やめ）だ。この恨の為に貫一は生きながら悪魔になつて、貴様のやうな畜生の肉を啖（くら）

① 不便：不憫、かわいそう。

つて遣る覚悟だ。富山の令…令夫…令夫人！もう一生お目には掛らんから、その顔を挙げて、真人間で居る内の貫一の面を好く見て置かないかい。長々の御恩に預つた翁さん姨さんには一目会つて段々の御礼を申上げなければ済まんのでありますけれど、仔細あつて貫一はこのまま長の御暇を致しますから、随分お達者で御機嫌よろしう…宮さん、お前から好くさう言つておくれ、よ、若し貫一はどうしたとお訊ねなすつたら、あの大馬鹿者は一月十七日の晩に気が違つて、熱海の浜辺から行方知れずになつて了つたと……」

宮はやにはに蹶起きて、立たんと為れば脚の痛に脆くも倒れて効無きを、漸く這寄りて貫一の脚に縋付き、声と涙とを争ひて、

「貫一さん、ま…ま…待つて下さい。貴方これから何…何処へ行くのよ」

貫一はさすがに驚けり、宮が衣の披けて雪可羞く露せる膝頭は、夥く血に染みて顫ふなりき。

「や、怪我をしたか」

寄らんとするを宮は支へて、

「ええ、こんな事はかまはないから、貴方は何処へ行くのよ、話があるから今夜は一所に帰つて下さい、よう、貫一さん、後生①だから」

「話が有ればここで聞かう」

「ここぢや私は可厭よ」

「ええ、何の話が有るものか。さあここを放さないか」

「私は放さない」

「剛情張ると蹴飛すぞ」

「蹴られても可いわ」

貫一は力を極めて振断れば、宮は無残に伏転びぬ。

---

① 後生：来世。ここで「来世のために」という意味で、人に哀願するときに用いる言葉。

「貫一さん」

「貫一ははや幾間を急行（いそぎゆ）きたり。宮は見るより必死と起上りて、脚の傷（いたみ）に幾度（いくたび）か仆（たふ）れんとしつつも後を慕ひて、

「貫一さん、それぢやもう留めないから、もう一度、もう一度……私は言遺（いひのこ）した事がある」

遂（つひ）に倒れし宮は再び起（た）つべき力も失せて、唯声を頼（たのみ）に彼の名を呼ぶのみ。漸（やうや）く朧（おぼろ）になれる貫一の影が一散に岡を登るが見えぬ。宮は身悶（みもだえ）して猶（なほ）呼続けつ。やがてその黒き影の岡の頂（いただき）に立てるは、此方（こなた）を目戍（まも）れるならんと、宮は声の限に呼べば、男の声も遙（はるか）に来りぬ。

「宮さん！」

「あ、あ、あ、貫一さん！」

首を延べてせども、目をりて眺むれども、声せし後（のち）は黒き影の掻消（かきけ）す如く失（う）せて、それかと思ひし木立の寂しげに動かず、波は悲き音を寄せて、一月十七日の月は白く愁ひぬ。

宮は再び恋（こひし）き貫一の名を呼びたりき。

## 【作家紹介】

尾崎紅葉（1868—1903）、本名尾崎徳太郎。小説家。

江戸芝仲門前に生まれ、三歳で母を失い、祖父漢法医荒木舜海方で養育された。七歳で寺小屋に入り、1880 年に東京府第二中学入学二年で中退、その後幕府の儒者であった岡鹿門に漢学を学び、1882 年三田英学校に通い、1883 年大学予備門に進んだ。やがて山田美妙らと文学グループ硯友社を結成し、1885 年「我楽多文庫」を発行した。1887 年大学法科に進み、一年で国文科に転じて文学に進む決意を固める。「我楽多文庫」初号から『風流京人形』を連載して、自ら創造した雅俗折衷の文体を世に

問い、次第に文名を馳するに至った。1889 年 1 月「新著百種」の第一編として、『二人比丘尼色懺悔』を公刊した。これが彼の最初の単行本であるとともにその出世作ともなる。歴史物ながら浪漫的な内容が清新な文体とあいまって人気を博し、紅葉の名を広めた。この年大学を中退し、読売新聞に入社した。同紙に次々と評判作を掲げ、新文学要望の気運に乗じて人気作家となった。恵まれた家庭生活にあって執筆に専念し、ついに明治文壇第一の巨擘となった。1891 年に『二人女房』、翌年『三人妻』を発表した。それまでの大体の傾向は、市井風俗の情痴的な面を興味ある筋をとって、洗練された文章で描いている。1896 年『多情多恨』に着手する。畢生の大作『金色夜叉』の稿に着手する頃から、健康しばらく勝れず、筆を擱いて北悦佐渡に赴いた。1903 年、胃癌で37 歳の若さで永眠した。

ユーモアを好んだ紅葉は江戸末期の戯作文学に多く学ぶ。また、世相の復古的な傾向を受けて古典を見直し、特に井原西鶴の写実的手法に影響される。西鶴にならった雅俗折衷体によって、同じ男性を慕った二人の尼の不思議な縁を「涙を主眼と」して描いた『二人比丘尼色懺悔』を発表し、賛嘆を勝ち得たが、以後文壇の第一線に立って、一作毎に文名を高めていった。1891 年「都の花」連載の『二人女房』によって彼の名は美妙その他の同輩を完全に圧するに至った。この作の後半で彼は始めて言文一致体に筆を染め、当時美妙の「です」、二葉亭の「だ」に並んで「である」調を興したのである。この年、読売新聞に連載した『伽羅枕』に西鶴模倣の名文と取材とで衆目を奪った。翌 1892 年には『三人妻』を連載、前期の全盛時代を現出した。1896 年に彼は一代の傑作と称すべき『多情多恨』を読売新聞に連載した。前期の絢爛から出て平淡になり、従来の作の根本条件としていた筋の発展を第二の問題にして、人間の心理の解剖、性格描写に努めた。この作に至って彼の言文一致は円熟完成の域に達し、よく後代の文章の基礎となる模範を作った。中日甲午戦争中は西鶴全集上下二巻を校訂した。戦争後、同人の柳浪、眉山および門下生泉鏡花の深刻小説、観念小説が世に迎えられる頃、彼はスランプで海外文学の表現や筋の研究を行い、モリエール、ゾラ、デカメロンなどの翻案を試みたりした。30 年に『金色夜叉』を執筆、忽ち読者を魅了し一世の人気を集めた。

紅葉は小説のほかに、十千萬堂と号して談林風の俳句を作り、読売新聞の俳壇を担当し、俳句更新運動としては、子規のそれに先んじている。紅葉は二十餘名の門生によき師父として臨み、泉鏡花・小栗風葉・柳川春葉・徳田秋声の如き紅葉門下の四天王と言われる逸材を世に送った。

## 【作品解説】

1897年11月より1902年1月まで、『続売新聞』に連載された。前・中・後・続・続続・新続の6編からなっている。あらすじは以下のとおりである。

高等中学生間貫一と、寄寓先の鴫澤の娘宮とは許婚の仲で、相愛の秀才と佳人との未来を、人々に羨望されていた。ところが銀行頭取の息子富山唯継に骨牌会で見染められた宮はわが美貌に驕り富貴に憧れ、求婚に応じて許婚を捨てた。悲憤した貫一は学業を廃して復讐を思い、死を思った。こうして高利貸鰐淵の手代となり、残酷な商売に従って辛うじてその苦を忘れ、かねて自ら金を積んでやがては恨みを晴らそうとするのだった。それも遂に彼を救うことなく、日ごとに心身を苛んでいくばかりだった。一方、宮は貫一と別れてはじめて自分がどれほど貫一を愛していたかを知った。身は夫に委ねても、一生、貫一を忘れない思いは、不徳であることを十分承知していた。殊に四年後に、ふと貫一と会って以来は、彼の恨みを解くためには、わが富貴の境遇をさえ捨てようと思い悩むのだった。そのうちに貫一は鰐淵が火事に死んだのでその事務一切を継承したが、宮が悔悟のまごころを綿々と書き送ってくる手紙を手に取ろうもしなかった。しかし親友から宮の憫むべき心情を伝えられてからは、貫一の冷たく堅く閉ざされた胸にもかすかな動揺が起こった。ある日、温泉宿の隣室で、男女が心中しようとするのを救った。しかも女は富山が漁色の餌食であることを知り、宮が身辺の不幸な消息を知ることができた。そしてその宮は前にもましてしげしげと思いのたけを訴えた手紙を貫一のもとに寄せてくるのだった。

この小説は尾崎紅葉は米国の小説を読み、主人公がお金のために恋人に裏切られるというあらすじからヒントを得て構想したといわれる。しかし、森鴎外が指摘したように、主人公を高利貸にしたことは、その当時の社会を代表させるにふさわしく、これは紅葉の創意に基づくものとして十分評価されねばならない。金色夜叉とは高利貸のことで、明治期の小説にはよく登場する職業であり、金銭欲の象徴とも言える。しかし、金銭欲は高利貸だけにとどまらない。主人公貫一も途中で一転した金銭欲の権化となる。宮に裏切られるまでは純情だった貫一、その堕落を招いた宮を、紅葉は夜叉と観じたのかれしれないが、あるいは金そのものが真の夜叉であろう。

『金色夜叉』を一時世間に風靡したのは、紅葉の人物創造、筋の構成はもちろん、メロドラマチックな場面のみごとな演出にもあった。小説は連載中に新派によって舞台化され、大成功した。特に、宮に欺かれた貫一が宮を罵り、とりしがる女を蹴る熱海の海岸の場面は深い印象を残した。貫一の苦悶と宮の葛藤は『多情多恨』の心理主義を発展させたこの作品は、日清戦争を経て急激に発展したブルジョアジイが、それまでの支配勢力だった官僚群をおびやかす程にその力を増大した社会情勢を、富山唯継や赤樫満枝が官僚の卵でありその落武者である貫一や荒尾譲介などを苦しめるところに反映させて、金がすべてを支配するような世相を描き、そこに、そのような社会的勢力の間にあって、さすがにブルジョア台頭期の女らしく、或る程度までは解放された自由人らしい意欲をもちながら、正しい自覚も自由性も持たぬために、極めて浮動的に生きている宮をからませ、彼女の動きがすでに敗北的な立場にある貫一の悲劇を決定的なものにするとともに、彼女自身もその根のない浮動性から悲劇中の人物に転落することを描いて、題材的にはその頃の世相風俗をも極めてよく反映させた、スケールの大きな、且つ深刻な悲劇性に触れかけた作品になっているのである。①『金色夜叉』は日清戦争後の日本の商業資本主義がもっとも露骨醜悪な形で勃興した時代の一表象としての金銭欲に、あまりにも強く密着した作品であった。

北嶋広敏によれば、主人公貫一のモデルは児童文学者の岩谷小波である。京都の新聞社に2年間赴任している間に、博文館の大橋新太郎（富山のモデル）に恋人を横取りされてしまった。友人の紅葉が起こって女の職場へ行って女を足蹴にした。熱海の

① 片岡良一『近代日本の小説』法政大学出版局、1956年、256頁。

海岸のシーンはそれからヒントを得たという。1980年代になって、典拠や構想についての研究が進み、アメリカの小説にヒントを得て構想されたものであるという説が有力になり、2000年七月、堀啓子・北里大学講師が、ミネソタ大学の図書館に所蔵されているバーサ・M・クレー（Bertha M Clay）『WEAKER THEN A WOMAN（女より弱きもの）』が種本であることを解明した。

作品は雅俗折衷体を用い、人口に膾炙した理由の一つになった。古典的格調のある雅文に欧文派を交えた美文調で書かれ、この作に魅力を加える。

日清戦争後の世相を反映し、社会的な写実小説の傾向を持つ『金色夜叉』は、紅葉文学の集大成と見られ、徳富蘆花の『不如帰』と並び、明治小説で最も広く読まれた。

## 【読解鑑賞】

### ☞ 硯友社

明治18年（1885）、尾崎紅葉・山田美妙・石橋思案らが結成した文学結社。機関紙「我楽多文庫」。厳谷小波・広津柳浪・川上眉山・泉鏡花・小栗風葉らが前後して加わり、明治20年代の文壇の主流となった。明治18年といえば、政治小説の盛行の時期であり、これに対して硯友社のグループは、文学をもっぱら個人の楽しみ、遊戯趣味として押し出し、三馬・一九らの江戸戯作をまねたり多少の新工夫を試みたり、ということにふけっていた。そのゆえに後年これを「純文学の祖」とみなす見解などをも生じたのだが、ただ反発的に戯作趣味にふけるところから出発した知的青年たちのグループ、とくに紅葉は、やがて坪内逍遥の『小説神髄』の理論を支えに、明治の新時代に文学が独自な存在理由を持つと考え、それを「人情」の風俗的な写実と錦絵ふうの派手な物語として展開するようになり、そのために雅俗折衷の独特な文体の工夫を重ねた。①

① 小田切秀雄『現代文学史』上巻、集英社、1972年12月、第44—45頁。

## 【研究情報】

尾崎紅葉は無くなったとき、文学界に自然主義風潮が現れ、また文体も言文一致体が主流となるため、生前高く評価された作品は没後に引き下げられてしまった。「明治23年頃から十年間ぐらいの代表的作家は尾崎紅葉であるが、その代表的たる所以は作物が傑出したためではなく、その小説がよく時代の趣味と一致していた為だ」という正宗白鳥の評価（「紅葉山人」『中央公論』）は長い期間紅葉研究の基本観点となり、今の研究にも影響している。戦後、紅葉研究の再評価を行われ、詳細な出自をめぐって展開され、岡保生『尾崎紅葉の生涯と文学』（明治書院、1968・10）など全体像を語り、同氏の『明治文壇の雄　尾崎紅葉』（新典社、1944・12）は今までの研究を踏まえて伝記の誤りを正した。

土佐亨は「紅葉初期小説の方法」（『日本文学』1973・5）で原材を新聞雑報欄に発見し、この種の実証的研究を拓いた。

作品研究の中心はやはり『金色夜叉』で、勝本清一郎「紅葉『夏小袖』について」（『明治大正文学研究』九、1952・12）におけるテーマ研究はその後の『金色夜叉』研究論の基軸となった。長谷川泉「金色夜叉」（『国文学』1967・7–11）、伊狩章「『夏小袖』の構成と「金色夜叉」（『国語と国文学』1969・7）などが疑義を唱える。木村毅「バーサ・クレーと明治文学」（『島田謹二教授返還記念論文集』弘文堂、1961・7）を出発点として典拠に関する比較文学的研究などが盛んとなり、安田保雄「『金色夜叉』と『浮雲』」（『成蹊大学文学部紀要』八、1973・2）剣持武彦「『ハムレット』と『金色夜叉』」（『短大論叢』42、1971・3）尾形国治「紅葉と陸遊」（『國文學』1976・10）など、内外の文学の影響を説いた。その到達点を示したのはピーター・コーニッキー「『金色夜叉』試論——新資料『ホワイト・リリーズ』からの一考察」（『日本文学』1980・9）である。

硯友社とのかかわりは、伊狩章『後期硯友社文学の研究』（矢島書房、1957・12）

がある。90年代には、木谷喜美枝「尾崎紅葉小論――『我楽多文庫』における批評精神」（『国文目白』31、1991・11）もあげられる。

文体についての研究として、山本正秀の『近代文体発生の史的研究』（岩波書店、1965年）は基本文献となり、木谷喜美枝「尾崎紅葉の初期文体――言文一致への過程」（『国文目白』12、1973・2）同「尾崎紅葉における言文一致――『隣の女』を中心として」（『和洋文学研究』4、1978・12）岡本勲「近代文語の外形と実質――『金色夜叉』の係結」（『中京大学文学部紀要』11の2、1976・12）もあげられる。近年のものでは、佐藤武義「デアル体の文章――尾崎紅葉の作品を中心に」（『国語論究』11、2004・6）が、紅葉の言文一致が「だ体」→「である体」→「た」体と変遷していることを指摘した。

2000年以降では、作家や作品だけを論じるより、文化の面を語る時に、その文献の一部として紅葉を取り上げる傾向がある。たとえば、菅聡子『メディアの時代　明治文学をめぐる状況』（双文社出版、2001・11）は執筆とその報酬問題から近代著作権意識の目覚めを指摘し、瀬崎圭二『流行と虚栄の生成　消費文化を映す日本近代文学』（世界思想社、2008・3）は紅葉の作品が消費欲望をあおる媒体として機能していると指摘している。演劇の観点から、関肇は小説の演劇化の諸相を丹念に調査し、大衆の欲望が物語りを変形していく過程を論じた。紅葉の翻案も着想の枯渇ではなく、さまざまな要素の交差する場として考察するようになった。その成果としてかねてよりさまざまに推測されてきた『金色夜叉』の藍本が発見された。堀啓子は「『金色夜叉』の藍本 Bertha M.Clayをめぐって」（『文学』2000・11、12）をはじめとする研究で、米国の大衆向け小説と紅葉との関係を明らかにしており、藍本であるバーサ・M. クレーも翻訳されている。（堀啓子訳：『女より弱き者　米国版金色夜叉』、南雲堂フェニックス、2002・12）。

ほかに狂詩や俳句など、小説以外のジャンルも注目されて、今後も研究の可能性がまだ大きいと言えよう。

## 【参考文献】

岡保生『尾崎紅葉　その基礎的研究』東京堂、1983年12月（1953年初出）

水谷昭夫「『金色夜叉』の文芸史的意義」『日本文芸研究』10（4）、1958年12月

山本健吉「『嵐が丘』と『金色夜叉』」『文学界』、1962年7月

石川悌二「尾崎紅葉の環境」『国文學』、1965年8月

土佐亨「『金色夜叉』の一素材：宮のモデル」『文芸と思想』34、1970年12月

尾形国治、尾崎紅葉「金色夜叉」序論『国文学研究』63、1977年10月

前田愛「尾崎紅葉『金色夜叉』の宮」『国文学鑑賞と教材の研究』25（4）、1980年3月

木谷喜美枝『尾崎紅葉の研究』双文社、1995年1月

高田知波「「良妻賢母」への背戻——『金色夜叉』のヒロインを読む」『樋口一葉論へ射程』双文社出版、1997年11月

近藤瑞子『近代日本語における用字法の変遷：尾崎紅葉を中心に』翰林書房、2001年11月

土佐亨『紅葉文学の水脈』和泉書院、2005年11月

関肇「メディア・ミックスの力学——『金色夜叉』の受容空間」『新聞小説の時代　メディア・読者・メロドラマ』新曜社、2007年12月

木川あづさ「『金色夜叉』における新聞初出と初版本の本文異同について」『実践国文学』71、2007年3月

酒井美紀『尾崎紅葉と翻案　その方法から読み解く「近代」の具現と限界』花書院、2010年10月

# 四　武　蔵　野

国木田独歩

## 一

　武蔵野の俤（おもかげ）は今（いま）わずかに入間郡（いるまぐん）①に残れり」と自分は文政②年間にできた地図で見たことがある。そしてその地図に入間郡「小手指原（こてさしはら）久米川は古戦場なり太平記元弘③三年五月十一日源平小手指原にて戦うこと一日がうちに三十余たび日暮れは平家三里退きて久米川に陣を取る明れば源氏久米川の陣へ押寄せると載せたるはこのあたりなるべし」と書きこんであるのを読んだことがある。自分は武蔵野の跡のわずかに残っている処とは定めてこの古戦場あたりではあるまいかと思って、一度行ってみるつもりでいてまだ行かないが実際は今もやはりそのとおりであろうかと危ぶんでいる④。ともかく、画や歌でばかり想像している武蔵野をその俤ばかりでも見たいものとは自分ばかりの願いではあるまい。それほどの武蔵野が今ははたしていかがであるか、自分は詳わしくこの問に答えて自分を満足させたいとの望みを起こしたことはじつに一年前の事であって、今はますますこの望みが大きくなってきた。

---

① 入間郡：埼玉県（武蔵国）にある郡。
② 文政：日本の年号。1818年から1830年までの期間を指す。
③ 元弘：日本の年号。1331年から1334年までの期間を指す。
④ 危ぶむ：［あやぶむ］よくない結果になるだろうと心配する。

さてこの望みがはたして自分の力で達せらるるであろうか。自分はできないとはいわぬ。容易でないと信じている、それだけ自分は今の武蔵野に趣味を感じている。たぶん同感の人もすくなからぬことと思う。

それで今、すこしく端緒(たんちょ)をここに開いて、秋から冬へかけての自分の見て感じたところを書いて自分の望みの一少部分を果したい。まず自分がかの問に下すべき答は武蔵野の美今も昔に劣らずとの一語である。昔の武蔵野は実地見てどんなに美であったことやら、それは想像にも及ばんほどであったに相違あるまいが、自分が今見る武蔵野の美しさはかかる誇張的の断案を下さしむる①ほどに自分を動かしているのである。自分は武蔵野の美といった、美といわんよりむしろ詩趣といいたい、そのほうが適切と思われる。

## 二

そこで、自分は材料不足のところから自分の日記を種にしてみたい。自分は二十九年の秋のはじめから春の初めまで、渋谷村の小さな茅屋(ぼうおく)に住んでいた。自分がかの望みを起こしたのもその時のこと、また秋から冬の事のみを今書くというのもそのわけである。

九月七日——「昨日も今日も南風強く吹き雲を送りつ雲を払いつ、雨降りみ降らずみ、日光雲間をもるるとき林影一時に煌(きら)めく、——」

これが今の武蔵野の秋の初めである。林はまだ夏の緑のそのままでありながら空模様が夏とまったく変わってきて雨雲(あまぐも)の南風につれて武蔵野の空低くしきりに雨を送るその晴間には日の光水気(すいき)を帯びてかなたの林に落ちこなたの杜(もり)にかがやく。自分はしばしば思った、こんな日に武蔵野を大観することができたらいかに美しいことだろうかと。二日置いて九日の日記にも「風強く秋声野(や)にみつ、浮雲変幻(ふうんへんげん)たり」とある。ち

① 下さしむる：［くださしむる］「くださせる」の意味である。「しむ」は使役を意を表す助動詞で、動詞の未然形につく。「る」はその連体形となる。

ょうどこのころはこんな天気が続いて大空と野との景色が間断なく変化して日の光は夏らしく雲の色風の音は秋らしくきわめて趣味深く自分は感じた。

まずこれを今の武蔵野の秋の発端として、自分は冬の終わるころまでの日記を左に並べて、変化の大略と光景の要素とを示しておかんと思う。

九月十九日——「朝、空曇り風死(し)す、冷霧寒露、虫声しげし、天地の心なお目さめぬがごとし」

同二十一日——「秋天拭(ぬぐ)うがごとし、木葉(このは)火(ひ)のごとくかがやく」

十月十九日——「月明らかに林影(りんえい)黒し」

同二十五日——「朝は霧深く、午後は晴る、夜に入りて雲の絶間(たえま)①の月さゆ。朝まだき霧の晴れぬ間に家を出(い)で野を歩み林を訪(おとな)う」

同二十六日——「午後林を訪う。林の奥に座して四顧(しこ)し、傾聴(けいちょう)し、睇視(ていし)②し、黙想(もくそう)す」

十一月四日——「天高く気澄む、夕暮に独り風吹く野に立てば、天外の富士近く、国境をめぐる連山地平線上に黒し。星光一点、暮色ようやく到り、林影ようやく遠し」

同十八日——「月を蹈(ふ)んで散歩す、青煙地を這(は)い月光林に砕く」

同十九日——「天晴れ、風清く、露冷やかなり。満目黄葉の中緑樹を雑(まじ)ゆ。小鳥梢(こずえ)に囀(てん)ず。一路人影なし。独り歩み黙思口吟(こうぎん)し、足にまかせて近郊をめぐる」

同二十二日——「夜更けぬ、戸外は林をわたる風声ものすごし。滴声(てきせい)しきりなれども雨はすでに止みたりとおぼし」

同二十三日——「昨夜の風雨にて木葉ほとんど揺落(ようらく)せり。稲田(いなだ)もほとんど刈り取

① 絶間：［たえま］切れ間、切れ目。
② 睇視：［ていし］細かい動きをも見落とさないように、よく見ること。

らる。冬枯（ふゆかれ）の淋しき様となりぬ」

同二十四日——「木葉いまだまったく落ちず。遠山を望めば、心も消え入らんばかり懐（なつか）し」

同二十六日——夜十時記す「屋外は風雨の声ものすごし。滴声相応ず。今日は終日霧たちこめて野や林や永久（とこしえ）の夢に入りたらんごとく。午後犬を伴うて散歩す。林に入り黙坐す。犬眠る。水流（すいりゅう）林より出でて林に入る、落葉を浮かべて流る。おりおり時雨（しぐれ）①しめやかに林を過ぎて落葉の上をわたりゆく音静かなり」

同二十七日——「昨夜の風雨は今朝なごりなく晴れ、日うららかに昇りぬ。屋後の丘に立ちて望めば富士山真白ろに連山の上に聳（そび）ゆ。風清く気澄めり。げに②初冬の朝なるかな。田面（たおも）に水あふれ、林影（りんえい）倒（さかしま）に映れり」

十二月二日——「今朝霜、雪のごとく朝日にきらめきてみごとなり。しばらくして薄雲かかり日光寒し」

同二十二日——「雪初めて降る」

三十年一月十三日——「夜更けぬ。風死し林黙す。雪しきりに降る。燈をかかげて戸外をうかがう、降雪火影にきらめきて舞う。ああ武蔵野沈黙す。しかも耳を澄ませば遠きかなたの林をわたる風の音す、はたして風声か」

同十四日——「今朝大雪、葡萄棚（ぶどうだな）堕ちぬ。夜更けぬ。梢をわたる風の音遠く聞こゆ、ああこれ武蔵野の林より林をわたる冬の夜寒（よさむ）の凩（こがらし）なるかな。雪どけの滴声（てきせい）軒をめぐる」

同二十日——「美しき朝。空は片雲なく、地は霜柱白銀のごとくきらめく。小鳥梢に囀ず。梢頭（しょうとう）針のごとし」

---

① 時雨：［じぐれ］秋の末から冬の初めにかけて、ぱらぱらと通り雨のように降る雨。

② げに：［実に］「げん（現）に」の音変化という。ある事柄に対する自分の評価・判断を肯定して、さらに強調する気持ちを表す。本当に。実に。全く。

二月八日——「梅咲きぬ。月ようやく美なり」

三月十三日——「夜十二時、月傾き風きゅうに、雲わき、林鳴る」

同二十一日——「夜十一時。屋外の風声をきく、たちまち遠くたちまち近し。春や襲いし、冬や遁(のが)れし」

## 三

昔の武蔵野は萱原(かやはら)のはてなき光景をもって絶類の美を鳴らしていたようにいい伝えてるが、今の武蔵野は林である。林はじつに今の武蔵野の特色といってもよい。すなわち木はおもに楢(なら)の類(たぐ)いで冬はことごとく落葉し、春は滴(したた)るばかりの新緑萌(も)え出ずるその変化が秩父嶺以東十数里の野いっせいに行なわれて、春夏秋冬を通じ霞(かすみ)に雨に月に風に霧に時雨に雪に緑蔭に紅葉に、さまざまの光景を呈(てい)するその妙はちょっと西国地方また東北の者には解しかねるのである。元来日本人はこれまで楢の類いの落葉林の美をあまり知らなかったようである。林といえばおもに松林のみが日本の文学美術の上に認められていて、歌にも楢林の奥で時雨を聞くというようなことは見あたらない。自分も西国に人となって少年の時学生として初めて東京に上ってから十年になるが、かかる落葉林の美を解するに至ったのは近来のことで、それも左の文章がおおいに自分を教えたのである。

「秋の九月中旬というころ、一日自分が樺(かば)の林の中に座していたことがあッた。今朝から小雨が降りそそぎ、その晴れ間にはおりおり生(な)ま暖かな日かげも射してまことに気まぐれな空合(そらあ)い。あわあわしい白(し)ら雲が空(そ)ら一面に棚引(たなび)くかと思うと、フトまたあちこち瞬(またた)く間雲切れがして、むりに押し分けたような雲間から澄みて怜悧(さかげ)し気にみえる人の眼のごとくに朗らかに晴れた蒼空(あおぞら)がのぞかれた。自分は座して、四顧して、そして耳を傾けていた。木の葉が頭上でかすかに戦(そよ)いだが、その音を聞いたばかりでも季節は知られた。それは春先する、おもしろそうな、笑うようなさざめきでもなく、夏のゆるやかなそよぎでもなく、永たらしい話し声でもなく、また末の秋のおどおどした、うそさぶそうな①お饒舌（しゃべ）りでもなかったが、ただようやく聞取れるか聞取れぬほどのしめやかな私語（ささやき）の声であった。そよ吹く②風は忍ぶように木末（こずえ）を伝ッた、照ると曇るとで雨にじめつく林の中のようすが間断なく移り変わッた、あるいはそこにありとある物すべて一時に微笑したように、隈（くま）なくあかみわたッて、さのみ③繁（しげ）くもない樺（かば）のほそぼそとした幹（みき）は思いがけずも白絹めく、やさしい光沢（こうたく）を帯（お）び、地上に散り布（し）いた、細かな落ち葉はにわかに日に映じてまばゆきまでに金色を放ち、頭をかきむしッたような「パアポロトニク」（蕨（わらび）の類（たぐ）い）のみごとな茎（くき）、しかも熟（つ）えすぎた葡萄（ぶどう）めく色を帯びたのが、際限もなくもつれからみつして目前に透かして見られた。

あるいはまたあたり一面にわかに薄暗くなりだして、瞬（またた）く間に物のあいろも見えなくなり、樺の木立ちも、降り積ッたままでまた日の眼に逢わぬ雪のように、白くおぼろに霞む——と小雨が忍びやかに、怪し気に、私語するようにバラバラと降ッて通ッた。樺の木の葉はいちじるしく光沢が褪（さ）めてもさすがになお青かッた、がただそちこちに立つ稚木（わかぎ）のみはすべて赤くも黄いろくも色づいて、おりおり日の光りが今ま雨に濡（ぬ）れたばかりの細枝の繁みを漏（も）れて滑りながらに脱（ぬ）けてくるのをあびては、キラキラときらめいた」

すなわちこれはツルゲーネフの書きたるものを二葉亭が訳して「あいびき」と題した短の冒頭にある一節であって、自分がかかる落葉林の趣きを解するに至ったのはこの微妙な叙景の筆の力が多い。これはロシアの景でしかも林は樺の木で、武蔵野の林

---

① うそさぶそうな：うそ寂しい。なんとなく寂しい。

② そよふく：風がそよそよと吹く。

③ さのみ：それほど、たいして。副詞「さ」に強意の助詞「のみ」がつく。打ち消しの形を伴う。

は楢（なら）の木、植物帯からいうとはなはだ異なっているが落葉林の趣は同じことである。自分はしばしば思うた、もし武蔵野の林が楢の類（たぐ）いでなく、松か何かであったらきわめて平凡な変化に乏しい色彩いちようなものとなってさまで珍重（ちんちょう）するに足らないだろうと。

楢の類いだから黄葉する。黄葉するから落葉する。時雨（しぐれ）が私語（ささや）く。凩（こがらし）が叫ぶ。一陣の風小高い丘を襲えば、幾千万の木の葉高く大空に舞うて、小鳥の群かのごとく遠く飛び去る。木の葉落ちつくせば、数十里の方域にわたる林が一時に裸体（はだか）になって、蒼（あお）ずんだ冬の空が高くこの上に垂れ、武蔵野一面が一種の沈静に入る。空気がいちだん澄みわたる。遠い物音が鮮かに聞こえる。自分は十月二十六日の記に、林の奥に座して四顧し、傾聴し、睇視（ていし）し、黙想すと書いた。「あいびき」にも、自分は座して、四顧して、そして耳を傾けたとある。この耳を傾けて聞くということがどんなに秋の末から冬へかけての、今の武蔵野の心に適（かな）っているだろう。秋ならば林のうちより起こる音、冬ならば林のかなた遠く響く音。

鳥の羽音、囀（さえず）る声。風のそよぐ、鳴る、うそぶく、叫ぶ声。叢（くさむら）の蔭、林の奥にすだく①虫の音。空車（からぐるま）荷車の林を廻（めぐ）り、坂を下り、野路（のじ）を横ぎる響。蹄（ひづめ）で落葉を蹶散（けち）らす音、これは騎兵演習の斥候（せっこう）か、さなくば夫婦連れで遠乗りに出かけた外国人である。何事をか声高（こわだか）に話しながらゆく村の者のだみ声、それもいつしか、遠ざかりゆく。独り淋しそうに道をいそぐ女の足音。遠く響く砲声。隣の林でだしぬけ②に起こる銃音（つつおと）。自分が一度犬をつれ、近処の林を訪（おとな）い、切株③に腰をかけて書（ほん）を読んでいると、突然林の奥で物の落ちたような音がした。足もとに臥（ね）ていた犬が耳を立

---

① すだく：「集く」。虫などが集まってにぎやかに鳴く。
② だしぬけ：予期しないことが起こる。
③ 切株：木や草を切ったり刈ったりしたあとに残る根もとの部分。

ててきっとそのほうを見つめた。それぎりであった。たぶん栗が落ちたのであろう、武蔵野には栗樹（くりのき）もずいぶん多いから。

もしそれ時雨（しぐれ）の音に至ってはこれほど幽寂（ゆうじゃく）のものはない。山家の時雨は我国でも和歌の題にまでなっているが、広い、広い、野末から野末へと林を越え、杜（もり）を越え、田を横ぎり、また林を越えて、しのびやかに通り過（ゆ）く時雨の音のいかにも幽（しず）かで、また鷹揚（おうよう）な趣きがあって、優（やさ）しく懐（ゆか）しいのは、じつに武蔵野の時雨の特色であろう。自分がかつて北海道の深林で時雨に逢ったことがある、これはまた人跡絶無の大森林であるからその趣はさらに深いが、その代り、武蔵野の時雨（しぐれ）のさらに人なつかしく、私語（ささや）くがごとき趣はない。

秋の中ごろから冬の初め、試みに中野あたり、あるいは渋谷、世田ヶ谷、または小金井の奥の林を訪（おとな）うて、しばらく座って散歩の疲れを休めてみよ。これらの物音、たちまち起こり、たちまち止み、しだいに近づき、しだいに遠ざかり、頭上の木の葉風なきに落ちてかすかな音をし、それも止んだ時、自然の静蕭（せいしょう）を感じ、永遠（エタルニテー）の呼吸身に迫るを覚ゆるであろう。武蔵野の冬の夜更けて星斗闌干（せいとらんかん）①たる時、星をも吹き落としそうな野分（のわき）がすさまじく林をわたる音を、自分はしばしば日記に書いた。風の音は人の思いを遠くに誘う。自分はこのもの凄（すご）い風の音のたちまち近くたちまち遠きを聞きては、遠い昔からの武蔵野の生活を思いつづけたこともある。

熊谷直好の和歌に、

よもすから木葉かたよる音きけは
しのひに風のかよふなりけり

というがあれど、自分は山家の生活を知っていながら、この歌の心をげにもと感じたのは、じつに武蔵野の冬の村居の時であった。

---

① 星斗欄干：星や月の光があざやかなさま。

林に座っていて日の光のもっとも美しさを感ずるのは、春の末より夏の初めであるが、それは今ここには書くべきでない。その次は黄葉の季節である。なかば黄いろくなかば緑な林の中に歩いていると、澄みわたった大空が梢々（こずえこずえ）の隙間からのぞかれて日の光のもっとも美しさを感ずるのは、春の末より夏の初めであるが、それは今ここには書くべきでない。その次は黄葉の季節である。なかば黄いろくなかば緑な林の中に歩いていると、澄みわたった大空が梢々（こずえこずえ）の隙間からのぞかれて日の光は風に動く葉末（はずえ）葉末に砕（くだ）け、その美しさいいつくされず。日光とか碓氷（うすい）とか、天下の名所はともかく、武蔵野のような広い平原の林が隈（くま）なく染まって、日の西に傾くとともに一面の火花を放つというも特異の美観ではあるまいか。もし高きに登りて一目にこの大観を占めることができるならこの上もないこと、よしそれができがたいにせよ、平原の景の単調なるだけに、人をしてその一部を見て全部の広い、ほとんど限りない光景を想像さするものである。その想像に動かされつつ夕照に向かって黄葉の中を歩けるだけ歩くことがどんなにおもしろかろう。林が尽きると野に出る。

## 四

十月二十五日の記に、野を歩み林を訪うと書き、また十一月四日の記には、夕暮に独り風吹く野に立てばと書いてある。そこで自分は今一度ツルゲーネフを引く。

「自分はたちどまった、花束を拾い上げた、そして林を去ッてのらへ出た。日は青々とした空に低く漂（ただよ）ッて、射す影も蒼ざめて冷やかになり、照るとはなくただジミな水色のぼかしを見るように四方に充（み）ちわたった。日没にはまだ半時間もあろうに、モウゆうやけがほの赤く天末（てんまつ）①を染めだした。黄いろくからびた刈株（かりかぶ）をわたッて烈しく吹きつける野分に催されて、そりかえッた細かな落ち葉があわただしく起き上がり、林に沿うた往来を横ぎって、自分の側を駈け通ッた、のらに向かッて壁のように

---

①　天末：天が地と接するように見える遠くのはて。天際。

たつ林の一面はすべてざわざわざわつき、細末の玉の屑（くず）を散らしたように煌（きらめ）きはしないがちらついていた。また枯れ草（くさ）、莠（はぐさ）、藁（わら）の嫌いなくそこら一面にからみついた蜘蛛（くも）の巣は風に吹き靡（なび）かされて波たッていた。

自分はたちどまった……心細くなってきた、眼に遮（さえぎ）る物象はサッパリとはしていれど、おもしろ気もおかし気もなく、さびれはてたうちにも、どうやら間近になった冬のすさまじさが見透かされるように思われて。小心な鴉（からす）が重そうに羽ばたきをして、烈しく風を切りながら、頭上を高く飛び過ぎたが、フト首を回（めぐ）らして、横目で自分をにらめて、きゅうに飛び上がッて、声をちぎるように啼（な）きわたりながら、林の向うへかくれてしまッた。鳩（はと）が幾羽ともなく群をなして勢いこんで穀倉のほうから飛んできた、がフト柱を建てたように舞い昇ッて、さてパッといっせいに野面に散ッた——アア秋だ！誰だか禿山（はげやま）の向うを通るとみえて、から車の音が虚空（こくう）に響きわたッた……」

これはロシアの野であるが、我武蔵野の野の秋から冬へかけての光景も、およそこんなものである。武蔵野にはけっして禿山はない。しかし大洋のうねりのように高低起伏している。それも外見には一面の平原のようで、むしろ高台のところどころが低く窪（くぼ）んで小さな浅い谷をなしているといったほうが適当であろう。この谷の底はたいがい水田である。畑はおもに高台にある、高台は林と畑とでさまざまの区劃をなしている。畑はすなわち野である。されば①林とても数里にわたるものなく否（いな）、おそらく一里にわたるものもあるまい、畑とても一眸（いちぼう）数里に続くものはなく一座の林の周囲は畑、一頃（いっけい）の畑の三方は林、というような具合で、農家がその間に散在してさらにこれを分割している。すなわち野やら林やら、ただ乱雑に入組んでいて、たちまち林に入るかと思えば、たちまち野に出るというような風である。それがまたじつに武蔵野

① されば：動詞「さり」の已然形に「は」のついたもの。それ故に。

に一種の特色を与えていて、ここに自然あり、ここに生活あり、北海道のような自然そのままの大原野大森林とは異なっていて、その趣も特異である。

稲の熟するころとなると、谷々の水田が黄ばんでくる。稲が刈り取られて林の影が倒さに田面に映るころとなると、大根畑の盛りで、大根がそろそろ抜かれて、あちらこちらの水溜めまたは小さな流れのほとりで洗われるようになると、野は麦の新芽で青々となってくる。あるいは麦畑の一端、野原のままで残り、尾花野菊が風に吹かれている。萱原の一端がしだいに高まって、そのはてが天ぎわをかぎっていて、そこへ爪先あがりに登ってみると、林の絶え間を国境に連なる秩父の諸嶺が黒く横たわっていて、あたかも地平線上を走ってはまた地平線下に没しているようにもみえる。さてこれよりまた畑のほうへ下るべきか。あるいは畑のかなたの萱原に身を横たえ、強く吹く北風を、積み重ねた枯草で避けながら、南の空をめぐる日の微温き光に顔をさらして畑の横の林が風にざわつき煌き輝くのを眺むべきか。あるいはまたただちにかの林へとゆく路をすすむべきか。自分はかくためらったことがしばしばある。自分は困ったか否、けっして困らない。自分は武蔵野を縦横に通じている路は、どれを撰んでいっても自分を失望さささないことを久しく経験して知っているから。

## 五

自分の朋友がかつてその郷里から寄せた手紙の中に「この間も一人夕方に萱原を歩みて考え申候、この野の中に縦横に通ぜる十数の径の上を何百年の昔よりこのかた朝の露さやけし①といいては出で夕の雲花やかなりといいてはあこがれ何百人のあわれ知る人や逍遥しつらん相悪む人は相避けて異なる道をへだたりていき相愛する人は相合して同じ道を手に手とりつつかえりつらん」との一節があった。野原の径を

① さやけし：気候はさわやかで大気は清澄、万物は見た目にもはっきりしている。

歩みてはかかるいみじき想いも起こるならんが、武蔵野の路はこれとは異り、相逢わんとて往くとても逢いそこね、相避けんとて歩むも林の回り角で突然出逢うことがあろう。されば路という路、右にめぐり左に転じ、林を貫き、野を横ぎり、真直（まっすぐ）なること鉄道線路のごときかと思えば、東よりすすみてまた東にかえるような迂回（うかい）の路もあり、林にかくれ、谷にかくれ、野に現われ、また林にかくれ、野原の路のようによく遠くの別路ゆく人影を見ることは容易でない。しかし野原の径の想いにもまして、武蔵野の路にはいみじき実（じつ）がある。

武蔵野に散歩する人は、道に迷うことを苦にしてはならない。どの路でも足の向くほうへゆけばかならずそこに見るべく、聞くべく、感ずべき獲物がある。武蔵野の美はただその縦横に通ずる数千条の路を当（あて）もなく歩くことによって始めて獲（え）られる。春、夏、秋、冬、朝、昼、夕、夜、月にも、雪にも、風にも、霧にも、霜にも、雨にも、時雨にも、ただこの路をぶらぶら歩いて思いつきしだいに右し左すれば随処（ずいしょ）に吾らを満足さするものがある。これがじつにまた、武蔵野第一の特色だろうと自分はしみじみ感じている。武蔵野を除いて日本にこのような処がどこにあるか。北海道の原野にはむろんのこと、奈須野にもない、そのほかどこにあるか。林と野とがかくもよく入り乱れて、生活と自然とがこのように密接している処がどこにあるか。じつに武蔵野にかかる特殊の路のあるのはこのゆえである。

されば君もし、一の小径を往き、たちまち三条に分かるる処に出たなら困るに及ばない、君の杖（つえ）を立ててその倒れたほうに往きたまえ。あるいはその路が君を小さな林に導く。林の中ごろに到ってまた二つに分かれたら、その小なる路を撰（えら）んでみたまえ。あるいはその路が君を妙な処に導く。これは林の奥の古い墓地で苔（こけ）むす墓が四つ五つ並んでその前にすこしばかりの空地があって、その横のほうに女郎花（おみなえし）①など咲い

① 女郎花：秋の七草の一つ。分かれた枝の先に黄色の小花を多数、傘を広げたようにつける。

ていることもあろう。頭の上の梢（こずえ）で小鳥が鳴いていたら君の幸福である。すぐ引きかえして左の路を進んでみたまえ。たちまち林が尽きて君の前に見わたしの広い野が開ける。足元からすこしだらだら下がりになり萱（かや）が一面に生え、尾花①の末が日に光っている、萱原の先きが畑で、畑の先に背の低い林が一叢（むら）繁り、その林の上に遠い杉の小杜（こもり）が見え、地平線の上に淡々（あわあわ）しい雲が集まっていて雲の色にまがいそうな連山がその間にすこしずつ見える。十月小春の日の光のどかに照り、小気味よい風がそよそよと吹く。もし萱原のほうへ下（お）りてゆくと、今まで見えた広い景色がことごとく隠れてしまって、小さな谷の底に出るだろう。思いがけなく細長い池が萱原と林との間に隠れていたのを発見する。水は清く澄んで、大空を横ぎる白雲の断片を鮮かに映している。水のほとりには枯蘆（かれあし）がすこしばかり生えている。この池のほとりの径（みち）をしばらくゆくとまた二つに分かれる。右にゆけば林、左にゆけば坂。君はかならず坂をのぼるだろう。とかく武蔵野を散歩するのは高い処高い処と撰びたくなるのはなんとかして広い眺望を求むるからで、それでその望みは容易に達せられない。見下ろすような眺望はけっしてできない。それは初めからあきらめたがいい。

もし君、何かの必要で道を尋ねたく思わば、畑の真中にいる農夫にききたまえ。農夫が四十以上の人であったら、大声をあげて尋ねてみたまえ、驚いてこちらを向き、大声で教えてくれるだろう。もし少女（おとめ）であったら近づいて小声できたまえ。もし若者であったら、帽を取って慇懃（いんぎん）に問いたまえ。鷹揚（おうよう）に教えてくれるだろう。怒ってはならない、これが東京近在の若者の癖（くせ）であるから。

教えられた道をゆくと、道がまた二つに分かれる。教えてくれたほうの道はあまりに小さくてすこし変だと思ってもそのとおりにゆきたまえ、突然農家の庭先に出るだろう。はたして変だと驚いてはいけぬ。その時農家で尋ねてみたまえ、門を出るとす

① 尾花：秋の七草の一つ。ススキの花。

ぐ往来ですよと、すげなく①答えるだろう。農家の門を外に出てみるとはたして見覚えある往来、なるほどこれが近路（ちかみち）だなと君は思わず微笑をもらす、その時初めて教えてくれた道のありがたさが解（わか）るだろう。

真直（まっすぐ）な路で両側とも十分に黄葉した林が四五丁も続く処に出ることがある。この路を独り静かに歩むことのどんなに楽しかろう。右側の林の頂（いただき）は夕照鮮（あざや）かにかがやいている。おりおり落葉の音が聞こえるばかり、あたりはしんとしていかにも淋しい。前にも後ろにも人影見えず、誰にも遇（あ）わず。もしそれが木葉落ちつくしたころならば、路は落葉に埋れて、一足ごとにがさがさと音がする、林は奥まで見すかされ、梢の先は針のごとく細く蒼空（あおぞら）を指している。なおさら人に遇わない。いよいよ淋しい。落葉をふむ自分の足音ばかり高く、時に一羽の山鳩（やまばと）あわただしく飛び去る羽音に驚かされるばかり。

同じ路を引きかえして帰るは愚（ぐ）である。迷ったところが今の武蔵野にすぎない、まさかに行暮れて困ることもあるまい。帰りもやはりおよその方角をきめて、べつな路を当てもなく歩くが妙。そうすると思わず落日の美観をうることがある。日は富士の背に落ちんとしていまだまったく落ちず、富士の中腹に群（むら）がる雲は黄金色に染まって、見るがうちにさまざまの形に変ずる。連山の頂は白銀の鎖（くさり）のような雪がしだいに遠く北に走って、終は暗憺（あんたん）たる雲のうちに没してしまう。

日が落ちる、野は風が強く吹く、林は鳴る、武蔵野は暮れんとする、寒さが身に沁（し）む、その時は、路をいそぎたまえ、顧みて思わず新月が枯林の梢の横に寒い光を放っているのを見る。風が今にも梢から月を吹き落としそうである。突然また野に出る。君はその時、山は暮れ野は黄昏（たそがれ）の薄（すすき）かなの名句を思いだすだろう。

---

① すげない：愛想がない。淡々とする様子。

## 六

今より三年前の夏のことであった。自分はある友と市中の寓居（ぐうきょ）を出でて三崎町の停車場から境まで乗り、そこで下りて北へ真直（まっすぐ）に四五丁ゆくと桜橋という小さな橋がある、それを渡ると一軒の掛茶屋（かけぢゃや）がある、この茶屋の婆さんが自分に向かって、「今時分、何にしに来ただア」と問うたことがあった。

自分は友と顔見あわせて笑って、「散歩に来たのよ、ただ遊びに来たのだ」と答えると、婆さんも笑って、それもばかにしたような笑いかたで、「桜は春咲くこと知らねえだね」といった。そこで自分は夏の郊外の散歩のどんなにおもしろいかを婆さんの耳にも解るように話してみたがむだであった。東京の人はのんきだという一語で消されてしまった。自分らは汗をふきふき、婆さんが剥（む）いてくれる甜瓜（まくわうり）を喰い、茶屋の横を流れる幅一尺ばかりの小さな溝で顔を洗いなどして、そこを立ち出でた。この溝の水はたぶん、小金井の水道から引いたものらしく、よく澄んでいて、青草の間を、さも心地よさそうに流れて、おりおりこぼこぼと鳴っては小鳥が来て翼をひたし、喉（のど）を湿（うる）おすのを待っているらしい。しかし婆さんは何とも思わないでこの水で朝夕、鍋釜（なべかま）を洗うようであった。

茶屋を出て、自分らは、そろそろ小金井の堤を、水上のほうへとのぼり初めた。ああその日の散歩がどんなに楽しかったろう。なるほど小金井は桜の名所、それで夏の盛りにその堤をのこのこ歩くもよそ目には愚（おろ）かにみえるだろう、しかしそれはいまだ今の武蔵野の夏の日の光を知らぬ人の話である。

空は蒸暑（むしあつ）い雲が湧（わ）きいでて、雲の奥に雲が隠れ、雲と雲との間の底に蒼空が現われ、雲の蒼空に接する処は白銀の色とも雪の色とも譬（たと）えがたき純白な透明な、それで何となく穏やかな淡々（あわあわ）しい色を帯びている、そこで蒼空が一段と奥深く青々と見える。ただこれぎりなら夏らしくもないが、さて一種の濁(にご)った色(いろ)の霞(かすみ)のようなものが、雲と雲との間をかき乱して、すべての空の模様を動揺、参差(しんし)、任放、錯雑のありさまとなし、雲を劈(つんざ)く光線と雲より放つ陰翳とが彼方此方に交叉して、不羈奔逸の気がいずこともなく空中に微動している。林という林、梢という梢、草葉の末に至るまでが、光と熱とに溶けて、まどろんで、怠けて、うつらうつらとして酔っている。林の一角、直線に断たれてその間から広い野が見える、野良(のら)一面、糸遊(いとゆう)上騰(じょうとう)して永くは見つめていられない。

自分らは汗をふきながら、大空を仰いだり、林の奥をのぞいたり、天ぎわの空、林に接するあたりを眺めたりして堤の上を喘(あえ)ぎ喘ぎ辿(たど)ってゆく。苦しいか？どうして！身うちには健康がみちあふれている。

長堤三里の間、ほとんど人影を見ない。農家の庭先、あるいは藪(やぶ)の間から突然、犬が現われて、自分らを怪しそうに見て、そしてあくびをして隠れてしまう。林のかなたでは高く羽ばたきをして雄鶏(おんどり)が時をつくる、それが米倉の壁や杉の森や林や藪に籠(こも)って、ほがらかに聞こえる。堤の上にも家鶏(にわとり)の群が幾組となく桜の陰などに遊んでいる。水上を遠く眺めると、一直線に流れてくる水道の末は銀粉を撒(ま)いたような一種の陰影のうちに消え、間近くなるにつれてぎらぎら輝いて矢のごとく走ってくる。自分たちはある橋の上に立って、流れの上と流れのすそと見比べていた。光線の具合で流れの趣が絶えず変化している。水上が突然薄暗くなるかとみると、雲の影が流れとともに、瞬(またた)く間に走ってきて自分たちの上まで来て、ふと止まって、きゅうに横にそれてしまうことがある。しばらくすると水上がまばゆく煌(かがや)いてきて、両側の林、堤上の桜、あたかも雨後の春草のように鮮かに緑の光を放ってくる。橋の下では何ともいいようのない優しい水音がする。これは水が両岸に激して発するのでもなく、また浅瀬①のような音でもない。たっぷりと水量(みずかさ)があって、それで粘土質のほと

① 浅瀬：海や川の浅い所。

んど壁を塗ったような深い溝を流れるので、水と水とがもつれてからまって、揉(も)みあって、みずから音を発するのである。何たる人なつかしい音だろう！

"—Let us match
This water's pleasant tune
With some old Border song, or catch,
That suits a summer's noon."

の句も思いだされて、七十二歳の翁と少年とが、そこら桜の木蔭にでも坐っていないだろうかと見廻わしたくなる。自分はこの流れの両側に散点する農家の者を幸福(しやわせ)の人々と思った。むろん、この堤の上を麦藁帽子(むぎわらぼうし)とステッキ一本で散歩する自分たちをも。

## 七

自分といっしょに小金井の堤を散歩した朋友は、今は判官になって地方に行っているが、自分の前号の文を読んで次のごとくに書いて送ってきた。自分は便利のためにこれをここに引用する必要を感ずる——武蔵野は俗にいう関(かん)八州の平野でもない。また道灌(どうかん)が傘(かさ)の代りに山吹(やまぶき)の花を貰ったという歴史的の原でもない。僕は自分で限界を定めた一種の武蔵野を有している。その限界はあたかも国境または村境が山や河や、あるいは古跡や、いろいろのもので、定めらるるようにおのずから定められたもので、その定めは次のいろいろの考えから来る。

僕の武蔵野の範囲の中には東京がある。しかしこれはむろん省(はぶ)かなくてはならぬ、なぜならば我々は農商務省の官衙(かんが)が巍峨(ぎが)として聳(そび)えていたり、鉄管事件(てっかんじけん)の裁判があったりする八百八街によって昔の面影を想像することができない。それに僕が近ごろ知合いになったドイツ婦人の評に、東京は「新しい都」ということがあって、今日の光景ではたとえ徳川の江戸であったにしろ、この評語を適当と考えられる筋もある。このようなわけで東京はかならず武蔵野から抹殺せねばならぬ。

しかしその市の尽くる処、すなわち町外ずれはかならず抹殺してはならぬ。僕が考えには武蔵野の詩趣を描くにはかならずこの町外れを一の題目とせねばならぬと思う。たとえば君が住まわれた渋谷の道玄坂の近傍、目黒の行人坂、また君と僕と散歩したことの多い早稲田の鬼子母神①あたりの町、新宿、白金……

また武蔵野の味を知るにはその野から富士山、秩父山脈国府台等を眺めた考えのみでなく、またその中央に包まれている首府東京をふり顧った考えで眺めねばならぬ。そこで三里五里の外に出で平原を描くことの必要がある。君の一篇にも生活と自然とが密接しているということがあり、また時々いろいろなものに出あうおもしろ味が描いてあるが、いかにもさようだ。僕はかつてこういうことがある、家弟をつれて多摩川のほうへ遠足したときに、一二里行き、また半里行きて家並があり、また家並に離れ、また家並に出て、人や動物に接し、また草木ばかりになる、この変化のあるのでところどころに生活を点綴している趣味のおもしろいことを感じて話したことがあった。この趣味を描くために武蔵野に散在せる駅、駅といかぬまでも家並、すなわち製図家の熟語でいう聯檐家屋を描写するの必要がある。

また多摩川はどうしても武蔵野の範囲に入れなければならぬ。六つ玉川などと我々の先祖が名づけたことがあるが武蔵の多摩川のような川が、ほかにどこにあるか。その川が平らな田と低い林とに連接する処の趣味は、あだかも首府が郊外と連接する処の趣味とともに無限の意義がある。

また東のほうの平面を考えられよ。これはあまりに開けて水田が多くて地平線がすこし低いゆえ、除外せられそうなれどやはり武蔵野に相違ない。亀井戸の金糸堀のあたりから木下川辺へかけて、水田と立木と茅屋とが趣をなしているぐあいは武蔵野

---

① 鬼子母神：安産、養育の神。〔きしぼじん〕とも言う。

の一領分である。ことに富士でわかる。富士を高く見せてあだかも我々が逗子の「あぶずり」で眺むるように見せるのはこの辺にかぎる。また筑波でわかる。筑波の影が低く遥かなるを見ると我々は関八州の一隅に武蔵野が呼吸している意味を感ずる。

しかし東京の南北にかけては武蔵野の領分がはなはだせまい。ほとんどないといってもよい。これは地勢のしからしむるところで、かつ鉄道が通じているので、すなわち「東京」がこの線路によって武蔵野を貫いて直接に他の範囲と連接しているからである。僕はどうもそう感じる。

そこで僕は武蔵野はまず雑司谷①から起こって線を引いてみると、それから板橋の中仙道の西側を通って川越近傍まで達し、君の一編に示された入間郡②を包んで円く甲武線の立川駅に来る。この範囲の間に所沢、田無などいう駅がどんなに趣味が多いか……ことに夏の緑の深いころは。さて立川からは多摩川を限界として上丸辺まで下る。八王子はけっして武蔵野には入れられない。そして丸子から下目黒に返る。この範囲の間に布田、登戸、二子などのどんなに趣味が多いか。以上は西半面。

東の半面は亀井戸辺より小松川へかけ木下川から堀切を包んで千住近傍へ到って止まる。この範囲は異論があれば取除いてもよい。しかし一種の趣味があって武蔵野に相違ないことは前に申したとおりである——

## 八

自分は以上の所説にすこしの異存もない。ことに東京市の町外れを題目とせよとの注意はすこぶる同意であって、自分もかねて思いついていたことである。町外ずれ

---

① 雑司谷：東京都豊島区の町名である。
② 入間郡：埼玉県に位置する郡である。

を「武蔵野」の一部に入（い）れるといえば、すこしおかしく聞こえるが、じつは不思議はないので、海を描くに波打ちぎわを描くも同じことである。しかし自分はこれを後廻わしにして、小金井堤上の散歩に引きつづき、まず今の武蔵野の水流を説くことにした。

第一は多摩川、第二は隅田川、むろんこの二流のことは十分に書いてみたいが、さてこれも後廻わしにして、さらに武蔵野を流るる水流を求めてみたい。

小金井の流れのごとき、その一である。この流れは東京近郊に及んでは千駄ヶ谷、代々木、角筈（つのはず）などの諸村の間を流れて新宿に入り四谷上水となる。また井頭池（いのかしらいけ）善福池などより流れ出でて神田上水（かんだじょうすい）となるもの。目黒辺を流れて品海（ひんかい）に入るもの。渋谷辺を流れて金杉（かなすぎ）に出ずるもの。その他名も知れぬ細流小溝（さいりゅうしょうきょ）に至るまで、もしこれをよそで見るならば格別の妙もなけれど、これが今の武蔵野の平地高台の嫌いなく、林をくぐり、野を横切り、隠（かく）れつ現われつして、しかも曲（まが）りくねって（小金井は取除け）流るる趣（おもむき）は春夏秋冬に通じて吾らの心を惹（ひ）くに足るものがある。自分はもと山多き地方に生長（せいちょう）したので、河といえばずいぶん大きな河でもその水は透明であるのを見慣れたせいか、初めは武蔵野の流れ、多摩川を除（のぞ）いては、ことごとく濁っているのではなはだ不快な感を惹（ひ）いたものであるが、だんだん慣れてみると、やはりこのすこし濁った流れが平原の景色に適（かな）ってみえるように思われてきた。

自分が一度、今より四五年前の夏の夜の事であった、かの友と相携（たずさ）えて近郊を散歩したことを憶えている。神田上水の上流の橋の一つを、夜の八時ごろ通りかかった。この夜は月冴（さ）えて風清く、野も林も白紗（はくしゃ）につつまれしようにて、何ともいいがたき良夜（りょうや）であった。かの橋の上には村のもの四五人集まっていて、欄（らん）に倚（よ）って何事をか語り何事をか笑い、何事をか歌っていた。その中に一人の老翁（ろうおう）がまざっていて、しきりに若い者の話や歌をまぜッかえしていた。月はさやかに照り、これらの光景を朦朧（もうろう）

たる楕円形のうちに描きだして、田園詩の一節のように浮かべている。自分たちもこの画中の人に加わって欄に倚って月を眺めていると、月は緩るやかに流るる水面に澄んで映っている。羽虫が水を搏つごとに細紋起きてしばらく月の面に小皺がよるばかり。流れは林の間をくねって出てきたり、また林の間に半円を描いて隠れてしまう。林の梢に砕けた月の光が薄暗い水に落ちてきらめいて見える。水蒸気は流れの上、四五尺の処をかすめている。

大根の時節に、近郊を散歩すると、これらの細流のほとり、いたるところで、農夫が大根の土を洗っているのを見る。

## 九

かならずしも道玄坂といわず、また白金といわず、つまり東京市街の一端、あるいは甲州街道となり、あるいは青梅道となり、あるいは中原道となり、あるいは世田ヶ谷街道となりて、郊外の林地田圃に突入する処の、市街ともつかず宿駅ともつかず、一種の生活と一種の自然とを配合して一種の光景を呈しおる場処を描写することが、すこぶる自分の詩興を喚び起こすも妙ではないか。なぜかような場処が我らの感を惹くだらうか［#「だらうか」はママ］。自分は一言にして答えることができる。すなわちこのような町外れの光景は何となく人をして社会というものの縮図でも見るような思いをなさしむるからであろう。言葉を換えていえば、田舎の人にも都会の人にも感興を起こさしむるような物語、小さな物語、しかも哀れの深い物語、あるいは抱腹するような物語が二つ三つそこらの軒先に隠れていそうに思われるからであろう。さらにその特点をいえば、大都会の生活の名残と田舎の生活の余波とがここで落ちあって、緩やかにうずを巻いているようにも思われる。

見たまえ、そこに片眼の犬が蹲（うずくま）っている。この犬の名の通っているかぎりがすなわちこの町外れ（まちはず）れの領分である。

見たまえ、そこに小さな料理屋がある。泣くのとも笑うのとも分からぬ声を振立ててわめく女の影法師が障子（しょうじ）に映っている。外は夕闇がこめて、煙の臭（にお）いとも土の臭いともわかちがたき香りが淀（よど）んでいる。大八車が二台三台と続いて通る、その空車（からぐるま）の轍（わだち）の響が喧（やかま）しく起こりては絶え、絶えては起こりしている。

見たまえ、鍛冶工（かじや）の前に二頭の駄馬が立っているその黒い影の横のほうで二三人の男が何事をかひそひそと話しあっているのを。鉄蹄（てってい）の真赤になったのが鉄砧（かなしき）の上に置かれ、火花が夕闇を破って往来の中ほどまで飛んだ。話していた人々がどっと何事をか笑った。月が家並（やなみ）の後ろの高い樫（かし）の梢まで昇ると、向う片側の家根が白（し）ろんできた。

かんてらから黒い油煙（ゆえん）が立っている、その間を村の者町の者十数人駈け廻わってわめいている。いろいろの野菜が彼方此方に積んで並べてある。これが小さな野菜市、小さな糶売場（せりば）である。

日が暮れるとすぐ寝てしまう家があるかと思うと夜（よ）の二時ごろまで店の障子に火影（ほかげ）を映している家がある。理髪所（とこや）の裏が百姓家（や）で、牛のうなる声が往来まで聞こえる、酒屋の隣家（となり）が納豆売（なっとううり）の老爺の住家で、毎朝早く納豆納豆と嗄声（しわがれごえ）で呼んで都のほうへ向かって出かける。夏の短夜が間もなく明けると、もう荷車が通りはじめる。ごろごろがたがた絶え間がない。九時十時となると、蝉（せみ）が往来から見える高い梢で鳴きだす、だんだん暑くなる。砂埃（すなぼこり）が馬の蹄（ひづめ）、車の轍（わだち）に煽（あお）られて虚空（こくう）に舞い上がる。蝿（はえ）の群が往来を横ぎって家から家、馬から馬へ飛んであるく。

それでも十二時のどんがかすかに聞こえて、どことなく都の空のかなたで汽笛の響がする。

## 【作家紹介】

国木田独歩（1871—1908）、詩人、小説家、ジャーナリスト。

千葉県銚子に生まれる。幼名亀吉、後哲夫と改名。1887 年上京、東京専門学校（現・早稲田大学）英語普通科入学。ワーズワースの自然観に学び、自然への清浄な感受性を育てた。1891 年、キリスト教の洗礼を受ける。23 歳の時、九州佐伯の鶴谷学館へ教頭として赴任し、自然の中で信仰と思索の生活を送る。24 歳で、記者として中日甲午戦争に従軍、新聞に「愛弟通信」を連載され、その清新さで好評を得て、名を上げた。その縁で、佐々城信子と知り合い結婚したが、家計の苦しさから奥さんが出奔、翌年離婚に至る。この離婚で意気盛んな時期の独歩は鼻を折られ、深い挫折感を味わったのである。しかし、人生の悲哀も体験し、人生や人間への観察が鋭くなり、新進作家としての内実を獲得した。精神的打撃から武蔵野の渋民村へ転居し、自然の中で魂を解放しようとして詩を注目した。「山林に自由存す」を含む新体詩『独歩吟』を発表した。この時期、田山花袋や柳田国男らと交友を深め、詩や小説を発表し始めたが、よく売れなかった。1898 年に再婚し、生活が安定し始めるが、1907 年に、事業に失敗し、破産した。

二葉亭四迷の訳『あひゞき』の影響を受け、武蔵野の美を発見し、浪漫派として作家活動を始める。船頭の老人の悲しみを描いた『源叔父』（1897）、自然の美を鮮やかに描いたロマンチックな名作『武蔵野』（1898）、大自然に生きる人間に共感を覚えた『忘れえぬ人々』（1898）などを発表して、ロマン的抒情文学に新風を吹き込み、『春の鳥』（1904）はそのロマン主義の極致を示した。

『牛肉と馬鈴薯』（1901）から現実への関心を強めた。『鎌倉夫人』（1902）、『酒中日記』（1902）を書き、『運命論者』（1903）、『正直者』（1903）を経て、運命に流れされる人生の悲惨さを描き始め、写実的傾向を示し、自然主義へと進んだ。

晩年の1908 年に、貧困による悲劇を描いた『竹木戸』『二老人』などを発表、客観的に現実を見つめて人生の悲哀を描写し、自然主義文学の先駆者となり、あとの自然主義文学に影響を与えた。

1903年には、『東洋画報』の編集長となるが、日露戦争後、三年後赤字で解散。そこで、自ら独歩社を創立し、『近時画報』などの発行を続ける。だが、同1906年末に肺結核にかかり、翌年に破産。結核療養所で療養生活を送りながら、『窮死』『竹の木戸』（1908）などを発表したが、病状は悪化し、37歳で死去。

国木田独歩は近代文学の二系統であるロマンティシズムとリアリズムの双方に対峙しながら創作を行った。最初は抒情詩人として出発、自然や風景を新たに捉えなおし、理想を求め、やがて理想と現実、運命と個性といったものに目を逸らし、さらに苛酷な現実を見つめるようになった。

## 【作品解説】

詩的散文。1898年に雑誌『国民の友』に掲載し、発刊当時の作品名は『今の武蔵野』として載せたものを、同年『武蔵野』に改めた。国木田独歩の代表作で、名作との評を得た。

離婚した独歩は精神的打撃を受け、1896年9月から翌年4月まで東京郊外、当時の渋民村に転居した。毎日武蔵野を散歩し、その体験に基づいて『武蔵野』を書き上げた。日記を交え、感想をこめ、主として武蔵野の秋の美を情感に徹して描き出している。独歩の自然愛好は幼いときから美しい山河を見続けてきたその環境にもよるが、それ以上に自由を愛し、人間の持つ本来の相——自然さを尊ぶ彼の思想が、当時はまだ社会一般の常識とはならず、したがって当時の社会に生きて自分の立場を押さえられているものの息苦しさから、そういう抑圧のない自然のふところを懐かしがらせたのである。独歩の自然観察の方法はイギリスの詩人ワーズワースとロシアの作家ツルゲーネフから学んだ。自然の中に「永遠の呼吸」を感じようとする態度をワーズワースから学び、武蔵野の林の観察——四季の移り変わりの情趣的な把握はツルゲーネフに導かれたものである。ことに後者は二葉亭四迷訳『あひゞき』に示唆されたことを作者みずからも述べ、有名な二葉亭の句「自分は座して、四顧し、そして耳を傾けていた。」のごときは、そのまま引用されている。また、〈ぶらぶら歩(あるい)て思いつき次第に右し左すれば随処(ずいしょ)に吾らを満足さするものがある〉と武蔵野の歩き方も伝授している。『武蔵野』の自然描写の特徴が形や色調の上からだけ自然を見ているばかりでなく、音響的にも敏感にとらえている定評されているのは、心を通して自然の持つリズムを捕らえようとする独歩の態度の反映といえよう。大都会の生活の名残と田舎の生活の余波とがここに落ち合って、ゆるやかに渦を巻いているようにも思われる東京郊外に目を向け、「市街ともつかず、宿駅ともつかず、一種の生活と一種の自然とを配合して一種の光景を呈し居る場所」に漂う詩趣に心惹かれていることと合わせて、社会生活に何かしら圧しつけられるようなものを感じていた青年の心が、どちらかといえば、さびしく沈んだ社会の色調に心惹かれるとともに、世俗的な風潮から離れた場所を孤独な魂の解放の場としていた作者の気持ちの反映と言えよう。表層的に自然を見るだけでなく、自然を思想として生きようとした人の自然描写である。

徳富蘆花の『自然と人生』とともに、自然を精神に描き出した点で、明治文芸の双璧である。独歩のこの作には、神経がいっそう細やかに動き、物の響きにいっそう聞き入り、林間の空地に座して黙想し、遠望するロマンチックな詩人の姿が懐かしきまでに感ぜられる。」ワァヅワァスとツルゲーネフとが身近に呼吸するごとく、さらに都会人に始めて武蔵野の美を知らしめたる点において、不朽の記念品と言える。

## 【読解鑑賞】

1893年、「人間の教師」として「ヒューマニティーの自然の声を聞き、愛と誠と労働の真理を吾が能くするだけ世に教ゆる」文学者を志した独歩は、『欺かざるの記』に次のように記している。

　生死に対するヒューマニティーの声、人生に対するヒューマニティーの声、人性に対し、人世に対するヒューマニティーの叫声。栄枯盛衰に対するヒューマニティ一の声、過去に対するヒューマニティーの声、社会困阨の悲運に対する声、恋愛に対する声、山川花月に対する人情の声、故郷に対する声、父母兄弟朋友に対する声、妻子に対する声。天地悠々宇宙茫々に対する声、自国に対する声、人類進歩の大気運に打たれて発する欝勃痛烈なるヒューマニティーの壮調、理想に向て叫ばれたる悲壮慷慨なるヒューマニティーの声、吾人は之を聴て之れを教へん事を希望す。諸の哲人詩人より之れを聞く可し、現実の目撃より之れを聞く可し、聞て而して之れを世に教ゆ、之れ吾の希望なり。

（後略）

一人間が己れ一個の全存在が、人生、社会、歴史、自然、天地宇宙のすべてにつながっていこうとする、その魂の中に生起する「ヒューマニティーの叫声」である。これはいわば独歩文学の全体の原型であると言えよう。

## 【研究情報】

作家論からみると、戦後の独歩研究はまずその文学形成期に注目し、作家以前の独歩、『欺かざるの記』時代の思想から研究をはじめた猪野謙二「独歩における『政治』」（『日本文学古典新論』河出書房新社、1962）、平岡敏夫の「日本の作家 42」『短編作家——国木田独歩』（新典社、1983・5）があげられる。北野昭彦『国木田独歩「忘れえぬ人々」他』（桜楓社、1981・1）は、文学上の「独歩の個性と原質の生成の秘密を探」り、それを前提にして、主要な作品を検討し、「その作家的生涯を展望」したものである。

作品論も盛んになり、特集「国木田独歩」（『日本文学』1958・12）の諸論、相馬庸郎「『欺かざるの記』前編研究」（『日本文学』、1959・1）、蒲生芳郎「『欺かざるの記』試論——独歩の恋愛体験を中心として」（『文芸研究』47、1965・4）などがある。滝藤満義『国木田独歩論』（塙書房、1986・5）はシンセリティー注目し、それを文学主体形成の中に位置づけ、作品を追いながら独歩の文学活動を概観するとともに、自然主義の中心的存在となっていく花袋と藤村との「誠実」の異同を通して、その後のそれぞれの展開の相違へと論及している。『国木田独歩の研究』（おうふう、2009・7）は長島礼子の大著で、一連の短編小説を考察し、女性・家庭・夫婦という観点からのアプローチや、有島武郎の『或る女』との比較なども試みている。

独歩研究の重要な一分野は比較文学的な研究である。その詩・小説とワーズワースやツルゲーネフとの関係を論じた安田保雄『比較文学論考』正・続・第三（学友社、1969、1974、1981）所収の諸論、独歩の小説とワーズワースとの関係を論じた金田真澄『ワーズワスの詩の変遷』（北星堂書店、1972）所収の諸論、モーパッサンとの関係を論じた平井照敏「『武蔵野』時代の独歩とモーパッサン」（『比較文学研究』四、1955・12）などがある。山田博光は、『国木田独歩論考』（創世記、1978・9）において、独歩を民友社出身の文学者として考察し、小民への愛、人間の実存を追求した作家として捉えている。ここには、モーパッサンの『港』と『運命論者』との関係を考察した論考も含まれている。同氏の『北村透谷と国木田独歩——比較文学的研究』（近代文芸社、1990・12）は、独歩の入手した『ワーズワース詩集』についての論考やワーズワースの詩と『春の鳥』、キリスト教との関係などの論考を収めている。芦谷信和『国木田独歩——比較文学的研究』（和泉書院、1982・11）は主として、老荘・王陽明やツルゲーネフの影響を詳細に考察したものであり、同氏の『独歩文学の基調』（桜楓社、1989・6）は、チェーホフの影響、民友社との関係、『抒情詩』の『独歩吟序』、主要な作品論などを収める。

独歩と自然主義との関係について論じたものに、吉田精一『自然主義の研究』上・下（東京堂、1955・11、1958・1）、笹淵友一「国木田独歩と自然主義」（『明治大正文学の分析』明治書院、1970・11）などがある。

そのほか、顕著な傾向として、風景や表現からの考察が見られる。亀井秀雄『感性の変革』（講談社、1983・6）をはじめとし、風景では、木股知史『〈イメージ〉の近代日本文学誌』（双文社出版、1988・5）、加藤典洋『日本風景論』（講談社、1990・1）、小説構造と表現では、描写と語り・人称を中心に考察した後藤康二「初期独歩の小説構造」（『日本文学』1986・12）、「《自分》という語り手と物語」（同、1988・1）などの注目すべき論考、根岸正純「国木田独歩」（『表現学大系各論』9、教育出版センター新社、1988・5）などがある。

## 【参考文献】


海老池俊冶「独歩」『明治文学と英文学』明治書院、1968年3月

桑原伸一『国木田独歩と吉田松陰』山口文芸懇話会・白書店刊、1974年10月

特集「独歩と花袋」『解釈と鑑賞』1982年7月

片岡懋「国木田独歩」『近代作家論叢——自我確立の系譜』新典社、1983年6月

中島礼子『国木田独歩——初期作品の世界』明治書院、1988年

岩崎文一『一つの水脈——独歩・白鳥・鱒二』渓水社、1990年9月

新保邦寛「〈小民史〉の行方、〈社会〉への眼差し——独歩文学を貫くもの」『国学院雜誌』、1991年1月

特集「国木田独歩の世界」『解釈と鑑賞』1991年2月

新保邦寛『独歩と藤村——明治三十年代のコスモロジー』有精堂出版、1996年

中島礼子『国木田独歩——短編小説の魅力』おうふう、2000年7月

黒岩比佐子『編集者国木田独歩の時代』角川学芸出版、2007年12月

栗林秀雄「国木田独歩論：その思想の軌跡」『大東文化大学紀要』2008年3月

大坪利彦「国木田独歩：方法としての小民」『熊本大学社会文化研究』2010年8月

# 五　こころ

**夏目漱石**

## 三十六

Kはなかなか奥さんとお嬢さんの話を已めませんでした。しまいには私も答えられないような立ち入った事まで聞くのです。私は面倒よりも不思議の感に打たれました。以前私の方から二人を問題にして話しかけた時の彼を思い出すと、私はどうしても彼の調子の変っているところに気が付かずにはいられないのです。私はとうとうなぜ今日に限ってそんな事ばかりいうのかと彼に尋ねました。その時彼は突然黙りました。しかし私は彼の結んだ口元の肉が顫(ふる)えるように動(うご)いているのを注視(ちゅうし)しました。彼は元来無口な男でした。平生(へいぜい)①から何かいおうとすると、いう前によく口のあたりをもぐもぐさせる癖(くせ)がありました。彼の唇(くちびる)がわざと彼の意志に反抗するように容易(たやす)く開かないところに、彼の言葉の重みも籠(こも)っていたのでしょう。一旦声が口を破(やぶ)って出るとなると、その声には普通の人よりも倍の強い力がありました。

彼の口元をちょっと眺めた時、私はまた何か出て来るなとすぐ疳付(かんづ)いた②のですが、それがはたして何の準備なのか、私の予覚はまるでなかったのです。だから驚い

---

① 平生：普段、平常。副詞的にも用いる。
② 疳づく：感付く、勘付く。直観が働いて気付く。

たのです。彼の重々しい口から、彼のお嬢さんに対する切ない恋を打ち明けられた時の私を想像してみて下さい。私は彼の魔法棒のために一度に化石された①ようなものです。口をもぐもぐさせる働きさえ、私にはなくなってしまったのです。

その時の私は恐ろしさの塊りといいましょうか、または苦しさの塊りといいましょうか、何しろ一つの塊りでした。石か鉄のように頭から足の先までが急に固くなったのです。呼吸をする弾力性さえ失われたくらいに堅くなったのです。幸いな事にその状態は長く続きませんでした。私は一瞬間の後（のち）に、また人間らしい気分を取り戻しました。そうして、すぐ失策（しま）ったと思いました。先（せん）を越された②なと思いました。

しかしその先（さき）をどうしようという分別（ぶんべつ）はまるで起りません。恐らく起るだけの余裕がなかったのでしょう。私は腋の下から出る気味のわるい汗が襯衣（シャツ）に滲（し）み透（とお）るのをじっと我慢して動かずにいました。Kはその間いつもの通り重い口を切っては、ぽつりぽつりと自分の心を打ち明けてゆきます。私は苦しくって堪りませんでした。おそらくその苦しさは、大きな広告のように、私の顔の上に判然（はっき）りした字で貼り付けられてあったろうと私は思うのです。いくらKでもそこに気の付かないはずはないのですが、彼はまた彼で、自分の事に一切を集中しているから、私の表情などに注意する暇がなかったのでしょう。彼の自白は最初から最後まで同じ調子で貫いていました。重くて鈍（のろ）い代りに、とても容易な事では動かせないという感じを私に与えたのです。私の心は半分その自白を聞いていながら、半分どうしようどうしようという念に絶えず掻（か）き乱されていましたから、細かい点になるとほとんど耳へ入らないと同様でしたが、それでも彼の口に出す言葉の調子だけは強く胸に響きました。そのために私は前いった苦痛ばかりでなく、ときには一種の恐ろしさを感ずるようになったのです。つまり相手は自分より強いのだという恐怖の念が萌（きざ）し始めたのです。

Kの話が一通り済んだ時、私は何ともいう事ができませんでした。こっちも彼の前

---

① 化石された：茫然自失のたとえ。
② 先を越される：「先を越す」相手に先んじて物事を運ぶ。先を取る。

に同じ意味の自白をしたものだろうか、それとも打ち明けずにいる方が得策だろうか、私はそんな利害を考えて黙っていたのではありません。ただ何事もいえなかったのです。またいう気にもならなかったのです。

午食(ひるめし)の時、Kと私は向い合せに席を占めました。下女(げじょ)①に給仕(きゅうじ)をしてもらって、私はいつにない不味(まず)い飯(めし)を済ませました。二人は食事中もほとんど口を利きませんでした。奥さんとお嬢さんはいつ帰るのだか分りませんでした。

## 三十七

「二人は各自(めいめい)の室(へや)に引き取ったぎり顔を合わせませんでした。Kの静かな事は朝と同じでした。私も凝(じっ)と考え込んでいました。

私は当然自分の心をKに打ち明けるべきはずだと思いました。しかしそれにはもう時機が後れてしまったという気も起りました。なぜ先刻(さっき)Kの言葉を遮(さえぎ)って、こっちから逆襲しなかったのか、そこが非常な手落(てぬか)りのように見(み)えて来(き)ました。せめてKの後に続いて、自分は自分の思う通りをその場で話してしまったら、まだ好かったろうにとも考えました。Kの自白に一段落が付いた今となって、こっちからまた同じ事を切り出すのは、どう思案しても変でした。私はこの不自然に打ち勝つ方法を知らなかったのです。私の頭は悔恨に揺られてぐらぐらしました。

私はKが再び仕切(しき)りの襖(ふすま)を開けて向うから突進してきてくれれば好いと思いました。私にいわせれば、先刻はまるで不意撃(ふいうち)②に会ったも同じでした。私にはKに応ずる準備も何もなかったのです。私は午前に失ったものを、今度は取り戻そうという下心(したごころ)を持っていました。それで時々眼を上げて、襖を眺めました。しかしその襖は

---

① 下女：掃除・炊事など家庭内の雑用をするために雇われている女性。

② 不意打ち：不意に相手に襲いかかること。

いつまで経っても開(あ)きません。そうしてKは永久に静かなのです。

その内私の頭は段々この静かさに掻き乱されるようになって来ました。Kは今襖の向うで何を考えているだろうと思うと、それが気になって堪らないのです。不断もこんな風にお互いが仕切一枚を間に置いて黙り合っている場合は始終あったのですが、私はKが静かであればあるほど、彼の存在を忘れるのが普通の状態だったのですから、その時の私はよほど調子が狂っていたものと見なければなりません。それでいて私はこっちから進んで襖を開ける事ができなかったのです。一旦いいそびれた①私は、また向うから働き掛けられる時機を待つより外に仕方がなかったのです。

しまいに私は凝(じっ)としておられなくなりました。無理に凝としていれば、Kの部屋へ飛び込みたくなるのです。私は仕方なしに立って縁側へ出ました。そこから茶の間へ来て、何という目的もなく、鉄瓶(てつびん)の湯を湯呑(ゆのみ)に注で一杯呑みました。それから玄関へ出ました。私はわざとKの室を回避するようにして、こんな風に自分を往来の真中に見出したのです。私には無論どこへ行くという的もありません。ただ凝としていられないだけでした。それで方角も何も構わずに、正月の町を、むやみに歩き廻ったのです。私の頭はいくら歩いてもKの事でいっぱいになっていました。私もKを振(ふる)い落(おと)す気(き)で歩き廻る訳ではなかったのです。むしろ自分から進んで彼の姿を咀嚼(そしゃく)②しながらうろついていたのです。

私には第一に彼が解(かい)しがたい男のように見えました。どうしてあんな事を突然私に打ち明けたのか、またどうして打ち明けなければいられないほどに、彼の恋が募(つの)って来たのか、そうして平生の彼はどこに吹き飛ばされてしまったのか、すべて私には解しにくい問題でした。私は彼の強い事を知っていました。また彼の真面目な事を知っていました。私はこれから私の取るべき態度を決する前に、彼について聞かなければならない多くをもっていると信じました。同時にこれからさき彼を相手にするのが変

① 言いそびれる：言おうと思いながら、そのチャンスを失う。
② 彼の姿を咀嚼する：彼の行動を繰り返して考える。

に気味が悪かったのです。私は夢中に町の中を歩きながら、自分の室に凝と坐っている彼の容貌を始終眼の前に描き出しました。しかもいくら私が歩いても彼を動かす事は到底できないのだという声がどこかで聞こえるのです。つまり私には彼が一種の魔物のように思えたからでしょう。私は永久彼に祟（たた）られたのではなかろうかという気さえしました。

私が疲れて宅（うち）へ帰った時、彼の室は依然として人気（ひとけ）のないように静かでした。

## 三十八

「私が家へはいると間もなく俥（くるま）の音が聞こえました。今のように護謨輪（ゴムわ）①のない時分」でしたから、がらがらいう厭な響きがかなりの距離でも耳に立つのです。車はやがて門前で留まりました。

私が夕飯（ゆうめし）に呼び出されたのは、それから三十分ばかり経った後の事でしたが、まだ奥さんとお嬢さんの晴着が脱ぎ棄てられたまま、次の室を乱雑に彩（いろど）っていました。二人は遅くなると私たちに済まないというので、飯の支度に間に合うように、急いで帰って来たのだそうです。しかし奥さんの親切はKと私とに取ってほとんど無効も同じ事でした。私は食卓に坐りながら、言葉を惜しがる人のように、素気（そっけ）ない②挨拶ばかりしていました。Kは私よりもなお寡言（かげん）でした。たまに親子連で外出した女二人の気分が、また平生よりは勝れて晴れやかだったので、我々の態度はなおの事眼に付きます。奥さんは私にどうかしたのかと聞きました。私は少し心持が悪いと答えました。実際私は心持が悪かったのです。すると今度はお嬢さんがKに同じ問いを掛けました。Kは私のように心持が悪いとは答えません。ただ口が利きたくないからだとい

---

①　ゴム輪：馬車・人力車、大八車などの車輪の外周につけたゴムの輪。ここで、その俥を指す。

②　素っ気ない：思いやりがない。好意が感じられない。

いました。お嬢さんはなぜ口が利きたくないのかと追窮（ついきゅう）しました。私はその時ふと重たい瞼（まぶた）を上げてKの顔を見ました。私にはKが何と答えるだろうかという好奇心があったのです。Kの唇は例のように少し顫えていました。それが知らない人から見ると、まるで返事に迷っているとしか思われないのです。お嬢さんは笑いながらまた何かむずかしい事を考えているのだろうといいました。Kの顔は心持薄赤くなりました。

その晩私はいつもより早く床（とこ）へ入りました。私が食事の時気分が悪いといったのを気にして、奥さんは十時頃蕎麦湯（そばゆ）を持って来てくれました。しかし私の室はもう真暗でした。奥さんはおやおやといって、仕切りの襖を細目に開けました。洋燈（ランプ）の光がKの机から斜めにぼんやりと私の室に差し込みました。Kはまだ起きていたものとみえます。奥さんは枕元に坐って、大方（おおかた）風邪を引いたのだろうから身体を暖（あっ）ためるがいいといって、湯呑を顔の傍へ突き付けるのです。私はやむをえず、どろどろした蕎麦湯を奥さんの見ている前で飲みました。

私は遅くなるまで暗いなかで考えていました。無論一つ問題をぐるぐる廻転（かいてん）させるだけで、外に何の効力もなかったのです。私は突然Kが今隣りの室で何をしているだろうと思い出しました。私は半ば無意識においと声を掛けました。すると向うでもおいと返事をしました。Kもまだ起きていたのです。私はまだ寝ないのかと襖ごしに聞きました。もう寝るという簡単な挨拶がありました。何をしているのだと私は重ねて問いました。今度はKの答えがありません。その代り五、六分経ったと思う頃に、押入をがらりと開けて、床を延べる音が手に取るように聞こえました。私はもう何時かとまた尋ねました。Kは一時二十分だと答えました。やがて洋燈をふっと吹き消す音がして、家中（うちじゅう）が真暗なうちに、しんと静まりました。

しかし私の眼はその暗いなかでいよいよ冴（さ）えて来るばかりです。私はまた半ば無意識な状態で、おいとKに声を掛けました。Kも以前と同じような調子で、おいと答えました。私は今朝彼から聞いた事について、もっと詳しい話をしたいが、彼の都合はどうだと、とうとうこっちから切り出しました。私は無論襖越（ふすまごし）にそんな談話を交換する気はなかったのですが、Kの返答だけは即坐に得られる事と考えたのです。ところがKは先刻（さっき）から二度おいと呼ばれて、二度おいと答えたような素直な調子で、今度は応じません。そうだなあと低い声で渋っています。私はまたはっと思わせられました。

## 三十九

「Kの生返事（なまへんじ）は翌日になっても、その翌日になっても、彼の態度によく現われていました。彼は自分から進んで例の問題に触れようとする気色（けしき）を決して見せませんでした。もっとも機会もなかったのです。奥さんとお嬢さんが揃って一日宅を空けでもしなければ、二人はゆっくり落ち付いて、そういう事を話し合う訳にも行かないのですから。私はそれをよく心得ていました。心得ていながら、変にいらいらし出すのです。その結果始めは向うから来るのを待つつもりで、暗に用意をしていた私が、折があったらこっちで口を切ろうと決心するようになったのです。

同時に私は黙って家のものの様子を観察して見ました。しかし奥さんの態度にもお嬢さんの素振（そぶり）にも、別に平生と変った点はありませんでした。Kの自白以前と自白以後とで、彼らの挙動にこれという差違が生じないならば、彼の自白は単に私だけに限られた自白で、肝心（かんじん）の本人にも、またその監督者たる奥さんにも、まだ通じていないのは慥（たし）かでした。そう考えた時私は少し安心しました。それで無理に機会を拵（こしら）えて、わざとらしく話を持ち出すよりは、自然の与えてくれるものを取り逃さないようにする方が好かろうと思って、例の問題にはしばらく手を着けずにそっとしておく事にしました。

こういってしまえば大変簡単に聞こえますが、そうした心の経過には、潮（しお）の満干（みちひ）と同じように、色々の高低（たかびく）があったのです。私はKの動かない様子を見て、それにさまざまの意味を付け加えました。奥さんとお嬢さんの言語動作を観察して、二人の心がはたしてそこに現われている通りなのだろうかと疑ってもみました。そうして人間の胸の中に装置された複雑な器械が、時計の針のように、明瞭(めいりょう)に偽(いつわ)りなく、盤上(ばんじょう)の数字を指し得(う)るものだろうかと考えました。要するに私は同じ事をこうも取り、ああも取りした揚句(あげく)①、漸くここに落ち付いたものと思って下さい。更にむずかしくいえば、落ち付くなどという言葉は、この際決して使われた義理でなかったのかも知れません。

その内(うち)学校がまた始まりました。私たちは時間の同じ日には連れ立って宅を出ます。都合がよければ帰る時にもやはりいっしょに帰りました。外部から見たKと私は、何にも前と違ったところがないように親しくなったのです。けれども腹の中では、各自(てんでん)に各自の事を勝手に考えていたに違いありません。ある日私は突然往来でKに肉薄しました。私が第一に聞いたのは、この間の自白が私だけに限られているか、または奥さんやお嬢さんにも通じているかの点にあったのです。私のこれから取るべき態度は、この問いに対する彼の答え次第で極(き)めなければならないと、私は思ったのです。すると彼は外の人にはまだ誰にも打ち明けていないと明言しました。私は事情が自分の推察通りだったので、内心嬉しがりました。私はKの私より横着②なのをよく知っていました。彼の度胸にも敵わないという自覚があったのです。けれども一方ではまた妙に彼を信じていました。学資の事で養家(ようか)を三年も欺いていた彼ですけれども、彼の信用は私に対して少しも損われていなかったのです。私はそれがためにかえって彼を信じ出したくらいです。だからいくら疑い深い私でも、明白な彼の答えを腹の中で否定する気は起りようがなかったのです。

私はまた彼に向って、彼の恋をどう取り扱うつもりかと尋ねました。それが単なる自白に過ぎないのか、またはその自白について、実際的の効果をも収める気なのかと

① 挙句：いろいろやってみた結果。よくない結果に使うのは多い。
② 横着：怠けること。

問うたのです。しかるに彼はそこになると、何にも答えません。黙って下を向いて歩き出します。私は彼に隠し立てをしてくれるな、すべて思った通りを話してくれと頼みました。彼は何も私に隠す必要はないと判然（はっきり）断言しました。しかし私の知ろうとする点には、一言（いちごん）の返事も与えないのです。私も往来（おうらい）だからわざわざ立（た）ち留（と）まって底（そこ）まで突（つ）き留める訳にいきません。ついそれなりにしてしまいました。

## 四十

「ある日、私は久しぶりに学校の図書館に入りました。私は広い机の片隅で窓から射す光線を半身に受けながら、新着の外国雑誌を、あちらこちらと引っ繰り返して見ていました。私は担任教師から専攻の学科に関して、次の週までにある事項を調べて来いと命ぜられたのです。しかし私に必要な事柄がなかなか見付からないので、私は二度も三度も雑誌を借り替えなければなりませんでした。最後に私はやっと自分に必要な論文を探し出して、一心にそれを読み出しました。すると突然幅の広い机の向う側から小さな声で私の名を呼ぶものがあります。私はふと眼を上げてそこに立っているＫを見ました。Ｋはその上半身を机の上に折り曲げるようにして、彼の顔を私に近付けました。ご承知の通り図書館では他の人の邪魔になるような大きな声で話をする訳にゆかないのですから、Ｋのこの所作（しょさ）は誰でもやる普通の事なのですが、私はその時に限って、一種変な心持がしました。

Ｋは低い声で勉強かと聞きました。私はちょっと調べものがあるのだと答えました。それでもＫはまだその顔を私から放しません。同じ低い調子でいっしょに散歩をしないかというのです。私は少し待っていればしてもいいと答えました。彼は待っているといったまま、すぐ私の前の空席に腰をおろしました。すると私は気が散って急に雑誌が読めなくなりました。何だかＫの胸に一物（いちもつ）があって、談判（だんぱん）でもしに来られたように思われて仕方がないのです。私はやむをえず読みかけた雑誌を伏せて、立ち上がろうとしました。Ｋは落ち付き払ってもう済んだのかと聞きます。私はどうでもいいのだと答えて、雑誌を返すと共に、Kと図書館を出ました。

二人は別に行く所もなかったので、竜岡町（たつおかちょう）から池の端（はた）へ出て、上野の公園の中へ入りました。その時彼は例の事件について、突然向うから口を切りました。前後の様子を綜合して考えると、Kはそのために私をわざわざ散歩に引っ張り出したらしいのです。けれども彼の態度はまだ実際的の方面へ向ってちっとも進んでいませんでした。彼は私に向って、ただ漠然と、どう思うというのです。どう思うというのは、そうした恋愛の淵（ふち）に陥った彼を、どんな眼で私が眺めるかという質問なのです。一言でいうと、彼は現在の自分について、私の批判を求めたいようなのです。そこに私は彼の平生と異なる点を確かに認める事ができたと思いました。たびたび繰り返すようですが、彼の天性は他の思わくを憚（はば）かるほど弱くでき上ってはいなかったのです。こうと信じたら一人でどんどん進んで行くだけの度胸もあり勇気もある男なのです。養家（ようか）事件でその特色を強く胸の裏に彫り付けられた私が、これは様子が違うと明らかに意識したのは当然の結果なのです。

私がKに向って、この際何んで私の批評が必要なのかと尋ねた時、彼はいつもにも似ない悄然（しょうぜん）とした口調で、自分の弱い人間であるのが実際恥ずかしいといいました。そうして迷っているから自分で自分が分らなくなってしまったので、私に公平な批評を求めるより外に仕方がないといいました。私は隙（す）かさず迷うという意味を聞きただし①ました。彼は進んでいいか退（しりぞ）いていいか、それに迷うのだと説明しました。私はすぐ一歩先へ出ました。そうして退こうと思えば退けるのかと彼に聞きました。すると彼の言葉がそこで不意に行き詰りました。彼はただ苦しいといっただけでした。実際彼の表情には苦しそうなところがありありと見えていました。もし相手がお嬢さんでなかったならば、私はどんなに彼に都合のいい返事を、その渇（かわ）き切（き）った顔の上に慈雨（じう）の如（ごと）く注（そそ）いでやったか分りません。私はそのくらいの美しい同情をもって

---

① 聞きただす：不明な点について質問して確かめる。

生れて来た人間と自分ながら信じています。しかしその時の私は違っていました。

## 四十一

「私はちょうど他流試合でもする人のようにKを注意して見ていたのです。私は、私の眼、私の心、私の身体、すべて私という名の付くものを五分(ぶ)の隙間(すきま)もない①ように用意して、Kに向ったのです。罪のないKは穴だらけというよりむしろ明け放しと評するのが適当なくらいに無用心でした。私は彼自身の手から、彼の保管している要塞(ようさい)の地図を受け取って、彼の眼の前でゆっくりそれを眺める事ができたも同じでした。

Kが理想と現実の間に彷徨(ほうこう)してふらふらしているのを発見した私は、ただ一打(ひとうち)で彼を倒す事ができるだろうという点にばかり眼を着けました。そうしてすぐ彼の虚(きょ)に付け込んだのです。私は彼に向って急に厳粛な改まった態度を示し出しました。無論策略からですが、その態度に相応するくらいな緊張した気分もあったのですから、自分に滑稽だの羞恥だのを感ずる余裕はありませんでした。私はまず「精神的に向上心のないものは馬鹿だ」といい放ちました。これは二人で房州(ぼうしゅう)②を旅行している際、Kが私に向って使った言葉です。私は彼の使った通りを、彼と同じような口調で、再び彼に投げ返したのです。しかし決して復讐ではありません。私は復讐以上に残酷な意味をもっていたという事を自白します。私はその一言でKの前に横たわる恋の行手(ゆくて)を塞(ふさ)ごうとしたのです。

Kは真宗寺(しんしゅうでら)に生れた男でした。しかし彼の傾向は中学時代から決して生家の宗旨(しゅうし)に近いものではなかったのです。教義上の区別をよく知らない私が、こんな事をいう

---

① 五分の隙間もない：「わずかの隙間もない」という意味からきて、抜け目がない、配慮が届いているの意味を指す。「一分のすきもない」とも言う。

② 房州：安房国の別称。千葉県の南部に当たる。

資格に乏しいのは承知していますが、私はただ男女(なんにょ)に関係した点についてのみ、そう認めていたのです。Kは昔から精進(しょうじん)①という言葉が好きでした。私はその言葉の中に、禁欲(きんよく)という意味も籠(こも)っているのだろうと解釈していました。しかし後で実際を聞いて見ると、それよりもまだ厳重な意味が含まれているので、私は驚きました。道のためにはすべてを犠牲にすべきものだというのが彼の第一信条なのですから、摂欲(せつよく)や禁欲は無論、たとい欲を離れた恋そのものでも道の妨害(さまたげ)になるのです。Kが自活生活をしている時分に、私はよく彼から彼の主張を聞かされたのでした。その頃からお嬢さんを思っていた私は、勢いどうしても彼に反対しなければならなかったのです。私が反対すると、彼はいつでも気の毒そうな顔をしました。そこには同情よりも侮蔑の方が余計に現われていました。

こういう過去を二人の間に通り抜けて来ているのですから、精神的に向上心のないものは馬鹿だという言葉は、Kに取って痛いに違いなかったのです。しかし前にもいった通り、私はこの一言で、彼が折角積み上げた過去を蹴散(けち)らしたつもりではありません。かえってそれを今まで通り積み重ねて行かせようとしたのです。それが道に達しようが、天に届こうが、私は構いません。私はただKが急に生活の方向を転換して、私の利害と衝突するのを恐れたのです。要するに私の言葉は単なる利己心の発現でした。

「精神的に向上心のないものは、馬鹿だ」

私は二度同じ言葉を繰り返しました。そうして、その言葉がKの上にどう影響するかを見詰めていました。

「馬鹿だ」とやがてKが答えました。「僕は馬鹿だ」

Kはぴたりとそこへ立ち留まったまま動きません。彼は地面の上を見詰めています。私は思わずぎょっとしました。私にはKがその刹那(せつな)に居直(いなお)り強盗②のごとく感ぜ

① 精進：仏教用語。ここで仏教修行に努め励むことを指す。
② 居直り強盗：入室した盗人が家人に見られて態度を変え強盗になること。またその人。

られたのです。しかしそれにしては彼の声がいかにも力に乏しいという事に気が付きました。私は彼の眼遣（めづか）いを参考にしたかったのですが、彼は最後まで私の顔を見ないのです。そうして、徐々（そろそろ）とまた歩き出しました。

## 四十二

「私はKと並んで足を運ばせながら、彼の口を出る次の言葉を腹の中で暗（あん）に待ち受けました。あるいは待ち伏せといった方がまだ適当かも知れません。その時の私はたといKを騙し打ちにしても構わないくらいに思っていたのです。しかし私にも教育相当の良心はありますから、もし誰か私の傍へ来て、お前は卑怯（ひきょう）だと一言（ひとこと）私語（ささや）いてくれるものがあったなら、私はその瞬間に、はっと我に立ち帰った①かも知れません。もしKがその人であったなら、私はおそらく彼の前に赤面したでしょう。ただKは私を窘（たしな）めるには余りに正直でした。余りに単純でした。余りに人格が善良だったのです。目のくらんだ私は、そこに敬意を払う事を忘れて、かえってそこに付け込んだのです。そこを利用して彼を打ち倒そうとしたのです。

Kはしばらくして、私の名を呼んで私の方を見ました。今度は私の方で自然と足を留めました。するとKも留まりました。私はその時やっとKの眼を真向（まむき）に見る事ができたのです。Kは私より背の高い男でしたから、私は勢い彼の顔を見上げるようにしなければなりません。私はそうした態度で、狼のごとき心を罪のない羊に向けたのです。

「もうその話は止めよう」と彼がいいました。彼の眼にも彼の言葉にも変に悲痛なところがありました。私はちょっと挨拶ができなかったのです。するとKは、「止めてくれ」と今度は頼むようにいい直しました。私はその時彼に向って残酷な答を与えたのです。狼が隙を見て羊の咽喉笛（のどぶえ）へ食い付くように。

---

① 我に立ち帰った：意識を取り戻す。蘇生する。「我に返る」とも言う。

「止めてくれって、僕がいい出した事じゃない、もともと君の方から持ち出した話じゃないか。しかし君が止めたければ、止めてもいいが、ただ口の先で止めたって仕方があるまい。君の心でそれを止めるだけの覚悟がなければ。一体君は君の平生の主張をどうするつもりなのか」

私がこういった時、背の高い彼は自然と私の前に萎縮(いしゅく)して小さくなるような感じがしました。彼はいつも話す通り頗る強情(ごうじょう)な男でしたけれども、一方ではまた人一倍の正直者でしたから、自分の矛盾などをひどく非難される場合には、決して平気でいられない質(たち)だったのです。私は彼の様子を見てようやく安心しました。すると彼は卒然(そつぜん)「覚悟？」と聞きました。そうして私がまだ何とも答えない先に「覚悟、——覚悟ならない事もない」と付け加えました。彼の調子は独言(ひとりごと)のようでした。また夢の中の言葉のようでした。

二人はそれぎり話を切り上げて、小石川(こいしかわ)①の宿の方に足を向けました。割合に風のない暖かな日でしたけれども、何しろ冬の事ですから、公園のなかは淋しいものでした。ことに霜に打たれて蒼味(あおみ)を失った杉の木立(こだち)の茶褐色(ちゃかっしょく)が、薄黒い空の中に、梢(こずえ)を並べて聳(そび)えているのを振り返って見た時は、寒さが背中へ噛り付いたような心持がしました。我々は夕暮の本郷台(ほんごうだい)②を急ぎ足でどしどし通り抜けて、また向うの岡へ上るべく小石川の谷へ下りたのです。私はその頃になって、ようやく外套の下に体の温味を感じ出したぐらいです。

急いだためでもありましょうが、我々は帰り路にはほとんど口を聞きませんでした。宅へ帰って食卓に向った時、奥さんはどうして遅くなったのかと尋ねました。私はKに誘われて上野へ行ったと答えました。奥さんはこの寒いのにといって驚いた様子を見せました。お嬢さんは上野に何があったのかと聞きたがります。私は何もない

① 小石川：東京都文京区にある地名。
② 本郷台：東京都文京区本郷にある東京大学付近の高台。

が、ただ散歩したのだという返事だけしておきました。平生から無口なKは、いつもよりなお黙っていました。奥さんが話しかけても、お嬢さんが笑っても、碌な挨拶はしませんでした。それから飯を呑み込むように掻き込んで、私がまだ席を立たないうちに、自分の室へ引き取りました。

## 四十三

「その頃は覚醒とか新しい生活とかいう文字のまだない時分でした。しかしKが古い自分をさらりと投げ出して、一意に新しい方角へ走り出さなかったのは、現代人の考えが彼に欠けていたからではないのです。彼には投げ出す事のできないほど尊い過去があったからです。彼はそのために今日まで生きて来たといってもいいくらいなのです。だからKが一直線に愛の目的物に向って猛進しないといって、決してその愛の生温い事を証拠立てる訳にはゆきません。いくら熾烈な感情が燃えていても、彼はむやみに動けないのです。前後を忘れるほどの衝動が起る機会を彼に与えない以上、Kはどうしてもちょっと踏み留まって自分の過去を振り返らなければならなかったのです。そうすると過去が指し示す路を今まで通り歩かなければならなくなるのです。その上彼には現代人のもたない強情と我慢がありました。私はこの双方の点においてよく彼の心を見抜いていたつもりなのです。

上野から帰った晩は、私に取って比較的安静な夜でした。私はKが室へ引き上げたあとを追い懸けて、彼の机の傍に坐り込みました。そうして取り留めもない世間話をわざと彼に仕向けました。彼は迷惑そうでした。私の眼には勝利の色が多少輝いていたでしょう、私の声にはたしかに得意の響きがあったのです。私はしばらくKと一つ火鉢に手を翳した後、自分の室に帰りました。外の事にかけては何をしても彼に及ばなかった私も、その時だけは恐るるに足りないという自覚を彼に対してもっていたのです。

私はほどなく穏やかな眠りに落ちました。しかし突然私の名を呼ぶ声で眼を覚ましました。見ると、間の襖が二尺①ばかり開いて、そこにKの黒い影が立っています。そうして彼の室には宵(よい)の通(とお)りまだ燈火が点いているのです。急に世界の変った私は、少しの間口を利く事もできずに、ぼうっとして、その光景を眺めていました。

その時Kはもう寝たのかと聞きました。Kはいつでも遅くまで起きている男でした。私は黒い影法師(かげぼうし)のようなKに向って、何か用かと聞き返しました。Kは大した用でもない、ただもう寝たか、まだ起きているかと思って、便所へ行ったついでに聞いてみただけだと答えました。Kは洋燈の灯を背中に受けているので、彼の顔色や眼つきは、全く私には分りませんでした。けれども彼の声は不断よりもかえって落ち付いていたくらいでした。

Kはやがて開けた襖をぴたりと立て切りました。私の室はすぐ元の暗闇(くらやみ)に帰りました。私はその暗闇より静かな夢を見るべくまた眼を閉じました。私はそれぎり何も知りません。しかし翌朝になって、昨夕の事を考えてみると、何だか不思議でした。私はことによると、すべてが夢ではないかと思いました。それで飯を食う時、Kに聞きました。Kはたしかに襖を開けて私の名を呼んだといいます。なぜそんな事をしたのかと尋ねると、別に判然した返事もしません。調子の抜けた頃になって、近頃は熟睡ができるのかとかえって向うから私に問うのです。私は何だか変に感じました。

その日ちょうど同じ時間に講義の始まる時間割になっていたので、二人はやがていっしょに宅を出ました。今朝から昨夕の事が気に掛っている私は、途中でまたKを追窮しました。けれどもKはやはり私を満足させるような答えをしません。私はあの事件について何か話すつもりではなかったのかと念を押してみました。Kはそうではないと強い調子でいい切りました。昨日上野で「その話はもう止めよう」といったではないかと注意するごとくにも聞こえました。Kはそういう点に掛けて鋭い自尊心をもった男なのです。ふとそこに気のついた私は突然彼の用いた「覚悟」という言葉を連想し出しました。すると今までまるで気にならなかったその二字が妙な力で私の頭を抑え始めたのです。

---

① 尺：長さの単位。1尺は30.3ミリメートルに相当する。

# 四十四

「Kの果断に富んだ性格は私によく知れていました。彼のこの事件についてのみ優柔な訳も私にはちゃんと呑み込めていたのです。つまり私は一般を心得た上で、例外の場合をしっかりつらまえたつもりで得意だったのです。ところが「覚悟」という彼の言葉を、頭のなかで何遍も咀嚼しているうちに、私の得意はだんだん色を失って、しまいにはぐらぐら揺(うご)き始めるようになりました。私はこの場合もあるいは彼にとって例外でないのかも知れないと思い出したのです。すべての疑惑、煩悶(はんもん)、懊悩(おうのう)、を一度に解決する最後の手段を、彼は胸のなかに畳み込んでいるのではなかろうかと疑(うたぐ)り始めたのです。そうした新しい光で覚悟の二字を眺め返してみた私は、はっと驚きました。その時の私がもしこの驚きをもって、もう一返(いっぺん)彼の口にした覚悟の内容を公平に見廻したらば、まだよかったかも知れません。悲しい事に私は片眼(めっかち)でした。私はただKがお嬢さんに対して進んで行くという意味にその言葉を解釈しました。果断に富んだ彼の性格が、恋の方面に発揮されるのがすなわち彼の覚悟だろうと一図に思い込んでしまったのです。

私は私にも最後の決断が必要だという声を心の耳で聞きました。私はすぐその声に応じて勇気を振り起しました。私はKより先に、しかもKの知らない間(ま)に、事を運ばなくてはならないと覚悟を極めました。私は黙って機会を覘っていました。しかし二日経っても三日経っても、私はそれをつらまえる①事ができません。私はKのいない時、またお嬢さんの留守な折を待って、奥さんに談判を開こうと考えたのです。しかし片方がいなければ、片方が邪魔をするといった風(ふう)の日ばかり続いて、どうしても「今だ」と思う好都合が出て来てくれないのです。私はいらいらしました。

一週間の後(のち)私はとうとう堪え切れなくなって仮病(けびょう)を遣いました。奥さんからもお

---

① つらまえる：つかまえる。

嬢さんからも、K 自身からも、起きろという催促を受けた私は、生返事をしただけで、十時頃まで蒲団を被って寝ていました。私はKもお嬢さんもいなくなって、家の内（なか）がひっそり静まった頃を見計（みはか）らって寝床を出ました。私の顔を見た奥さんは、すぐどこが悪いかと尋ねました。食物は枕元（まくらもと）へ運んでやるから、もっと寝ていたらよかろうと忠告してもくれました。身体（からだ）に異状のない私は、とても寝る気にはなれません。顔を洗っていつもの通り茶の間で飯を食いました。その時奥さんは長火鉢の向側から給仕をしてくれたのです。私は朝飯とも午飯とも片付かない茶椀を手に持ったまま、どんな風に問題を切り出したものだろうかと、それぱかりに屈托（くったく）していたから、外観からは実際気分の好（よ）くない病人らしく見えただろうと思います。

私は飯を終って烟草（タバコ）を吹かし出しました。私が立たないので奥さんも火鉢の傍を離れる訳にゆきません。下女を呼んで膳を下げさせた上、鉄瓶に水を注したり、火鉢の縁（ふち）を拭いたりして、私に調子を合わせています。私は奥さんに特別な用事でもあるのかと問いました。奥さんはいいえと答えましたが、今度は向うでなぜですと聞き返して来ました。私は実は少し話したい事があるのだといいました。奥さんは何ですかといって、私の顔を見ました。奥さんの調子はまるで私の気分にはいり込めないような軽いものでしたから、私は次に出すべき文句も少し渋りました。

私は仕方なしに言葉の上で、好い加減にうろつき廻った末、Kが近頃何かいいはしなかったかと奥さんに聞いてみました。奥さんは思いも寄らないという風をして、「何を？」とまた反問して来ました。そうして私の答える前に、「あなたには何かおっしゃったんですか」とかえって向うで聞くのです。

## 四十五

「Kから聞かされた打ち明け話を、奥さんに伝える気のなかった私は、「いいえ」といってしまった後で、すぐ自分の嘘を快（こころよ）からず感じました。仕方がないから、別段何も頼まれた覚えはないのだから、Kに関する用件ではないのだといい直しました。奥さんは「そうですか」といって、後を待っています。私はどうしても切り出さなければならなくなりました。私は突然「奥さん、お嬢さんを私に下さい」といいました。奥さんは私の予期してかかったほど驚いた様子も見せませんでしたが、それでも少時返事ができなかったものと見えて、黙って私の顔を眺めていました。一度いい出した私は、いくら顔を見られても、それに頓着などはしていられません。「下さい、ぜひ下さい」といいました。「私の妻としてぜひ下さい」といいました。奥さんは年を取っているだけに、私よりもずっと落ち付いていました。「上げてもいいが、あんまり急じゃありませんか」と聞くのです。私が「急に貰いたいのだ」とすぐ答えたら笑い出しました。そうして「よく考えたのですか」と念を押すのです。私はいい出したのは突然でも、考えたのは突然でないという訳を強い言葉で説明しました。

それからまだ二つ三つの問答がありましたが、私はそれを忘れてしまいました。男のように判然したところのある奥さんは、普通の女と違ってこんな場合には大変心持よく話のできる人でした。「宜ござんす①、差し上げましょう」といいました。「差し上げるなんて威張った口の利ける境遇ではありません。どうぞ貰って下さい。ご存じの通り父親のない憐れな子です」と後では向うから頼みました。

話は簡単でかつ明瞭に片付いてしまいました。最初からしまいまでにおそらく十五分とは掛らなかったでしょう。奥さんは何の条件も持ち出さなかったのです。親類に相談する必要もない、後から断ればそれで沢山だといいました。本人の意嚮さえたしかめるに及ばないと明言しました。そんな点になると、学問をした私の方が、かえって形式に拘泥するくらいに思われたのです。親類はとにかく、当人にはあらかじめ話して承諾を得るのが順序らしいと私が注意した時、奥さんは「大丈夫です。本人が不承知の所へ、私があの子をやるはずがありませんから」といいました。

自分の室へ帰った私は、事のあまりに訳もなく進行したのを考えて、かえって変な

---

① よござんす：「よろしゅうございます」の略語。

気持になりました。はたして大丈夫なのだろうかという疑念さえ、どこからか頭の底に這い込んで来たくらいです。けれども大体の上において、私の未来の運命は、これで定められたのだという観念が私のすべてを新たにしました。

私は午頃また茶の間へ出掛けて行って、奥さんに、今朝の話をお嬢さんに何時通じてくれるつもりかと尋ねました。奥さんは、自分さえ承知していれば、いつ話しても構わなかろうというような事をいうのです。こうなると何だか私よりも相手の方が男みたようなので、私はそれぎり引き込もうとしました。すると奥さんが私を引き留めて、もし早い方が希望ならば、今日でもいい、稽古から帰って来たら、すぐ話そうというのです。私はそうしてもらう方が都合が好いと答えてまた自分の室に帰りました。しかし黙って自分の机の前に坐って、二人のこそこそ話を遠くから聞いている私を想像してみると、何だか落ち付いていられないような気もするのです。私はとうとう帽子を被って表へ出ました。そうしてまた坂の下でお嬢さんに行き合いました。何にも知らないお嬢さんは私を見て驚いたらしかったのです。私が帽子を脱って「今お帰り」と尋ねると、向うではもう病気は癒ったのかと不思議そうに聞くのです。私は「ええ癒りました、癒りました」と答えて、ずんずん水道橋の方へ曲ってしまいました。

（中略。省略部分はあらすじ：求婚の話をした私は自分の良心はそれを許すべきはずはない。Kに謝罪しようと思ったが、チャンスを見逃した。私とお嬢さんのことについてはKは何も知らなかった。）

## 四十七

「私はそのまま二、三日過ごしました。その二、三日の間 Kに対する絶えざる不安が私の胸を重くしていたのはいうまでもありません。私はただでさえ何とかしなければ、彼に済まないと思ったのです。その上奥さんの調子や、お嬢さんの態度が、始終私を突ッつくように刺戟(しげき)するのですから、私はなお辛(つら)かったのです。どこか男らしい気性を具(そな)えた奥さんは、いつ私の事を食卓でKに素(すっ)ぱ抜かないとも限りません。それ以来ことに目立つように思えた私に対するお嬢さんの挙止動作も、Kの心を曇らす不審の種とならないとは断言できません。私は何とかして、私とこの家族との間に成り立った新しい関係を、Kに知らせなければならない位置に立ちました。しかし倫理的に弱点をもっていると、自分で自分を認めている私には、それがまた至難の事のように感ぜられたのです。

私は仕方がないから、奥さんに頼んでKに改めてそういってもらおうかと考えました。無論私のいない時にです。しかしありのままを告げられては、直接と間接の区別があるだけで、面目のないのに変りはありません。といって、拵(こしら)え事を話してもらおうとすれば、奥さんからその理由を詰問(きつもん)されるに極(きま)っています。もし奥さんにすべての事情を打ち明けて頼むとすれば、私は好んで自分の弱点を自分の愛人とその母親の前に曝け出さなければなりません。真面目な私には、それが私の未来の信用に関するとしか思われなかったのです。結婚する前から恋人の信用を失うのは、たとい一分(ぶ)一厘(りん)でも、私には堪え切れない不幸のように見えました。

要するに私は正直な路を歩くつもりで、つい足を滑らした馬鹿ものでした。もしくは狡猾(こうかつ)な男でした。そうしてそこに気のついているものは、今のところただ天と私の心だけだったのです。しかし立ち直って、もう一歩前へ踏み出そうとするには、今滑った事をぜひとも周囲の人に知られなければならない窮境に陥ったのです。私はあくまで滑った事を隠したがりました。同時に、どうしても前へ出ずにはいられなかったのです。私はこの間に挟(はさ)まってまた立(た)ち竦(すく)みました。

五、六日経った後(のち)、奥さんは突然私に向って、Kにあの事を話したかと聞くのです。私はまだ話さないと答えました。するとなぜ話さないのかと、奥さんが私を詰(なじ)るのです。私はこの問いの前に固くなりました。その時奥さんが私を驚かした言葉を、私は今でも忘れずに覚えています。

「道理で妾（わたし）が話したら変な顔をしていましたよ。あなたもよくないじゃありませんか。平生あんなに親しくしている間柄だのに、黙って知らん顔をしているのは」

私はKがその時何かいいはしなかったかと奥さんに聞きました。奥さんは別段何にもいわないと答えました。しかし私は進んでもっと細かい事を尋ねずにはいられませんでした。奥さんは固（もと）より何も隠す訳がありません。大した話もないがといいながら、一々Kの様子を語って聞かせてくれました。

奥さんのいうところを綜合して考えてみると、Kはこの最後の打撃を、最も落ち付いた驚きをもって迎えたらしいのです。Kはお嬢さんと私との間に結ばれた新しい関係について、最初はそうですかとただ一口（ひとくち）いっただけだったそうです。しかし奥さんが、「あなたも喜んで下さい」と述べた時、彼ははじめて奥さんの顔を見て微笑を洩（も）らしながら、「おめでとうございます」といったまま席を立ったそうです。そうして茶の間の障子（しょうじ）を開ける前に、また奥さんを振り返って、「結婚はいつですか」と聞いたそうです。それから「何かお祝いを上げたいが、私は金がないから上げる事ができません」といったそうです。奥さんの前に坐っていた私は、その話を聞いて胸が塞（ふさが）るような苦しさを覚えました。

## 四十八

「勘定して見ると奥さんがKに話をしてからもう二日余りになります。その間Kは私に対して少しも以前と異なった様子を見せなかったので、私は全くそれに気が付かずにいたのです。彼の超然とした態度はたとい外観だけにもせよ、敬服に値（あたい）すべきだと私は考えました。彼と私を頭の中で並べてみると、彼の方が遥かに立派に見えました。「おれは策略で勝っても人間としては負けたのだ」という感じが私の胸に渦巻いて起りました。私はその時さぞKが軽蔑している事だろうと思って、一人で顔を赧（あか）らめました。しかし今更Kの前に出て、恥を掻（か）かせられるのは、私の自尊心にとって大いな苦痛でした。

私が進もうか止(よ)そうかと考えて、ともかくも翌日まで待とうと決心したのは土曜の晩でした。ところがその晩に、Kは自殺して死んでしまったのです。私は今でもその光景を思い出すとぞっとします。いつも東枕(ひがしまくら)で寝る私が、その晩に限って、偶然西枕に床(とこ)を敷いたのも、何かの因縁(いんねん)かも知れません。私は枕元から吹き込む寒い風でふと眼を覚ましたのです。見ると、いつも立て切ってあるKと私の室との仕切の襖が、この間の晩と同じくらい開いています。けれどもこの間のように、Kの黒い姿はそこには立っていません。私は暗示を受けた人のように、床の上に肱(ひじ)を突いて起き上がりながら、きっと①Kの室を覗きました。洋燈が暗く点(とも)っているのです。それで床も敷いてあるのです。しかし掛蒲団(かけぶとん)は跳返(はねかえ)されたように裾の方に重なり合っているのです。そうしてK自身は向うむきに突ッ伏(つっぷ)しているのです。

私はおいといって声を掛けました。しかし何の答えもありません。おいどうかしたのかと私はまたKを呼びました。それでもKの身体(からだ)はちっとも動きません。私はすぐ起き上って、敷居際(しきいぎわ)まで行きました。そこから彼の室の様子を、暗い洋燈の光で見廻してみました。

その時私の受けた第一の感じは、Kから突然恋の自白を聞かされた時のそれとほぼ同じでした。私の眼は彼の室の中を一目(ひとめ)見るや否(いな)や、あたかも硝子で作った義眼のように、動く能力を失いました。私は棒立ちに立ち竦みました。それが疾風(しっぷう)のごとく私を通過したあとで、私はまたああ失策ったと思いました。もう取り返しが付かないという黒い光が、私の未来を貫いて、一瞬間に私の前に横たわる全生涯を物凄く照らしました。そうして私はがたがた顫え出したのです。

それでも私はついに私を忘れる事ができませんでした。私はすぐ机の上に置いてあ

---

①　きっと：擬態語。緊張、状態にゆるみがない様。

る手紙に眼を着けました。それは予期通り私の名宛になっていました。私は夢中で封を切りました。しかし中には私の予期したような事は何にも書いてありませんでした。私は私に取ってどんなに辛い文句がその中に書き列ねてあるだろうと予期したのです。そうして、もしそれが奥さんやお嬢さんの眼に触れたら、どんなに軽蔑されるかも知れないという恐怖があったのです。私はちょっと眼を通しただけで、まず助かったと思いました。（固より世間体の上だけで助かったのですが、その世間体がこの場合、私にとっては非常な重大事件に見えたのです。）

手紙の内容は簡単でした。そうしてむしろ抽象的でした。自分は薄志弱行で到底行先の望みがないから、自殺するというだけなのです。それから今まで私に世話になった礼が、ごくあっさりとした文句でその後に付け加えてありました。世話ついでに死後の片付方も頼みたいという言葉もありました。奥さんに迷惑を掛けて済まんから宜しく詫をしてくれという句もありました。国元へは私から知らせてもらいたいという依頼もありました。必要な事はみんな一口ずつ書いてある中にお嬢さんの名前だけはどこにも見えません。私はしまいまで読んで、すぐKがわざと回避したのだという事に気が付きました。しかし私のもっとも痛切に感じたのは、最後に墨の余りで書き添えたらしく見える、もっと早く死ぬべきだのになぜ今まで生きていたのだろうという意味の文句でした。

私は顫える手で、手紙を巻き収めて、再び封の中へ入れました。私はわざとそれを皆なの眼に着くように、元の通り机の上に置きました。そうして振り返って、襖に迸っている血潮を始めて見たのです。

## 四十九

「私は突然Kの頭を抱えるように両手で少し持ち上げました。私はKの死顔が一目見たかったのです。しかし俯伏しになっている彼の顔を、こうして下から覗き込んだ時、私はすぐその手を放してしまいました。慄としたばかりではないのです。彼の頭が非常に重たく感ぜられたのです。私は上から今触った冷たい耳と、平生に変らない五分刈(ごぶがり)の濃い髪の毛を少時(しばらく)眺めていました。私は少しも泣く気にはなれませんでした。私はただ恐ろしかったのです。そうしてその恐ろしさは、眼の前の光景が官能を刺激(しげき)して起る単調な恐ろしさばかりではありません。私は忽然(こつぜん)と冷たくなったこの友達によって暗示された運命の恐ろしさを深く感じたのです。

私は何の分別もなくまた私の室に帰りました。そうして八畳の中をぐるぐる廻り始めました。私の頭は無意味でも当分そうして動いていろと私に命令するのです。私はどうかしなければならないと思いました。同時にもうどうする事もできないのだと思いました。座敷の中をぐるぐる廻らなければいられなくなったのです。檻の中へ入れられた熊のような態度で。

私は時々奥へ行って奥さんを起そうという気になります。けれども女にこの恐ろしい有様を見せては悪いという心持がすぐ私を遮(さえぎ)ります。奥さんはとにかく、お嬢さんを驚かす事は、とてもできないという強い意志が私を抑(おさ)えつけます。私はまたぐるぐる廻り始めるのです。

私はその間に自分の室の洋燈を点けました。それから時計を折々見ました。その時の時計ほど埒(らち)の明かない遅いものはありませんでした。私の起きた時間は、正確に分らないのですけれども、もう夜明(よあけ)に間もなかった事だけは明らかです。ぐるぐる廻りながら、その夜明を待ち焦(こが)れた私は、永久に暗い夜が続くのではなかろうかという思いに悩まされました。

我々は七時前に起きる習慣でした。学校は八時に始まる事が多いので、それでないと授業に間に合わないのです。下女はその関係で六時頃に起きる訳になっていました。しかしその日私が下女を起しに行ったのはまだ六時前でした。すると奥さんが今日は日曜だといって注意してくれました。奥さんは私の足音で眼を覚ましたのです。私は奥さんに眼が覚めているなら、ちょっと私の室まで来てくれと頼みました。奥さんは寝巻の上へ不断着の羽織を引っ掛けて、私の後に跟いて来ました。私は室へはいるや否や、今まで開いていた仕切りの襖をすぐ立て切りました。そうして奥さんに飛んだ事ができたと小声で告げました。奥さんは何だと聞きました。私は顋で隣の室を指すようにして、「驚いちゃいけません」といいました。奥さんは蒼い顔をしました。「奥さん、Kは自殺しました」と私がまたいいました。奥さんはそこに居竦まったように、私の顔を見て黙っていました。その時私は突然奥さんの前へ手を突いて頭を下げました。「済みません。私が悪かったのです。あなたにもお嬢さんにも済まない事になりました」と詫まりました。私は奥さんと向い合うまで、そんな言葉を口にする気はまるでなかったのです。しかし奥さんの顔を見た時不意に我とも知らずそういってしまったのです。Kに詫まる事のできない私は、こうして奥さんとお嬢さんに詫びなければいられなくなったのだと思って下さい。つまり私の自然が平生の私を出し抜いてふらふらと懺悔の口を開かしたのです。奥さんがそんな深い意味に、私の言葉を解釈しなかったのは私にとって幸いでした。蒼い顔をしながら、「不慮の出来事なら仕方がないじゃありませんか」と慰めるようにいってくれました。しかしその顔には驚きと怖れとが、彫り付けられたように、硬く筋肉を攫んでいました。

（うしろの部分のあらすじ：大学を卒業した「わたし」はお嬢さんと結婚する。けれども、この幸福には黒い影がつきまっとていた。私は常に不安であった。Kにすまない気持ちはいつまでも消し去ることができなかった。私は厭世的になり、人間の罪というものを深く感じ、死んだ気で生きていこうと心を固めた。乃木大将の殉死をきっかけに自殺すると決意する。）

## 【作家紹介】

夏目漱石（1867—1916）、本名金之助。小説家、評論家、英文学者。

筆名の漱石は頑固者という意味の中国の故事「漱石枕流」から来ている。江戸牛込の名主直克の家に五男三女の末子として生まれた。その日（庚申の晩）に生まれると大泥棒になるという俗信があったため、厄除けに金之助と名づけられた。生後すぐ里子に出され、一度は生家にもどるが、2歳で別の家に養子に出された。養父母に溺愛されたが、その離婚によって9歳の時実家に戻る。しかし、実父と養父の対立により夏目家への復籍は21歳まで成らず、生活上でも実母の死などがあり、不幸な幼年期を過ごした。養父母との関係は後の自伝的小説『道草』の題材にもなっている。

14歳（1881）の時に、漢学私塾二松（にしょう）学舎に入学する。ここで漱石は後年の文学・思想の一方の核となる東洋的美意識や儒教的倫理観を自己の内部に育てた。17歳で大学予備門（一高の前身、第一高等中学と改称される）に入学し、21歳で本科に入学した。ここで、生涯の友人正岡子規と知り合い、その影響から俳句にも興味を持つようになった。学業は英文学を志し、帝大英文科に入学した。大学時代は、成績が優秀のため特待生であったが、東西の文学観の落差に苦しむなどして厭世的になり、精神の病の兆候も現れた。

大学卒業後、大学院に籍を置きつつ東京高等師範の英語教師を勤めていた。日本人が英文学を学ぶことに違和感を覚え始め、1895年に辞職した。東京を離れ、愛媛の伊予尋常中学（松山中学）の英語教師となった。ここで『坊ちゃん』の素材となる経験を得た。この時期、正岡子規らとの親交を深め、句作に熱中する。

1900年から二年間半、官費留学生としてイギリスに留学。ロンドンで乏しい留学費用の過半を書籍に費やして自室にこもって勉強に打ち込む。三年後、帰国した漱石は一高・帝大英文科の講師となった。留学中の勉強の成果は東大で講義された『文学論』『文学評論』として残されたが、英文学を題材として文学の本質の解明をもくろんだ労作である。ところが授業の評判が悪く、神経衰弱に陥った。1905年、虚子の進めで『我輩は猫である』を執筆、好評を博す。このときから、作家として生きていくことを熱望しはじめ、その後『倫敦塔』『幻影の盾』（1905）、『野分』（1907）を発表し、人気作家としての地位を固めていく。当時の主流であった自然主義の即物性や無思想性に反発し、人生の「苦」の部分に目を向けるのではなく、人生を余裕を持って眺めようとする文学態度をとり、余裕派と呼ばれた。『坊ちゃん』には庶民的な笑い・風刺・反俗精神が盛り込まれ、『草枕』で対象と距離をおいて観照する『非人情』の境地が描かれ、気分や連想を楽しむ「低回趣味」が表されている。

これらの作品が機縁となって漱石は本格的作家活動への転身を決意し、いっさいの教職を辞して、朝日新聞社入社して、本格的な職業作家としての道を歩み始めた。「悲劇の哲学」を描いた通俗的な第一作『虞美人草』を連載、「意識の流れ」風の実験的心理小説『坑夫』を経て、『三四郎』（1908）、『それから』（1909）、『門』（1910）の前期三部作に受け継がれた。ここから漱石は人間の心の深部、自我の置く我醜（エゴイズム）に目を向け始める。この時期、「朝日新聞」文芸欄を主宰した作者は、小説のあり方をめぐって、文壇主流の自然主義を批判し、また文明一般への批評を試みた。この時期、胃病が悪化し、『門』の連載が終わると、胃潰瘍で入院、療養のため修善寺温泉に転地したが大吐血、危篤に陥る。この事件が「修善寺の大患」と呼ばれる。この経験は漱石の人生観・死生観に大きく影響した。最晩年の「則天去私」を思想していたが、この時期の心境を表したものではないかと言われる。

病弱をおして各地で講演、特に現代日本文化の外発性を批評し内発的方向性を主張した「現代日本の開化」は漱石の鋭い時代認識を示した。

1914 年、四度目の胃潰瘍で病臥。生と死の間でさまよった漱石は「生きる」意義に思い悩み、人間とは何かを自問し、孤独感にとりつかれ、人間存在の不安を抱いていく。題材を知識人のエゴの分析に集中させていた後期三部作『彼岸過迄』（1912）、『行人』（1912—1913）、『こころ』（1914）を完成した。特に、自我の充足のために生じた罪の悲劇を、最後に明治の精神に殉死する形で描いた『こころ』は、特に優れた作品とされている。その後も、自伝的作品『道草』の連載を開始。そして『明暗』に着手したが、病状が悪化し、未完のまま世を去った。享年 50 歳であった。漱石は最後まで近代人のエゴイズムを追究し続けた。なお、漱石の晩年の思想的境地を表すことばに、自我の超越を示す〈則天去私〉があった。

漱石は英文学者として、日本で最初のイギリス留学生の生活を送り、広い視野から日本文明の特色について深い批判力をもっている。その作風は知性をたたえている上に、きわめて強いモラル・バックボーンを持っていた点で、自然主義と根本的に分かれているものである。低回趣味の小説から始まって、次第に人生と正面から取り組み、知識人の自我の内容とその限界を鋭くあばきだし、エゴイズム、人間不信など人間存在自体の本質的な不安を凝視する。

「漱石山脈」というように、夏目漱石は日本文壇に大きな影響を与えた人物である。漱石の門下は鈴木三重吉、森田草平、野上弥生子などの小説家、小宮豊隆、和辻哲郎などの評論家、また、文学史的に最も重要なのは、大正期の代表作家芥川龍之介、久米正雄などの新思潮派の作家たちが出た。同時にまた彼の作品の底辺にある倫理的、道徳的な生き方が、次の白樺派を中心とする理想主義的な文芸思潮に強く影響した。

## 【作品解説】

中編小説。1914年4月20日から8月21日まで、全110回にわたって、東京・大阪の朝日新聞に連載。同年10月に岩波書店から単行本を刊行。刊行する際に、「先生と私」「両親と私」「先生と遺書」の上・中・下三編に分け、全体をまとめ『こころ』と名づけた。『彼岸過迄』『行人』とならび、いわゆる「後期三部作」の最後の作品である。粗筋は以下のとおりである。

上篇：〈わたくし〉が学生である。偶然で鎌倉の海岸で「先生」と知り合い、その人柄に引かれ、先生のところへたびたび出入りするようになる。夫婦は仲はいいが、奥さんは「愛されていない」と言い、先生は恋は罪だとか、「私はさびしい人間です」とか言うのであった。

中篇：大学を卒業して故郷に帰る私は、大げさに卒業を喜ぶ父や田舎の旧習に反発しながらも、重病の父を看病する。明治天皇の病気のニュースが伝えられ、父は心を痛める。父のすすめで私は先生に就職の世話を依頼する。やがて明治天皇がなくなり、乃木大将の殉死事件がおこる。先生から会いたいとの電報をうけて私が上京しようとしていたとき、父が重態になる。重病の父を看護している私のもとに、自殺した「先生」からの遺書が送りつけられる。

下編：その遺書で、「先生」（本文中の「わたくし」）の暗い過去が語られ、死を決意するに至った心事が述べられている。

私は学生時代、未亡人が経営した下宿屋で生活していた。両親に死なれたうえに、信頼している叔父に遺産を誤魔化されてしまって、世の中を深い不信を抱いていた。未亡人とお嬢さんとの暮らしを経て、人間のあたたかさに触れて、私の心をすこしずつ和らげ、しだいにお嬢さんに心が傾くようになった。

親友 Kの困窮した状況を見かねた私は自分の下宿にKを引き取り、同居させる。宗教と哲学に関心を持っているKは孤独で、禁欲的な勉強家である。私はその心をほぐすためにはなしかけてくれと奥さんとお嬢さんに頼んだ。私の庇護や奥さんやお嬢さんのぬくもりによって精神衰弱気味のKは健康を回復していった。一方、お嬢さんとKの間に親しさを生じ、Kに対する学問上の劣等感とあいまって、私は苦悩に陥っていた。

Kは下宿の暖かい雰囲気になじむうちに、お嬢さんへ愛にめざめ、その苦しみを私に告白、私はひどく嫉妬してしまった。私はKがいないうちに、奥さんにお嬢さんに慕っていることを打ち明け、結婚の承諾を得た。それを知ったKは遺書を残し自殺した。私は念願のお嬢さんと結婚したが、罪と恥の意識を一生背負って、つい自殺を決意する。

『行人』に引き続いて書かれたこの作品も、短編を集めて長編とする形式をとっている。前二編は私という先生を敬慕する青年の眼によって書かれ、「先生と遺書」は先生の直接の告白である。青年と先生との関係は、漱石に人間的な魅力を感じて、その周囲に集まった弟子たちと、漱石との関係を彷彿させるが、それが、この作品の若々しさにもなっている。上、中の二編は下編の主題を導くための副次的意味しかないのではなく、師と弟子、親子というような、独立した短編として扱えるものであり、新しい世代の姿としてみることができる。

『こころ』の主題が死というものに人間を導く過程の解明にあるのはいうまでもない。信頼していた叔父に裏切られた先生は人間に愛想をつかすが、この場合、周囲の不正に対して、自己のみは純粋であり正義であった。しかしその自己もいざという場合には周囲と同じ卑劣であり醜悪である。その罪を償うために先生を自殺させたと考えられる。人間のエゴは否定されなければならない。自己をまったく否定し破壊する。死による倫理の達成である。それは漱石の倫理観の頂点を示すものであろう。先生は『行人』の一郎の後身とみなすことができる。彼がエゴイズムによる人生苦と人間悪から抜け出ようともがき、完全な自己否定の立場に至るまでの心的経過を描いた。罪の意識が強まると同時に自己に対する絶望もつよまる。近代知識人の一特色であるエゴイズムは、自由な発展をもとめれば、その過程において必然的に他我を傷つけ、同時に自我そのものをも傷めるという限界を提出している。

なお、『こころ』の時代意識、あるいは世代意識というものがある。それは明治天皇の崩御、乃木大将の殉死に触発されたものであり、明治の知識人として、作者は明治を自由と独立と己とに満ちた時代と考え、それゆえ次の若い世代の真面目と純情に期待する。明治のよき精神の典型を示すものとして興味深い。①

漱石固有の三角関係の恋愛心理とその倫理的なテーマの処理が、明治の終焉と重ね交わされ、緊密な構成と美しいまでの文体によって描き出し、漱石文学の代表傑作である。

## 【読解鑑賞】

### ☞ 夏目漱石『私の個人主義—大正三年十一月二十五日学習院輔仁会において述—』抜粋

学習院という学校は社会的地位の好い人が這入る学校のように世間から見做されております。そうしてそれがおそらく事実なのでしょう。もし私の推察通り大した貧民はここへ来ないで、むしろ上流社会の子弟ばかりが集まっているとすれば、向後あなたがたに附随してくるもののうちで第一番に挙げなければならないのは権力であります。換言すると、あなた方が世間へ出れば、貧民が世の中に立った時よりも余計権力が使えるという事なのです。前申した、仕事をして何かに掘りあてるまで進んで行く

① この部分は吉田精一『日本文学鑑賞辞典』（近代編）を参照した。東京堂出版、1980年、第254–255頁。

という事は、つまりあなた方の幸福のため安心のためには相違ありませんが、なぜそれが幸福と安心とをもたらすかというと、あなた方のもって生れた個性がそこにぶつかって始めて腰がすわるからでしょう。そうしてそこに尻を落ちつけてだんだん前の方へ進んで行くとその個性がますます発展して行くからでしょう。ああここにおれの安住の地位があったと、あなた方の仕事とあなたがたの個性が、しっくり合った時に、始めて云い得るのでしょう。

これと同じような意味で、今申し上げた権力というものを吟味してみると、権力とは先刻お話した自分の個性を他人の頭の上に無理矢理に圧しつける道具なのです。道具だと断然云い切ってわるければ、そんな道具に使い得る利器なのです。

権力に次ぐものは金力です。この金力を同じくそうした意味から眺めると、これは個性を拡張するために、他人の上に誘惑の道具として使用し得る至極重宝なものになるのです。してみると権力と金力とは自分の個性を貧乏人より余計に、他人の上に押し被せるとか、または他人をその方面に誘き寄せるとかいう点において、大変便宜な道具だと云わなければなりません。こういう力があるから、偉いようでいて、その実非常に危険なのです。

近頃自我とか自覚とか唱えていくら自分の勝手な真似をしても構わないという符徴に使うようですが、その中にははなはだ怪しいのがたくさんあります。彼らは自分の自我をあくまで尊重するような事を云いながら、他人の自我に至っては毫も認めていないのです。いやしくも公平の眼を具し正義の観念をもつ以上は、自分の幸福のために自分の個性を発展して行くと同時に、その自由を他にも与えなければすまん事だと私は信じて疑わないのです。我々は他が自己の幸福のために、己れの個性を勝手に発展するのを、相当の理由なくして妨害してはならないのであります。私はなぜここに妨害という字を使うかというと、あなたがたは正しく妨害し得る地位に将来立つ人が多いからです。あなたがたのうちには権力を用い得る人があり、また金力を用い得る人がたくさんあるからです。

元来をいうなら、義務の附着しておらない権力というものが世の中にあろうはずがないのです。

金力についても同じ事であります。私の考によると、責任を解しない金力家は、世の中にあってならないものなのです。その訳を一口にお話しするとこうなります。金銭というものは至極重宝なもので、何へでも自由自在に融通が利く。金を所有している人が、相当の徳義心をもって、それを道義上害のないように使いこなすよりほかに、人心の腐敗を防ぐ道はなくなってしまうのです。それで私は金力には必ず責任がついて廻らなければならないといいたくなります。自分は今これだけの富の所有者であるが、それをこういう方面にこう使えば、こういう結果になるし、ああいう社会にああ用いればああいう影響があると呑み込むだけの見識を養成するばかりでなく、その見識に応じて、責任をもってわが富を所置しなければ、世の中にすまないと云うのです。いな自分自身にもすむまいというのです。

今までの論旨をかい摘んでみると、第一に自己の個性の発展を仕遂げようと思うならば、同時に他人の個性も尊重しなければならないという事。第二に自己の所有している権力を使用しようと思うならば、それに附随している義務というものを心得なければならないという事。第三に自己の金力を示そうと願うなら、それに伴う責任を重じなければならないとう事。つまりこの三カ条に帰着するのであります。

## 【研究情報】

戦後の漱石研究は戦前・戦中の研究を受けて始まったが、宮本百合子が漱石の文体が封建的なもので、対象に対して直角でなく流れいてるとして、今の時代は対象に直角的な態度で出て行く時代だと語っている。これは戦前高見順、山室静らの観点と一致する。

戦後、小田切秀雄は「漱石の場合『道草』の今日に示唆するもの」（『日本評論』1927・7）が『道草』を漱石の最高の作品として藤村の『家』など自然主義作家と比較し、「「家」の問題と夏目漱石」（『文学』1948・3）において「家」と「自我」の対立図式の中で批評を展開した。猪野謙二「漱石における自我の自覚と破壊」（『世界』1948・3）は戦後の暗い漱石像を立てた。これは戦後の支配的な漱石像である。伊藤整「解説」（『現代日本小説大系』16、河出書房、1949・5）は『夢十夜』を「一種の人間存在の原罪的不安がとらえられている」と評価した。荒正人「漱石の暗い部分」（『近代文学』1953・12）も優れた論著である。小田切秀雄は『道草』を例に、漱石は日本の民衆の日常を捕らえ、現実の中で苦しみながら自ら打開していこうという点に、漱石の作品の広い大衆性を述べている。江藤淳『夏目漱石』（東京ライフ社、1956・11・12）は戦中以来の則天去私神話を打破し、これをきっかけに、漱石研究は新たな段階に歩んだ。低音部・深淵にも留意、漱石と自身との間の「いまだに極めて生々しい関係に触れようとして書かれた」と評価し、新鮮な衝撃を与えた。

漱石研究が本格的に始まるのは1960年以降である。作品論の時代に入った。『國文学』（1965・8）が「漱石の魅力」の特集を組み、十本の作品論を掲載した。越智治雄「『三四郎』の青春」（『共立女子短期大学紀要』9、1965・12）、平岡敏夫「『虞美人草』論」（『日本近代文学』2、1965・4）、三好行雄「三四郎」（『解釈と鑑賞』1966・1—3）などがある。

昭和1960年代、1970年代の二十年間、夏目漱石研究の進展がめざましく、単行本だけでも数百を越える。主要なものを列挙すれば、高木文雄『漱石の道程』（審美社、1966・12）、『漱石文学の支柱』（審美社、1971・2）が聖書や則天去私とのかかわりに新視点を示し、駒尺善美『漱石　その自己本位と連帯と』（八木書店、1970・5）には則天去私と『善の研究』とを関連づけた新見があり、柄谷行人『畏怖する人間』（冬樹社、1972・2）、桶谷秀昭『夏目漱石論』（河出書房新社、1972・4）なども深い読みである。1970年代後半、漱石研究は新しい兆候が見られる。江藤淳『漱石とアーサー王伝説』（東京大学出版会、1975・9）は比較文学の角度から研究を展開した。玉井敬之『夏目漱石論』（桜楓社、1976・10）は集大成である。また江藤淳『漱石とその時代』第一部、第二部（新潮社、1970・12）は新しい評伝で、多くの新資料を披露した。

1980年に入って、構造主義・テクスト論・記号論など文学理論を運用して漱石論が生まれる。空間論では前田愛「謎としての都市——『彼岸過迄』をめぐって」（『現代詩手帖』20—5、1977・5）、テクスト論として小林陽一「『こころ』を生成する『心臓』」（『成城国文学』1、1985・3）、石原千秋「『こころ』のオイディプス反転する語り手」（『成城国文学』1、1985・3）、秋山公男『漱石文学論考——後期作品の方法と構造』（桜楓社、1987・11）、相原和邦『漱石文学の研究——表現を軸として』（明治書院、1988・2）などがその代表的なものである。加茂章『夏目漱石創造の夜明け』（教育出版センター、1985・12）が仏教・禅的アプローチから論じた。

また、漱石の漢詩を研究する中村宏『漱石漢詩の世界』（第一書房、1983・9）、佐古純一郎『漱石詩集全訳』（二松学舎大学出版部、1983・10）などがある。

1990 年代から、カルチュラル・スタディーズやポスト・コロニアルなどの新しい文学理論で漱石の作品を読み直そうとする。まずあげるのは小森陽一『漱石を読み直す』（筑摩書房、1995・6）、『世紀末の予言者』（講談社、1999・3）をあげなければならない。小森と石原千秋と『漱石を語る』1、2（翰林書房、1998・12）、『漱石研究』（全 18 巻、翰林書房、1993—2005）などを編集し、漱石研究を推し進めている。川村湊の「『帝国』の漱石」（『漱石研究』5、1995・11）は漱石の植民地主義の問題を提起している。小谷野敦『夏目漱石を江戸から読む——新しい女と古い男』（中央公論社、1995・3）がジェンダーの角度から読み直し、伊豆利彦『漱石と天皇制』（有精堂、1989・9）が文化論的に論じる。ほかに竹盛天雄『漱石文学の端緒』（筑摩書房、1991· 6）、石原千秋の『反転する漱石』（青土社、1997・11）なども優れた論著である。『漱石作品論集成』（全 12 巻、別巻、桜楓社、1991・1—10）は作品別で先行研究を把握するのに重要な資料となっている。

2000 年 7 月に出版した『夏目漱石事典』（勉誠出版、2000・7）は夏目漱石研究に欠かせないものとされる。小森陽一『漱石論：21 世紀を生き抜くために』（岩波書房、2010・5）、石原千秋『「こころ」大人になれなかった先生』（みすず書房、2005・7）、佐藤泉『漱石　片付かない〈近代〉』（日本放送出版協会、2002・1）、仲秀和『「こゝろ」研究史』（和泉書院、2007・3）、徳永光展『夏目漱石『心』論』（風間書房、2008・3）小泉浩一郎『夏目漱石論〈男性の言説〉〈女性の言説〉』

（翰林書房、2009・5）など優れた論著がある。外国人研究者は比較文学の角度から新しい論説を次々と発表するのもこの時期の特徴である。たとえば李国棟『魯迅と漱石の比較文学的研究』（明治書院、2001・2）、潘世聖『魯迅・明治日本・漱石—影響と構造への総合的比較研究—』（汲古書院、2002・11）、金正勲『漱石と朝鮮』（中央大学出版部、2010・2）などがあげられる。

## 【参考文献】


荒正人『評伝夏目漱石』実業之日本社、1960年7月

越智治雄『漱石試論』角川書店、1971年6月

三好行雄・平岡敏夫・平川裕弘・江藤淳『講座夏目漱石』全五巻　有斐閣、1981年7月—1982年4月

助川徳是『漱石と明治文学』桜楓社、1983年5月

佐藤泰正『夏目漱石論』筑摩書房、1986年11月

玉井敬之『漱石研究への道』桜楓社、1988年6月

藤井淑禎『不如帰の時代——水底の漱石と青年たち』名古屋大学出版社、1990年3月

中山昭彦「闘争する表象空間——『こゝろ』論」『漱石研究』第6号、1996年5月

平岡敏夫『夏目漱石研究資料集成』全10巻+別巻、日本図書センター、1991年5月

飯田祐子『彼らの物語：日本近代文学とジェンダー』名古屋大学出版会、1998年6月

細川正義「夏目漱石『こゝろ』論——漱石文芸における〈こゝろ〉の意義」『人文論究』52（3）2002年12月

佐藤裕子『漱石解読　〈語り〉の構造』和泉書院、2000年5月

若林幹夫『漱石のリアル　測量としての文学』紀伊國屋書店、2002年6月

柴田勝二『漱石のなかの〈帝国〉　「国民作家」と近代日本』翰林書房、2006年12月

高橋正雄『漱石文学が物語るもの：神経衰弱者への畏敬と癒し』みすず書房、2009年10月

# 六　羅　生　門

芥川龍之介

ある日の暮方の事である。一人の下人(げにん)が、羅生門(らしょうもん)①の下で雨やみを待っていた。

広い門の下には、この男のほかに誰もいない。ただ、所々丹塗(にぬり)の剥げた、大きな円柱(まるばしら)に、蟋蟀(きりぎりす)が一匹とまっている。羅生門が、朱雀大路②にある以上は、この男のほかにも、雨やみをする市女笠(いちめがさ)③や揉烏帽子(もみえぼし)④が、もう二三人はありそうなものである。それが、この男のほかには誰もいない。

何故かと云うと、この二三年、京都には、地震とか辻風(つじかぜ)⑤とか火事とか饑饉とか云う災(わざわい)がつづいて起った。そこで洛中(らくちゅう)のさびれ方は一通りではない。旧記によると、仏像や仏具を打ち砕いて、その丹(に)がついたり、金銀の箔がついたりした木を、路ばたにつみ重ねて、薪(たきぎ)の料に売っていたと云う事である。洛中がその始末であるから、羅生門の修理などは、元より誰も捨てて顧る者がなかった。するとその荒れ果てたのをよい事にして、狐狸(こり)が棲(す)む。盗人(ぬすびと)が棲む。とうとうしまいには、引取り手の

---

① 羅生門：朱雀大路の南端にある平安京の最大の楼門。羅城門とも言う。
② 朱雀大路：平安京の朱雀門から羅生門までの南北に通ずる街路。
③ 市女笠：菅または竹皮で編んだ笠で、ここで、それをかぶった女性の意味を指す。
④ 揉烏帽子：柔らかく揉んだ烏帽子。ここで、それをかぶった男性の意味を指す。
⑤ 辻風：つむじ風。せんぷう。

ない死人を、この門へ持って来て、棄てて行くと云う習慣さえ出来た。そこで、日の目が見えなくなると、誰でも気味を悪るがって、この門の近所へは足ぶみをしない事になってしまったのである。

その代りまた鴉（からす）がどこからか、たくさん集って来た。昼間見ると、その鴉が何羽となく輪を描いて、高い鴟尾（しび）①のまわりを啼きながら、飛びまわっている。ことに門の上の空が、夕焼けであかくなる時には、それが胡麻（ごま）をまいたようにはっきり見えた。鴉は、勿論、門の上にある死人の肉を、啄（ついば）みに来るのである。——もっとも今日は、刻限が遅いせいか、一羽も見えない。ただ、所々、崩れかかった、そうしてその崩れ目に長い草のはえた石段の上に、鴉の糞が、点々と白くこびりついているのが見える。下人は七段ある石段の一番上の段に、洗いざらした紺の襖（あお）の尻を据（す）えて、右の頬（ほお）に出来た、大きな面皰（にきび）を気にしながら、ぼんやり、雨のふるのを眺めていた。

作者はさっき、「下人が雨やみを待っていた」と書いた。しかし、下人は雨がやんでも、格別どうしようと云う当てはない。ふだんなら、勿論、主人の家へ帰る可き筈である。所がその主人からは、四五日前に暇を出された。前にも書いたように、当時京都の町は一通りならず衰微していた。今この下人が、永年、使われていた主人から、暇を出されたのも、実はこの衰微の小さな余波にほかならない。だから「下人が雨やみを待っていた」と云うよりも「雨にふりこめられた下人が、行き所がなくて、途方にくれていた」と云う方が、適当である。その上、今日の空模様も少からず、この平安朝の下人の Sentimentalisme②に影響した。申の刻下（こくさが）り③からふり出した雨は、いまだに上るけしきがない。そこで、下人は、何をおいても差当り明日の暮しをどうにかしようとして——云わばどうにもならない事を、どうにかしようとして、とりとめもない考えをたどりながら、さっきから朱雀大路にふる雨の音を、聞くともなく聞

① 鴟尾：宮殿・仏殿など、棟の両端に取り付けた魚尾の形の装飾。瓦・銅または石で造る。
② Sentimentalisme：フランス語、感傷的気分。
③ 申の刻下がり：午後四時過ぎのこと。

いていたのである。

雨は、羅生門をつつんで、遠くから、ざあっと云う音をあつめて来る。夕闇は次第に空を低くして、見上げると、門の屋根が、斜につき出した甍（いらか）の先に、重たくうす暗い雲を支えている。

どうにもならない事を、どうにかするためには、手段を選んでいる遑（いとま）はない。選んでいれば、築土（ついじ）の下か、道ばたの土の上で、饑死（うえじに）をするばかりである。そうして、この門の上へ持って来て、犬のように棄てられてしまうばかりである。選ばないとすれば——下人の考えは、何度も同じ道を低徊（ていかい）した揚句に、やっとこの局所へ逢着（ほうちゃく）した。しかしこの「すれば」は、いつまでたっても、結局「すれば」であった。下人は、手段を選ばないという事を肯定しながらも、この「すれば」のかたをつけるために、当然、その後に来る可き「盗人になるよりほかに仕方がない」と云う事を、積極的に肯定するだけの、勇気が出ずにいたのである。

下人は、大きな嚔（くさめ）をして、それから、大儀（たいぎ）そうに立上った。夕冷えのする京都は、もう火桶（ひおけ）①が欲しいほどの寒さである。風は門の柱と柱との間を、夕闇と共に遠慮なく、吹きぬける。丹塗りの柱にとまっていた蟋蟀も、もうどこかへ行ってしまった。

下人は、頸（くび）をちぢめながら、山吹（やまぶき）②の汗衫（かざみ）③に重ねた、紺の襖の肩を高くして門のまわりを見まわした。雨風の患（うれえ）のない、人目にかかる惧のない、一晩楽にねられそうな所があれば、そこでともかくも、夜を明かそうと思ったからである。すると、幸い門の上の楼へ上る、幅の広い、これも丹を塗った梯子が眼についた。上なら、人がいたにしても、どうせ死人ばかりである。下人はそこで、腰にさげた聖柄（ひじりづか）④の太刀（たち）

① 火桶：木製の火鉢。
② 山吹：山吹色の略。わずかに赤みを帯びた黄色。
③ 汗衫：汗とりの一重の着物。麻で作った衣。
④ 聖柄：皮などを付けない木製の刀の柄。

が鞘走（さやばし）らないように気をつけながら、藁草履をはいた足を、その梯子の一番下の段へふみかけた。

それから、何分かの後である。羅生門の楼の上へ出る、幅の広い梯子の中段に、一人の男が、猫のように身をちぢめて、息を殺しながら、上の容子を窺っていた。楼の上からさす火の光が、かすかに、その男の右の頬をぬらしている。短い鬚（ひげ）の中に、赤く膿を持った面皰のある頬である。下人は、始めから、この上にいる者は、死人ばかりだと高を括（くく）っていた①。それが、梯子を二三段上って見ると、上では誰か火をとぼして、しかもその火をそこここと動かしているらしい。これは、その濁った、黄いろい光が、隅々に蜘蛛の巣をかけた天井裏に、揺れながら映ったので、すぐにそれと知れたのである。この雨の夜に、この羅生門の上で、火をともしているからは、どうせただの者ではない。

下人は、守宮（やもり）のように足音（あしおと）をぬすんで、やっと急な梯子を、一番上の段まで這うようにして上りつめた。そうして体を出来るだけ、平（たいら）にしながら、首を出来るだけ、前へ出して、恐る恐る、楼の内を覗いて見た。

見ると、楼の内には、噂に聞いた通り、幾つかの死骸が、無造作に棄ててあるが、火の光の及ぶ範囲が、思ったより狭いので、数は幾つともわからない。ただ、おぼろげながら、知れるのは、その中に裸の死骸と、着物を着た死骸とがあるという事である。勿論、中には女も男もまじっているらしい。そうして、その死骸は皆、それが、かつて、生きていた人間だと云う事実さえ疑われるほど、土を捏（こ）ねて造った人形のように、口を開いたり手を延ばしたりして、ごろごろ床の上にころがっていた。しかも、肩とか胸とかの高くなっている部分に、ぼんやりした火の光をうけて、低くなっている部分の影を一層暗くしながら、永久に唖（おし）の如く黙っていた。

下人は、それらの死骸の腐爛した臭気に思わず、鼻を掩った。しかし、その手は、次の瞬間には、もう鼻を掩う事を忘れていた。ある強い感情が、ほとんどことごとく

---

① 高を括る：たいしたことはないと見くびる。軽視する。

この男の嗅覚を奪ってしまったからだ。

下人の眼は、その時、はじめてその死骸の中に蹲っている人間を見た。檜皮色（ひわだいろ）①の着物を着た、背の低い、痩せた、白髪頭（しらがあたま）の、猿のような老婆である。その老婆は、右の手に火をともした松の木片（きぎれ）を持って、その死骸の一つの顔を覗きこむように眺めていた。髪の毛の長い所を見ると、多分女の死骸であろう。

下人は、六分の恐怖と四分の好奇心とに動かされて、暫時（ざんじ）は呼吸（いき）をするのさえ忘れていた。旧記②の記者の語を借りれば、「頭身（とうしん）の毛も太る」ように感じたのである。すると老婆は、松の木片を、床板の間に挿して、それから、今まで眺めていた死骸の首に両手をかけると、丁度、猿の親が猿の子の虱（しらみ）をとるように、その長い髪の毛を一本ずつ抜きはじめた。髪は手に従って抜けるらしい。

その髪の毛が、一本ずつ抜けるのに従って、下人の心からは、恐怖が少しずつ消えて行った。そうして、それと同時に、この老婆に対するはげしい憎悪が、少しずつ動いて来た。——いや、この老婆に対すると云っては、語弊があるかも知れない。むしろ、あらゆる悪に対する反感が、一分毎に強さを増して来たのである。この時、誰かがこの下人に、さっき門の下でこの男が考えていた、饑死をするか盗人になるかと云う問題を、改めて持出したら、恐らく下人は、何の未練もなく、饑死を選んだ事であろう。それほど、この男の悪を憎む心は、老婆の床に挿した松の木片のように、勢いよく燃え上り出していたのである。

下人には、勿論、何故老婆が死人の髪の毛を抜くかわからなかった。従って、合理的には、それを善悪のいずれに片づけてよいか知らなかった。しかし下人にとっては、この雨の夜に、この羅生門の上で、死人の髪の毛を抜くと云う事が、それだけで既に許すべからざる悪であった。勿論、下人は、さっきまで自分が、盗人になる気でいた事なぞは、とうに忘れていたのである。

---

① 檜皮色：檜の樹皮が呈した赤黒い色。

② 旧記：『今昔物語』を指す。

そこで、下人は、両足に力を入れて、いきなり、梯子から上へ飛び上った。そうして聖柄（ひじりづか）の太刀に手をかけながら、大股に老婆の前へ歩みよった。老婆が驚いたのは云うまでもない。

老婆は、一目下人を見ると、まるで弩（いしゆみ）にでも弾（はじ）かれたように、飛び上った。

「おのれ、どこへ行く。」

下人は、老婆が死骸につまずきながら、慌てふためいて逃げようとする行手を塞（ふさ）いで、こう罵（ののし）った。老婆は、それでも下人をつきのけて行こうとする。下人はまた、それを行かすまいとして、押しもどす。二人は死骸の中で、しばらく、無言のまま、つかみ合った。しかし勝敗は、はじめからわかっている。下人はとうとう、老婆の腕をつかんで、無理にそこへねじ倒した。丁度、鶏の脚のような、骨と皮ばかりの腕である。

「何をしていた。云え。云わぬと、これだぞよ。」

下人は、老婆をつき放すと、いきなり、太刀の鞘（さや）を払（はら）って、白い鋼（はがね）の色をその眼の前へつきつけた。けれども、老婆は黙っている。両手をわなわなふるわせて、肩で息を切りながら、眼を、眼球（めだま）がまぶたの外へ出そうになるほど、見開いて、唖のように執拗（しゅうね）く黙っている。これを見ると、下人は始めて明白にこの老婆の生死が、全然、自分の意志に支配されていると云う事を意識した。そうしてこの意識は、今までけわしく燃えていた憎悪の心を、いつの間にか冷ましてしまった。後に残ったのは、ただ、ある仕事をして、それが円満に成就した時の、安らかな得意と満足とがあるばかりである。そこで、下人は、老婆を見下しながら、少し声を柔らげてこう云った。

「己（おれ）は検非違使（けびいし）の庁①の役人などではない。今し方この門の下を通りかかった旅の者だ。だからお前に縄をかけて、どうしようと云うような事はない。ただ、今時分この門の上で、何をして居たのだか、それを己に話しさえすればいいのだ。」

---

① 検非違使の庁：平安時代、都の警察、裁判をつかさどった官庁。

すると、老婆は、見開いていた眼を、一層大きくして、じっとその下人の顔を見守った。まぶたの赤くなった、肉食鳥のような、鋭い眼で見たのである。それから、皺で、ほとんど、鼻と一つになった唇を、何か物でも噛んでいるように動かした。細い喉で、尖った喉仏の動いているのが見える。その時、その喉から、鴉の啼くような声が、喘(あえ)ぎ喘(あえ)ぎ、下人の耳へ伝わって来た。

「この髪を抜いてな、この髪を抜いてな、鬘(かずら)にしようと思うたのじゃ。」

下人は、老婆の答が存外、平凡なのに失望した。そうして失望すると同時に、また前の憎悪が、冷やかな侮蔑と一しょに、心の中へはいって来た。すると、その気色が、先方へも通じたのであろう。老婆は、片手に、まだ死骸の頭から奪った長い抜け毛を持ったなり、蟇のつぶやくような声で、口ごもりながら、こんな事を云った。

「成程な、死人(しびと)の髪の毛を抜くと云う事は、何ぼう悪い事かも知れぬ。じゃが、ここにいる死人どもは、皆、そのくらいな事を、されてもいい人間ばかりだぞよ。現在、わしが今、髪を抜いた女などはな、蛇を四寸(しすん)ばかりずつに切って干したのを、干魚だと云うて、太刀帯①の陣②へ売りに往んだわ。疫病にかかって死ななんだら、今でも売りに往んでいた事であろ。それもよ、この女の売る干魚は、味がよいと云うて、太刀帯どもが、欠かさず菜料に買っていたそうな。わしは、この女のした事が悪いとは思うていぬ。せねば、饑死をするのじゃて、仕方がなくした事であろ。されば、今また、わしのしていた事も悪い事とは思わぬぞよ。これとてもやはりせねば、饑死をするじゃて、仕方がなくする事じゃわいの。じゃて、その仕方がない事を、よく知っていたこの女は、大方わしのする事も大目に見てくれるであろ。」

老婆は、大体こんな意味の事を云った。

下人は、太刀を鞘におさめて、その太刀の柄(つか)を左の手でおさえながら、冷然として、この話を聞いていた。勿論、右の手では、赤く頰に膿を持った大きな面皰を気にしながら、聞いているのである。しかし、これを聞いている中に、下人の心には、あ

① 太刀帯：皇太子の身辺を警護する役人の詰め所。
② 陣：禁中で、衛士の詰め所、また衛士が列座している所。

る勇気が生まれて来た。それは、さっき門の下で、この男には欠けていた勇気である。そうして、またさっきこの門の上へ上って、この老婆を捕えた時の勇気とは、全然、反対な方向に動こうとする勇気である。下人は、饑死をするか盗人になるかに、迷わなかったばかりではない。その時のこの男の心もちから云えば、饑死などと云う事は、ほとんど、考える事さえ出来ないほど、意識の外に追い出されていた。

「きっと、そうか。」

老婆の話が完ると、下人は嘲(あざけ)るような声で念を押した。そうして、一足前へ出ると、不意に右の手を面皰から離して、老婆の襟上(えりがみ)をつかみながら、噛みつくようにこう云った。

「では、己が引剥(ひはぎ)①をしようと恨むまいな。己もそうしなければ、饑死をする体なのだ。」

下人は、すばやく、老婆の着物を剥ぎとった。それから、足にしがみつこうとする老婆を、手荒く死骸の上へ蹴倒した。梯子の口までは、僅に五歩を数えるばかりである。下人は、剥ぎとった檜皮色(ひわだいろ)の着物をわきにかかえて、またたく間に急な梯子を夜の底へかけ下りた。

しばらく、死んだように倒れていた老婆が、死骸の中から、その裸の体を起したのは、それから間もなくの事である。老婆はつぶやくような、うめくような声を立てながら、まだ燃えている火の光をたよりに、梯子の口まで、這って行った。そうして、そこから、短い白髪(しらが)を倒(さかさま)にして、門の下を覗きこんだ。外には、ただ、黒洞々(こくとうとう)たる夜があるばかりである。

## 【作家紹介】

芥川龍之介（1892—1927）、小説家。

① 引剥ぎ：追いはぎ。

東京に生まれ、辰年辰月辰日辰刻の生まれだったので、龍之介と名づけられた。生後九ヶ月のころ、母は発狂し、母の実家芥川家に引き取られることになった。11歳の時、母がなくなったため、翌年、叔父の芥川道章の養子となり芥川姓を名乗る。旧家である芥川家では、文人的な雰囲気の薫陶を受けて、龍之介は漢籍、古書から蘆花、鏡花、独歩、漱石など日本の現代作家のもの、さらに国外のアナトール・フランス、イブセンの文学書など手当たり次第に濫読した。機敏聡明な気性と良い家柄とあいまって、何不自由なく育てられた芥川は第一高等学校を経て、1913年に東京帝大英文学科に入学した。在学中、一高同期の菊池寛、久米正雄、山本有三、土屋文明らとともに同人誌『新思潮』（第三次）を発刊し、同誌に処女小説『老年』を発表。翌年、代表作『羅生門』を発表したが、文壇の注目を引かなかった。1916年、第四次『新思潮』の創刊号に『鼻』を発表し、夏目漱石の激賞を受け、実質的な文壇デビューとなった。

1916年12月海軍機関学校の教師を勤める傍ら創作に励み、翌年初の短編集『羅生門』を刊行。1918年、教職を辞して大阪毎日新聞社に入社、創作に専念。この間、彼は現実を鋭い理知で解釈し、技巧を凝らした構成、格調ある文体で『芋粥』『戯作三昧』『傀儡師』などの短編集を刊行して、新思潮派の代表的作家と認められた。その作品の多くは歴史小説のスタイルをとったが、史実をたどる本格的な歴史小説とは異なり、背景に歴史（古典）を借りてその中の人物や事跡に近代的に解釈を加えて再構築している。それは歴史上の人物にかこつけて自分のテーマである人間心理の深層を浮き彫りにさせたものとはいえ、そこに示された人間の我執と醜悪で愚劣な社会への嫌悪感には彼自身の人生に対する冷徹な認識が託されている。

1921年に、大阪毎日新聞社海外視察員として中国を旅行した。翌年には『将軍』『藪の中』を発表、1923年には『保吉の手帖から』以後、保吉物を書き始め、自己を見つめる傾向のものを書き出した。この流れは後期の『歯車』『河童』などへとつながっていく。

1925年ごろには精神衰弱、不眠症などによって健康の衰えが目立ち、各地に療養したが、創作活動は衰え、作風も陰鬱な世界へと傾斜した。『大道寺信輔の半生』は自伝的小説であるが、その半生を見通す作者の目は暗い。次いで『点鬼薄』『玄鶴山房』を発表したが、作品に暗澹たる世界が広がる。1927年6月に『湖南の扇』を出して間もなく7月24日に自宅で自殺した。遺稿として『歯車』『ある阿呆の一生』『西方の人』などが残された。

芥川は「生活と芸術は相反するものだ」と考え、生活と芸術を切り離すという理想のもとに作品を執筆したと言われる。晩年には『新思潮』の先輩谷崎潤一郎と文学史上有名な論争を繰り広げる。「物語の面白さ」を主張する谷崎に対して、「物語の面白さ」が小説の質を決めないと反論した。このなかで芥川は、「話らしい話の無い」純粋な小説の名手として志賀直哉を称揚し、それまでのストーリー性のある自己の文学を完全否定する。

芥川龍之介の作品は、初期と晩年でかなり違うと言われる。これは多くの作風を試みた事を表しており、多くの支持者を持つ要因の一つでもある。初期の作品は説話文学を典拠とした『羅生門』、『鼻』など歴史物、加えてキリシタン物が有名である。そうした作品では、人間の内面、特にエゴイズムを描き出したものが多い。才気あふれるさまざまな作風の短編小説を書き、多くの傑作を残したが、西洋文学の和訳もあり、その文章構成の仕方も英文学的であるといわれる。中期に芸術至上主義的な面が前面に出た『地獄変』などを書き、長編小説『邪宗門』に挑戦するが、後世の批評はあまり得なかった。晩年には、自殺を考えていたのか、自分の人生を見直したり、生死に関する作品が多く見られる。告白的自伝を試み、晩年の代表作『河童』は河童の世界を描くことで人間社会を痛烈に批判しており、当時の人々に問題を提起した。

芥川龍之介文学は根底において芸術至上の態度を持ち、題材の新奇と着想の警抜において類を絶しているとともに、理知的でテーマ小説に長じ、創作中に内在する知的要素を重んじる。遺稿『歯車』や『西方の人』の語るその内なる西方と東方の相克、また日常性を「守らんとする」生活者の意識とこれを「越えんとする」芸術家の意識の葛藤などを基底とする、彼自身のいう「無数の分裂」こそは、芥川という作家の存在が、まさしく大正から昭和への架け橋を意味していたことを告げるものである。

## 【作品解説】

短編小説。1915年11月『帝国文学』に掲載、後に第一の短編集『羅生門』（阿蘭陀書房、1917年）に収録。署名は柳川龍之介、芥川の24歳の作品である。小説の骨子は『今昔物語』（1120年）巻二十九所収「羅生門ニ上層一見ニ死人一盗人語」に取材し、一部に同巻三十一「太刀帯陣売レ魚嫗語」の挿話が用いられる。粗筋は以下のとおりである。

平安時代末期、京都。ある日の暮れ方、一人の下人が羅生門のしたで雨やみを待っていた。主人から暇を出され、途方にくれていたのである。火事・辻風・飢饉など相次いで、洛中のさびれかたはひとかたではない。餓死をするか盗人になるかと迷ったが、決断できず一夜無事に過ごせる場所を求め、羅生門の上に登った。そこで、女の死体の髪を抜く老婆を見つけ、正義感に燃え、怒りねじ伏せた。しかし、自分の悪業を生きるための正当法だと訴える老婆の話を聞き、下人は自分も生きるためにはこの方法しかないと確認し、老婆を衣服をはぎとり、黒洞々たる夜のなかに駆け去っていった。下人の行方は誰も知れない。

『今昔物語』巻二十九を主材として、原典の素朴、簡略な説話を一編の近代心理小説と化す。物語は平安末期の荒廃した羅生門を背景に下人の論理と心理の揺らぎを追求しつつ、生の限界状況下に露出するエゴに迫る。人間の正義感と生きていくためのエゴイズムの間の葛藤を描き、善にも悪にも徹しきれない不安定な人間の姿を浮き彫りにしている。優れた技巧を盛り込んだ文章と卓抜な構成によって、短編作家としての資質をいかんなく発揮した作品である。吉田精一の指摘もあるように、全体の構成は静・動のあざやかな対照で統一され、周到な計算が行き届いている。また、たとえば下人の頬の大きなにきび、きりぎりすの按配、さらに作品に散在する動物の比喩などは生き生きとして人物作りにかなり役立つと思われ、短編作家としての優れた才能を見せた。関井安義、庄司達也編『芥川龍之介全作品事典』の「テクストと読者の交流の項」で、『羅生門』の初稿と現行全集との間に本文中に若干の重要な異動について次のように評価した。「初出稿の結びは『下人は、既に、雨を冒して、京都の町へ強盗を働きに急ぎつつあった』から『下人の行方は誰も知らない』となった。……これによってテクストに空白が生じ、読者の参与がいっそう加わる余地が生まれた。芥川はテクストと読者の交流を考慮して、読者の想像力との協調の上に『羅生門』の世界を完結させようとしたのである。」「改稿は虚構テクストとして完成度を高めた。」

下人の心理の推移は作品の理解において重要である。羅生門の楼上に登った下人が、そこへ登る前とそこから降りた後で、どのような心の変化をみせたかが問題となる。

そこに作者の見たのは、善にも悪にも徹しきれぬ不安定で中間存在の人間の姿であった。そもそもこのような形でエゴをとらえようとしたところに閉鎖的、完結的な芥川の思想と方法の特色があり、後年の悲劇の芽になった。

## 【読解鑑賞】

### ☞『今昔物語』巻第二十九第十八「羅城門登上層死人盗人語」

今昔（いまむかし）、摂津の国辺（わたり）より、盗（ぬすみ）せむが為に京に上（のぼり）ける男の、日の未だ明（あ）かりければ、羅城門の下に立ち隠れてたてりけるに、朱雀（しゅじゃく）の方（かた）に人重（しげ）く行（ありき）ければ、人の静まるまでと思て、門の下に待立てりけるに、山城（やましろ）の方より人共の数来（あまたき）たる音のしければ、「其れに不見（み）えじ」と思て、門の上層（うはこし）に和（やは）ら掻（かか）づり登たりけるに、見れば火髴（ほのか）に燃（とも）したり。

盗人、怪（あやし）と思て連子（れんじ）より臨（のぞき）ければ、若き女の死て臥（ふし）たる有り。其の枕上（まくらがみ）に火を燃して、年極（いみじ）く老たる嫗（おうな）の白髪（しらが）白きが、其の死人の枕上に居て、死人の髪をかなぐり抜き取る也けり。

盗人、此れを見るに心も不得（え）ねば、「此れは若（も）し鬼にや有らむ」と思て怖（おそろし）けれども、「若し死人にてもぞ有る。恐(おど)して試(こころみ)む」と思て、和ら戸を開て、刀を抜て、「己(おのれ)は、己は」と云て、走り寄ければ、嫗、手迷(てまど)ひをして手を摺(すり)て迷(まど)へば、盗人、「此は何(なに)ぞの嫗の、此(かく)はし居たるぞ」と問ければ、嫗、「己が主(あるじ)にて御(おはし)ましつる人の失(うせ)給へるを、繚(あつか)ふ人の無ければ、此(かく)て置奉(おきたてまつり)たる也。其の御髪(みぐし)の長(たけ)に余(あまり)て長ければ、其を抜取て鬘(かつら)にせむとて抜く也。助け給へ」と云ければ、盗人、死人の着たる衣と、嫗の着たる衣と、抜取てある髪とを奪取て、下走(おりはしり)て逃て去(さり)にけり。

然(さ)て、其の上の層(こし)には死人の骸骨(がいこつ)ぞ多かりける。死(しに)たる人の葬(ほうぶり)など否不為(えせぬ)をば此の門の上にぞ置ける。

此の事は、其の盗人の人に語けるを聞継(ききつぎ)て、此(か)く語り伝へたるとや。

## ☞ 芥川龍之介『羅生門の後に』（抜粋）

自分は「羅生門」以前にも、幾つかの短篇を書いていた。恐らく未完成の作をも加えたら、この集に入れたものの二倍には、上っていた事であろう。当時、発表する意志も、発表する機関もなかった自分は、作家と読者と批評家とを一身に兼ねて、それで格別不満にも思わなかった。尤も、途中で三代目の「新思潮」の同人になって、短篇を一つ発表した事がある。が、間もなく「新思潮」が廃刊すると共に、自分は又元の通り文壇とは縁のない人間になってしまった。

それが彼是(かれこれ)一年ばかり続く中に、一度「帝国文学」の新年号へ原稿を持ちこんで、返された覚えがあるが、間もなく二度目のがやっと同じ雑誌で活字になり、三度目のが又、半年ばかり経って、どうにか日の目を見るような運びになった。その三度目が、この中へ入れた「羅生門」である。その発表後間もなく、自分は人伝(ひとづて)に加藤武雄君が、自分の小説を読んだと云う事を聞いた。断って置くが、読んだと云う事を聞いたので、褒めたと云う事を聞いたのではない。けれども自分はそれだけで満足であった。これが、自分の小説も友人以外に読者がある、そうして又同時にあり得ると云う事を知った始である。

自分が、以上の事をこの集の後に記したのは、これらの作品を書いた時の自分を幾分でも自分に記念したかったからに外ならない。自分の創作に対する所見、態度の如きは、自ら他に発表する機会があるであろう。唯、自分は近来ます／＼自分らしい道を、自分らしく歩くことによってのみ、多少なりとも成長し得る事を感じている。従って、屡々自分の頂戴する新理智派と云い、新技巧派と云う名称の如きは、何れも自分にとっては寧ろ迷惑な貼札（はりふだ）たるに過ぎない。それらの名称によって概括される程、自分の作品の特色が鮮明で単純だとは、到底自信する勇気がないからである。

大正六年五月

## 【研究情報】

芥川龍之介の研究は同時代論に遡ることができる。芥川の死は文壇に大きな衝撃を与え、大山郁夫「芥川竜之介の『死』とその芸術—実践的自己破壊の芸術—」（『中央公論』1927・9）はその自決を芥川芸術の行き詰まること及び破綻の一面を見せると論じ、否定的な評価を下った。戦前・戦中の研究は否定的なものが多かったが、日本文壇の通念を無視し、新しいアプローチを展開する山本健吉「芥川龍之介論」（『大正文学作家論』下、小学館、1943・1）、福田恒存「芥川龍之介論（序説）」（『作家精神』1941・6）が特に目立っていた。これも戦後の芥川の再評価の伏線となる。

戦後の芥川研究はその回想からスタートした。下島勲『芥川龍之介の回想』（靖文社、1947・3）、恒藤恭『旧友芥川龍之介』（朝日新聞社、1949・8）など芥川の死の意味を考え直し、各社による芥川全集の出版は、人々の芥川への関心をたかめ、芥川研究ブームをもたらした。中村真一郎『芥川龍之介』（要書房、1954・10）が従来の否定的芥川像と異なり、その文学的技巧に着目し、西洋文学の方法を意識的に試みたと指摘した。その芥川擁護の姿は以後本格化する芥川研究の先導的役割を果たしていた。まずあげなければならないのは和田繁二郎『芥川龍之介』（創元社、1956・3）

であり、芥川小説に含む鋭い批判精神や人間的なるものを掘り出し、それをリアリズムと関連づけ、フィクションの再検討を試みた。キリスト教からの論考も多く見られる。佐古純一郎『芥川龍之介における芸術の運命』（一古堂書店、1956・4）は代表的で、その芸術の運命をエゴイズムの視角から論じ、佐藤泰正『近代日本文学とキリスト教・試論』（基督教学徒兄弟団、1963・9）は基督教との関連を論じ、画期的新説とされる。進藤純孝『芥川龍之介』（河出書房新社、1964・11）は芥川の人間としての悶えと作家としての苦しみを見出し、既成の芥川論と線を画し、その死の意味を見直そうとする論著である。

60年代から70年代にかけて芥川研究をリードしたのは三好行雄で、『芥川龍之介論』（筑摩書房、1976・9）はテキストの綿密な読みによる作品論をまとめ、芥川研究に欠かせない研究書となる。長野甞一『古典と近代作家——芥川龍之介』（有友堂、1967・4）、梶木剛『思想的査証』（国文社、1971・1）なども主要研究書である。海外の研究もこの時期から繁盛になり、吉田精一、武田勝彦、鶴田欣也編『芥川文学——海外の評価』（早稲田大学出版部、1972・6）は比較文学の領域から新たしい研究が現れる。

80年代に入ると、芥川研究の基本図書としてまたあげられるのは菊地弘『芥川龍之介：意識と方法』（明治書院、1982・10）、平岡敏夫『芥川龍之介抒情の美学』（大修館書店、1982・11）、海老井英次『芥川龍之介論攷——自己覚醒から解体へ』（桜楓社、1988・2）、関口安義、久保田芳太郎、菊池弘編『芥川龍之介事典』（明治書院、1985・12）関口安義編『芥川龍之介新辞典』（翰林書房、2003・12）などである。ほかに歴史小説に着眼した勝倉寿一『芥川龍之介の歴史小説』（教育出版センター、1983・6）、初期作品を再検討した『芥川竜之介——初期作品の展開』（有精堂、1985・2）、基督教に関する関口安義『この人を見よ　芥川龍之介と聖書』（小沢書店、1995・7）、また病理学、病跡学、トポグラフィ的アプローチも研究成果を収めた。

90年代以降、研究文献の整理が更に進み、芥川研究をさらに促進した。戦前の文献を網羅した論文集成として、関口安義編『芥川龍之介研究資料集成』全11巻（日本図書センター、1993・9）、戦後の文献を整理した宮坂覚編『日本文学研究資料新集19 芥川竜之介・理智と抒情』（有精堂、1993・6）、関口安義、宮坂覚編『芥川龍之介作品論集成』全7巻（翰林書房、1999—2001）などが欠かせない資料となっている。『羅生門』に関する研究も更に進んでいる。関口安義『「羅生門」を読む』（三省堂書店、1991・12）はあらゆる角度から詳細な研究を展開した。

作品に拠点を据え、語り手や叙述、構造の方法などを通して、作家の表現意識を論じるのはこれまでの主要な研究手段である。そのほか、作品自身の完成度に限らず、作品間の関連および作者、時代を取り巻く環境に着目し、作品の価値や、作家の社会意識の研究を進めるのは近年の新しい傾向である。神田由美子『芥川龍之介と江戸・東京』（双文社出版、2004・5）がそれであり、平岡敏夫『芥川龍之介と現代』（大修館書店、1995・7）から国際作家としての芥川の更なる可能性を提示している。

## 【参考文献】

駒尺喜美『芥川龍之介論——その精神構造を中心に』芥川龍之介研究会、1964年9月

森本修『芥川龍之介伝記論考』明治書院、1964年12月

滝沢克己『芥川龍之介の思想——「侏儒の言葉」と「西方の人」』新教出版社、1967年10月

海老井英次「『羅生門』——その成立の時期」『国文学解釈と教材の研究』15、1970年11月

久保田正文『芥川龍之介・その二律背反』いれぶん出版、1976年8月

高田瑞穂『芥川龍之介論考』有精堂、1976年9月

石割透『芥川龍之介——初期作品の展開』有精堂、1985年2月

岩井寛『芥川龍之介——芸術と病理』金剛出版、1988年4月

関口安義『芥川龍之介実像と虚像』洋々社、1988年11月

田中実「批評する〈語り手〉——『羅生門』」『国語と国文学』71（3）、1994年3月

小林洋「〈旧記〉と〈作者〉——芥川龍之介『羅生門』の〈語り〉」『国文学解釈と鑑賞』学燈社、1994 年 4 月

篠崎美生子「排除する物語／排除されたもの語り—もうひとつの『羅生門』—」『国文学研究』123、1997 年 10 月

江戸茂博「『羅生門』再説——結末部の改稿が生むもの」『十文字国文』(8)、2002 年 3 月

池田貴子「『羅生門』論：末尾改稿を軸に」『日本文学研究』39、2004 年 1 月

岡崎晃一「『羅生門』の「時間」論」『解釈』53、2007 年 1 月、2 月

大石嘉美「『羅生門』論における「極限状況」という語について」『解釈』53、2007 年 7 月、8 月

水洞幸夫「芥川龍之介『羅生門』論：下人が盗みをする理由」『金沢大学国語国文』34、2009 年 3 月

# 七　城の崎にて

志賀直哉

山の手線①の電車に跳(は)ね飛(と)ばされてけがをした、その後養生(ようじょう)に、一人で但馬(たじま)②の城崎温泉③へ出かけた。背中の傷が脊椎(せきつい)カリエス④になれば致命傷になりかねないが、そんなことはあるまいと医者に言われた。二三年で出なければ後は心配はいらない、とにかく要心(ようじん)⑤は肝心(かんじん)だからと言われて、それで来た。三週間以上——我慢出来たら五週間位いたいものだと考えて来た。

頭はまだなんだかはっきりしない。物忘れが烈しくなった。然し気分は近年になく静まって、落ちついたいい気持ちがしていた。稲の穫り入れの始まる頃で、気候もよかったのだ。

一人きりで誰も話し手はない。読むか書くか、ぼんやりと部屋の前の椅子に腰かけて山だの往来だのを見ているか、それでなければ散歩で暮(く)らしていた。散歩する所は町から小さい流れについて少しづつ登りになった路にいい所があった。山の裾(すそ)を廻っているあたりの小さな潭(ふち)になった所に山女(やまめ)⑥がたくさん集まっている。そして尚よく

---

① 山手線：東京を環状に走る電車船。今のJR 東日本山手線。

② 但馬：旧国名。今の兵庫県北部。

③ 城崎温泉：兵庫県豊岡市城崎町にある温泉。

④ カリエス：骨が壊疽を起こして崩壊していく疾患。

⑤ 用心：万一に備えて注意すること。

⑥ 山女：サケ目の魚。マスの陸封種。幼魚の時に海に下らず、川にとどまって成長したもの。身長 25センチ。

見ると、足に毛の生えた大きな川蟹が石のようにじっとしているのを見つけることがある。夕方の食事前にはよくこの路を歩いてきた。冷え冷えとした夕方、寂しい秋の山峡を小さい清い流れについていくとき考えることはやはり沈んだことが多かった。寂しい考えだった。しかしそれには静かないい気持ちがある。自分はよくけがのことを考えた。一つ間違えば、今ごろは青山の土の下に仰向けになって寝ているところだったなど思う。青い冷たい堅い顔をして、顔の傷も背中の傷も其儘で。祖父や母の死骸が傍（わき）にある。それももうお互いに何の交渉もなく、——こんなことが思い浮かぶ。それは寂しいが、それほどに自分を恐怖させない考えだった。いつかはそうなる。それがいつか？——今まではそんなことを思って、その「いつか」を知らず知らず遠い先のことにしていた。しかし今は、それが本当にいつか知れないような気がしてきた。自分は死ぬはずだったのを助かった、何かが自分を殺さなかった、自分にはしなければならぬ仕事があるのだ、——中学①で習った『ロード・クライヴ』②という本に、クライヴがそう思うことによって激励（げきれい）されることが書いてあった。実は自分もそういうふうに危（あや）うかったできごとを感じたかった。そんな気もした。しかし妙に自分の心は静まってしまった。自分の心には、何かしら死に対する親しみが起こっていた。

自分の部屋は二階で、隣のない、わりに静かな座敷③だった。読み書きに疲れるとよく縁（えん）のいすに出た。わきが玄関の屋根で、それが家へ接続する所が羽目（はめ）④になっている。その羽目の中に蜂の巣があるらしい。虎斑（とらふ）の大きな太った蜂が天気さえよければ、朝から暮れ近くまで毎日忙しそうに働いていた。蜂は羽目のあわいからすり抜けて出ると、ひとまず玄関の屋根に下りた。そこで羽や触角を前足や後ろ足で丁寧に整（ととの）えると、少し歩き回るやつもあるが、すぐ細長い羽を両方へしっかりと張ってぶ

---

① 中学：旧制の中学校。男子の中等教育を行う。

② ロード・クライブ：〔Lord Clive〕イギリスの軍人、政治家、歴史家マコーレーが書いたクライブ卿（1725—1774）の伝記。

③ 座敷：ここで畳を敷き詰めた和室を指す。

④ 羽目：建物の板張りで、板を平坦に張ったもの。

ーんと飛び立つ。飛び立つと急に早くなって飛んでいく。植(う)え込(こ)みの八(や)つ手(で)①の花がちょうど咲きかけで、蜂はそれに群(むら)がっていた。自分は退屈すると、よく欄干から蜂の出入りを眺めていた。

ある朝のこと、自分は一匹の蜂が玄関の屋根で死んでいるのを見つけた。足を腹の下にぴったりとつけ、触角はだらしなく顔へ垂れ下がっていた。ほかの蜂はいっこうに冷淡だった。巣(す)の出入りに忙しくその傍を這い回るが全く拘泥(でい)する様子はなかった。忙しく立ち働いている蜂はいかにも生きているものという感じを与えた。そのわきに一匹、朝も昼も夕も、見るたびに一つ所に全く動かずにうつ向きに転がっているのを見ると、それがまたいかにも死んだものという感じを与えるのだ。それは三日程そのままになっていた。それは見ていて、いかにも静かな感じを与えた。寂しかった。ほかの蜂がみんな巣へ入ってしまった日暮れ、冷たいかわらの上に一つ残った死骸を見ることは淋しかった。しかし、それはいかにも静かだった。

夜の間にひどい雨が降った。朝は晴れ、木の葉も地面も屋根もきれいに洗われていた。蜂の死骸はもうそこになかった。今も巣の蜂どもは元気に働いているが、死んだ蜂は雨樋(あまどい)を伝(つた)って地面へ流し出されたことであろう。足は縮めたまま、触角は顔へこびりついたまま、たぶん泥にまみれてどこかでじっとしていることだろう。外界にそれを動かす次の変化が起こるまでは死骸はじっとそこにしているだろう。それともありに引かれていくか。それにしろ、それはいかにも静かであった。せわしくせわしく働いてばかりいた蜂が全く動くことがなくなったのだから静かである。自分はその静かさに親しみを感じた。自分は『范(はん)の犯罪』という短編小説をその少し前に書いた。范という中国人が過去の出来事だった結婚前の妻と自分の友達だった男との関係に対する嫉妬から、そして自身の生理的圧迫もそれを助長し、その妻を殺すことを書いた。それは范の気持ちを主にして書いたが、しかし今は范の妻の気持ちを主にし、しまいに殺されて墓の下にいる、その静かさを自分は書きたいと思った。

---

① 八つ手：ウコギ科の常緑低木。

『殺されたる范の妻』を書こうと思った。それはとうとう書かなかったが、自分にはそんな要求が起こっていた。その前からかかっている長編の主人公の考えとは、それは大変違ってしまった気持ちだったので弱った。

蜂の死骸が流され、自分の眼界から消えて間もないときだった。ある午前、自分は円山川（まるやまがわ）、それからそれの流れ出る日本海などの見える東山公園へ行くつもりで宿を出た。「一の湯（いちのゆ）」①の前から小川（おがわ）は往来の真ん中を緩やかに流れ、円山川へ入る。ある所まで来ると橋だの岸（きし）だのに人が立って何か川の中の物を見ながら騒いでいた。それは大きなねずみを川へ投げ込んだのを見ているのだ。ねずみは一生懸命に泳いで逃げようとする。ねずみには首のところに七寸ばかりの魚ぐしが刺し通してあった。頭の上に三寸ほど、のどの下に三寸ほどそれが出ている。ねずみは石垣（いしがき）へはい上がろうとする。子供が二、三人、四十ぐらいの車夫が一人、それへ石を投げる。なかなか当たらない。カチッカチッと石垣に当たって跳ね返った。見物人は大声で笑った。ねずみは石垣の間にようやく前足をかけた。しかし入ろうとすると魚ぐしがすぐにつかえた。そしてまた水へ落ちる。ねずみはどうかして助かろうとしている。顔の表情は人間にわからなかったが、動作の表情に、それが一生懸命であることがよくわかった。ねずみはどこかへ逃げ込むことができれば助かると思っているように、長いくしを刺されたまま、また川の真ん中のほうへ泳ぎ出た。子供や車夫はますますおもしろがって石を投げた。わきの洗い場の前で餌をあさっていた二、三羽のあひるが石が飛んでくるのでびっくりし、首を伸ばしてきょろきょろとした。スポッ、スポッと石が水へ投げ込まれた。あひるは頓狂（とんきょう）な顔をして首を伸ばしたまま、鳴きながら、せわしく足を動かして上流のほうへ泳いでいった。

自分はねずみの最期を見る気がしなかった。ねずみが殺されまいと、死ぬに決まった運命を担いながら、全力を尽くして逃げ回っている様子が妙に頭についた。自分は寂しい嫌な気持ちになった。あれが本当なのだと思った。自分が願っている静かさの

---

①　一の湯：城崎温泉に数箇所ある共同浴場のひとつ。規模がもっとも大きい。

前に、ああいう苦しみのあることは恐ろしいことだ。死後の静寂（せいじゃく）に親しみを持つにしろ、死に到達するまでのああいう動騒は恐ろしいと思った。自殺を知らない動物はいよいよ死に切るまではあの努力を続けなければならない。今自分にあのねずみのようなことが起こったら自分はどうするだろう。自分はやはりねずみと同じような努力をしはしまいか。

自分は自分のけがの場合、それに近い自分になったことを思わないではいられなかった。自分はできるだけのことをしようとした。自分は自身で病院を決めた。それへ行く方法を指定した。もし医者が留守で、行ってすぐに手術の用意ができないと困ると思って電話を先にかけてもらうことなどを頼んだ。半分意識を失った状態で、いちばん大切なことだけによく頭の働いたことは自分でも後から不思議に思ったくらいである。しかもこの傷が致命的なものかどうかは自分の問題だった。しかし、致命的なものかどうかを問題としながら、ほとんど死の恐怖に襲われなかったのも自分では不思議であった。「フェータル①なものか、どうか？医者は何と言っていた？」こうそばにいた友に聞いた。「フェータルな傷じゃないそうだ。」こう言われた。こう言われると自分はしかし急に元気づいた。興奮から自分は非常に快活になった。フェータルなものだともし聞いたら自分はどうだったろう。その自分はちょっと想像できない。自分は弱ったろう。しかしふだん考えているほど、死の恐怖に自分は襲われなかったろうという気がする。そしてそう言われてもなお、自分は助かろうと思い、何かしら努力をしたろうという気がする。それはねずみの場合と、そう変わらないものだったに相違ない。で、またそれが今来たらどうかと思ってみて、なおかつ、あまり変わらない自分であろうと思うと「あるがまま」で、気分で願うところが、そう実際にすぐは影響はしないものに相違ない、しかも両方が本当で、影響した場合は、それでよく、しない場合でも、それでいいのだと思った。それはしかたのないことだ。

そんなことがあって、またしばらくして、ある夕方、町から小川に沿うて一人だん

---

① フェータル：致命的。

だん上へ歩いていった。山陰線のトンネルの前で線路を越すと道幅が狭くなって道も急になる、流れも同様に急になって、人家(じんか)も全く見えなくなった。もう帰ろうと思いながら、あの見える所までというふうに角を一つ一つ先へ先へと歩いていった。物がすべて青白く、空気の肌ざわりも冷え冷えとして、もの静かさがかえってなんとなく自分をそわそわとさせた。大きな桑(くわ)の木が道端にある。向こうの、道へ差し出した桑の枝で、ある一つの葉だけがヒラヒラヒラヒラ、同じリズムで動いている。風もなく流れのほかはすべて静寂の中にその葉だけがいつまでもヒラヒラヒラヒラとせわしく動くのが見えた。自分は不思議に思った。多少怖い気もした。しかし好奇心もあった。自分は下へ行ってそれをしばらく見上げていた。すると風が吹いてきた。そうしたらその動く葉は動かなくなった。原因は知れた。何かでこういう場合を自分はもっと知っていたと思った。

だんだんと薄暗くなってきた。いつまで行っても、先の角はあった。もうここらで引き返そうと思った。自分は何気なくわきの流れを見た。向こう側の斜めに水から出ている半畳敷きほどの石に黒い小さいものがいた。いもりだ。まだぬれていて、それはいい色をしていた。頭を下に傾斜から流れへ臨んで、じっとしていた。体から滴(したた)れた水が黒く乾いた石へ一寸ほど流れている。自分はそれを何気なく、しゃがんで見ていた。自分は先(せん)ほどいもりは嫌いでなくなった。とかげは多少好きだ。やもりは虫の中でも最も嫌いだ。いもりは好きでも嫌いでもない。十年ほど前によく蘆の湖①でいもりが宿屋の流し水の出る所に集まっているのを見て、自分がいもりだったらたまらないという気をよく起こした。いもりにもし生まれ変わったら自分はどうするだろう、そんなことを考えた。そのころいもりを見るとそれが思い浮かぶので、いもりを見ることを嫌った。しかしもうそんなことを考えなくなっていた。自分はいもりを驚かして水へ入れようと思った。不器用に体を振りながら歩く形が思われた。自分はしゃがんだまま、わきの小鞠(こまり)ほどの石を取り上げ、それを投げてやった。自分は別にい

① 蘆の湖：神奈川県箱根火山の火口原湖。

もりをねらわなかった。ねらってもとても当たらないほど、ねらって投げることの下手な自分はそれが当たることなどは全く考えなかった。石はコツといってから流れに落ちた。石の音と同時にいもりは四寸ほど横へ跳んだように見えた。いもりはしっぽを反（そ）らし、高く上げた。自分はどうしたのかしら、と思って見ていた。最初石が当たっ、たとは思わなかった。いもりの反らした尾が自然に静かに下りてきた。するとひじを張ったようにして傾斜に堪えて、前へついていた両の前足の指が内へまくれ込むと、いもりは力なく前へのめってしまった。尾（お）は全く石についた。もう動かない。いもりは死んでしまった。自分はとんだことをしたと思った。虫を殺すことをよくする自分であるが、その気が全くないのに殺してしまったのは自分に妙な嫌な気をさした。もとより自分のしたことではあったがいかにも偶然だった。いもりにとっては全く不意な死であった。自分はしばらくそこにしゃがんでいた。いもりと自分だけになったような心持ちがして、いもりの身に自分がなってその心持ちを感じた。かわいそうに思うと同時に、生き物の寂しさをいっしょに感じた。自分は偶然に死ななかった。いもりは偶然に死んだ。自分は寂しい気持ちになって、ようやく足元の見える道を温泉宿のほうに帰ってきた。遠く町外れの灯が見え出した。死んだ蜂はどうなったか。その後の雨でもう土の下に入ってしまったろう。あのねずみはどうしたろう。海へ流されて、今ごろはその水ぶくれのした体をごみといっしょに海岸へでも打ち上げられていることだろう。そして死ななかった自分は今こうして歩いている。そう思った。自分はそれに対し、感謝しなければすまぬような気もした。しかし、実際喜びの感じはわき上がってはこなかった。生きていることと死んでしまっていることと、それは両極ではなかった。それほどに差はないような気がした。もうかなり暗かった。視覚は遠い灯を感ずるだけだった。足の踏む感覚も視覚を離れて、いかにも不確かだった。ただ頭だけが勝手に働く。それがいっそうそういう気分に自分を誘っていった。

三週間いて、自分はここを去った。それから、もう三年以上になる。自分は脊椎カリェスになるだけは助かった。

## 【作家紹介】

志賀直哉（1883—1971）、小説家。

宮城県に生まれた。志賀家は相馬藩（今・福島）で代々普請奉行をつとめていた。祖父直道、父直温ともに戊辰戦争で官軍と戦っている。実業界に転じた父は総武鉄道、帝国生命保険などの大企業の取締役をつとめた。

12 歳の時、母に死なれて、祖父母の溺愛のもとで育てた。その正義感と潔癖な倫理観は祖父の影響によるところが大きい。1900 年に、学習院中等科在籍中の直哉は、内村鑑三（無教会派創始者）に出会い、鑑三の人格から強い感化を受けた。その後七年間、その門に通い、師事した。キリスト教の教義の中で「正しきものを憧れ、不正虚偽を憎む気持ち」、潔癖主義を更に育てられた。このごろ、祖父が開発に携わった足尾銅山が深刻な鉱毒事件がおこったため、学習院の仲間と現地訪問を計画したが、父に反対され、激しく衝突した。この衝突が、以後長年にわたる対立の発端となる。

中等科で二回落第して武者小路実篤、木下利玄らと同級になり、文学仲間として親交を深め、作家志望の意志を固めた。1906 年、東大帝国大学英文科入学後、国文科に転科。この時、有島生馬らと回覧雑誌『望野』を作り、文学創作を始めた。自分と祖母との関係を描いた『或る朝』などの習作を書いた。この時期、内村門下を離れる。文学活動や女中との結婚問題が絡んで、父親との仲がますます悪化した。

1910 年、大学を中退。4 月に、学習院時代の友人武者小路実篤、里見弴、有島武郎らと『白樺』を創刊し、自分たちを白樺派と自称する。自然主義の人間の醜い面のみを描くのに反して、人間の生命を高らかに歌い、理想主義、人道主義、個性尊重を基本的理念を持ち、人々に希望を与える白樺派は大正期の文壇の主流となっている。志賀直哉はその創刊号に『網走まで』を発表し、本格的な創作活動を始める。その後、ほとんど毎号、短編を投稿し、小説家としての才能を見せた。1912 年からの二年間、女中との恋愛に自我を貫く『大津順吉』をはじめ、『正義派』『清兵衛と瓢箪』『范の犯罪』などの力作が書き継がれた。

結婚問題や大学中退などのことで父との関係が悪化した志賀直哉は、家を出て、広島県の尾道に転居し、『時任謙作』を書き始めるが、中断が多く、創意は失われていく。柳宗悦や実篤ら「白樺」の仲間との交友をきっかけに、執筆活動を再開した。以来、自伝風の心境小説風的傾向の強い短編を数多く書いた。1917 年に、二女の誕生によって15 年間を超える父との確執を解けた。その実感に触発され『和解』を創作し、その後も『小僧の神様』『焚火』も書き綴られた。中断していた『時任謙作』も『暗夜行路』に引き継がれ、主人公の名前となる。1937 年に、同作品は完結し、十数年かかって完成した志賀直哉の文学の総決算と言える作品で、主人公の道徳的な魂が、周囲と争いつつ正しく生きようとする、潔癖な倫理感によって首尾を統一している。そして、その苦悩からの脱出が、東洋的な美術に接近することで、さらには、最後的には、大自然の中に身も心も没入するような恍惚感によって、永遠に通じる道を探り当てたことで解決するという結末に、作者のたどりついた終極的な安定と調和の根拠が見出される。志賀直哉の精神的自伝でもあり、日本近代文学の傑作とされている。その鋭く正確に捉えた対象を簡潔な言葉で表現することから「写実の名手」と高く評価され、近代の文学者に多大な影響を与えた。芥川龍之介は志賀直哉が「最も詩に近い」「最も純粋な小説」を書く日本の小説家であると述べ、「人生を清潔に生きている作家」と高く評価している。

## 【作品解説】

短編小説。1917 年 5 月『白樺』に掲載。1918 年 1 月、新潮社刊『夜の光』に収録。あらすじは以下のとおりである。

東京山手線の電車にはねられ、怪我した「自分」は、後養生に城之崎温泉を訪れる。「自分」は一匹の蜂の死骸に、寂しいが静かな死への親しみを感じ、首に串が刺さった鼠が石を投げられ、必死に逃げ惑っている姿を見て死の直前の動騒が恐ろしくなる。ある日、小川の石の上にいもりがいた。驚かそうと投げた石がそのいもりに当たって死んでしまう。哀れみを感じると同時に生き物の寂しさを感じている。何度も動物の死を見つめたことで、まだ生きている自分について考え、生きていることと死んでしまうこと、それは両極ではなかったという感慨を持った。

1913年に、最初の短編集『留女』（祖母の名前であった）が刊行され、評価された。同年、里見弴と線路脇を散歩中に山手線にはねられて重傷を負う。退院後、城崎温泉で静養。療養期間出会ったことに基づいて『城の崎にて』を創作した。蜂、鼠、いもりの死を通して、作者が抱いていた生の絶対視の基本方式を変え、新しい、調和的な死生観を確立した。蜂の死に対して、親しみを感じ、死にかかった鼠が生への執着を認識した。最後に、いもりの存在の偶然性や生のはかなさを認め、生と死は決定的な区別がないことを悟って、今を大切にしていくようにする。酒井森之介は「一見宗教的なようでありながらそのどこまでも自我を中心に諦観が形成されるところに、作者の自我中心の人間主義が特色づけられる。」と評価し、谷崎潤一郎が『文章読本』で、芸術と実用の区別をこえた名文と賞賛しており、その短いセンテンスのもつリズムが、この諦念の東洋的清澄美にみごとな格調を加えていると指摘した。

志賀直哉は内的モチーフを尊重、書きたいもののみを書き、圧縮の美を作り出した肉眼の作家として、広津和郎、芥川龍之介らの同時代作家、および後続作家に絶大な影響を与え、小林秀雄、谷川徹三や滝井孝作、尾崎一雄、阿川弘之らに至る志賀山脈を形成した。同時に志賀直哉越えの試みが後代の作家の大きな課題となった。

## 【読解鑑賞】

作者本人「創作余談」において『城の崎にて』の創作動機を次のように語った。

『城の崎にて』これも事実ありのままの小説である。鼠の死、蜂の死、いもりの死、皆その時数日間に目撃した事であった。そしてそれから受けた感じは素直に且つ正直に書けたつもりである。所謂心境小説というものでも余裕から生まれた心境ではなかった。①

---

① 『志賀直哉全集第八巻』岩波書店、1973年。

その創作と人生における意味に関して、『研究資料現代日本文学・第一巻』は次のように語る。

城崎での体験は、作者の人生の上での大きな転回点を示すものであった。作者は小動物の死を観察しながら、それを通して自己の存在そのものを見つめていく。そして得た結論は、自然の前には人間も動物も等質な存在でしかないということである。これより以前の作者は、「自分は只の人間ではない。自分は自分勝手に身の程を知ってはならぬ人間だ」と考え、「人類の運命を地球の運命から切り離す」ために、つまり人類を滅亡から救うために努力することを「空想」するような青年であった。父との対立の要因も、自分が人類の幸福のために進もうとするのを、「よくわかりもしないのに、たちふさがる」父の態度にあると考えている。こうした人間優位の、ある意味で思い上がった考えと行動を作者はとってきたのであった。自己の存在を謙虚にとらえ直していくところから、志賀直哉の中期の文学活動が始まるが、この作品はその端緒をひらくものであった。

### ☞ 心境小説

心境小説は日本独特な文学様式である。1923—1924年ころ、久米正雄と中村武羅夫が使い始めたことば。当初は「私小説」とほぼ同じ意味で用いられ、作者を主人公に、その身辺のことを題材にする小説を指す。「心境」とは俳人は俳句を創作する際の精神境地である。20世紀40年代末から50年代初めのごろ、これについての新しい説明が誕生する。伊藤整が私小説を失敗したことを描写する破滅型と精神の超然を描いた調和型に分け、平野謙が前者を私小説、後者を心境小説と呼ぶ。代表的な作品は志賀直哉『城の崎にて』、尾崎一雄『虫のいろいろ』(1948) などがある。

## 【研究情報】

戦後、文学者の戦争責任を問う風潮のもとに、志賀直哉の文学観や方法を批判する論が多く出された。水野明善「志賀直哉論——近代的「自我」の破産」（『文学』1948・1）は志賀直哉の自我を全般に否定する。この時期の集大成は中村光夫『志賀直哉論』（文芸春秋新社、1954・4）で、志賀直哉全作品に触れた本格的な作家論を展開し、その思想の未熟、社会性の欠如を批判した。これに対して伊藤整は志賀の実存的「認識」の深まりを評価し、欠点ばかり指摘する風潮に異を唱えた。

1960年代、作品分析と実証に基づく論が出される。須藤松雄『志賀直哉の文学』（桜楓社、1963・5）は「自然」に着目しながら作者の精神形成過程を論じ、以後の志賀論のパラダイムを作った。本多秋吾「「白樺」派の作家と作品」（未来社、1968・9）、安岡章太郎『志賀直哉私論』（文芸春秋社、1968・11）などは志賀文学の方法やその文学実体を再評価した論である。

70年代、新全集の編集にあたって、「後記」に紅野敏郎は作品の校異、執筆、発表時点の確定、草稿、未定稿、ノート、日記類の解説を行い、研究の基礎を築いた。『日本文学研究資料叢書　志賀直哉Ⅰ・Ⅱ』（有精堂、1970・6、1978・4）、『一冊の講座　志賀直哉』（有精堂、1982・10）などはそれまでの優れた論文をまとめ、志賀研究に欠かせない著書である。

高橋英夫「志賀直哉を読む」（『文学界』昭和1979・10—1981・4）は記号論や身体論を駆使し、文化的状況や、神話的世界との関連を解明して志賀研究者に刺激を与えた。紅野敏郎『鑑賞日本現代文学（7）志賀直哉』（角川書店、1981・5）は行き届いた作品鑑賞を行い、志賀文学研究の必携書となる。篠原拓雄「『城の崎にて』を読む——作品享受の前提」（『金城学院大学論集』国文学編二十五、1983・3）はそれまでの志賀研究の問題を指摘し、作品の外からの事実で作品の中の事実を研究するのではなく、作品の自律的構造を解明しなければならないと主張した。関谷一郎「『和解』論の前提」（『解釈と鑑賞』1987・1）も「いかに私小説とはいえ、どの『和解』論も登場人物をあまりに実体的に捉えすぎている」と厳しく批判した。これをきっかけに私小説のあたらな研究の姿勢を提示し、以後の研究に影響している。

本多秋吾『志賀直哉』上・下（岩波新書、1990・1、2）が『城の崎にて』『暗夜行路』について新見を出す。ほかに荒井均「志賀直哉におけるアイデンティティー」

（『解釈』、1990・4）池内輝雄「志賀直哉作中人物事典」（『国文学』、1991・4）小島信夫「弁明の余地がない怖しさ——志賀直哉論」（『文学界』、1992・2）などは多くの研究者に刺激を与える。橋本栄治「志賀直哉の不思議な空間（上・下）」（『馬酔木』、1995・10、11）、水野岳「意志と行為の間の〈大きな堀〉——再び、初期志賀直哉を中心に」（『語文〈日本大学〉』、1996・12）などは心理学的理論を援用した論説である。小林幸夫「志賀直哉を読む1–5」（『月刊国語教育』、1997・6–10）、加藤三重子「志賀直哉「国語問題」の政治学」（『成国国文学』、1999・3）、富沢成実「志賀直哉と生母銀——母をめぐる美とエロスの風景」（『文学・語学』、2000・5）中村智「志賀直哉の朝鮮」（『コンパラティオ』2001・3）などはジェンダーやフェミニズム、ニューヒストリズムなどの角度からユニークな論証を行った。

さらに、呉保華「志賀直哉と禅語」（『岡大国文論稿』、2004・3）宗像和重「志賀直哉の芸」（『表現と文体』、2005・3）、桐野晃「志賀直哉『城の崎にて』——『生』への回帰」（『文月』、2007・7）などはユニークな論著である。

## 【参考文献】


伊藤整「日本的人格美学」『文学界』1951年6月

須藤松雄『志賀直哉』明治書院、1964年5月

井沢洋子「『城の崎にて』の持つ意味」『弘前大学国語国文学』1、1966年

本多秋吾「志賀直哉における自覚の問題」『文学』1972年2月

新形信和「日本の死生観の典型——『城の崎にて』を読む」『愛知大学文学論叢』(74)、1984年1月

山口直孝「『城の崎にて』の叙述と構成」『日本文芸研究』43（4）、1992年1月

岸田正吉「『城の崎にて』小論——「生命に対する執着の力」の行方」『日本女子体育大学文学論叢』（116）、1998年2月

荒井均「『城の崎にて』論——その社会性」『文芸と批評』1999年1月

池内輝雄「特集志賀直哉——芸術家=小説家として」『国文学』2002 年 4 月

小林幸夫「『城の崎にて』における〈自分〉」『日本近代文学』49、1993 年 10 月

池内輝雄『志賀直哉の領域』有精堂、1990 年 8 月

宮越勉『志賀直哉——青春の構図』武蔵野書房、1991 年 4 月

生井知子「研究動向　志賀直哉」『昭和文学研究、20』1991 年 2 月

亀井千明「志賀直哉『創作余談』に関する一考察——『城の崎にて』をめぐる言説を中心に」『甲南女子大学大学院論叢』2002 年 3 月

高橋怜美「志賀文学と死生観——『城の崎にて』を中心に」『日本文学誌要』(78)、2008 年 7 月

紅野敏郎「志賀直哉研究案内」『鑑賞日本現代文学』7、角川書店、1981 年 5 月

# 八　注文の多い料理店

**宮沢賢治**

二人の若い紳士が、すっかりイギリスの兵隊のかたちをして、ぴかぴかする鉄砲をかついで、白熊（しろくま）のような犬を二疋（ひき）つれて、だいぶ山奥（やまおく）の、木の葉のかさかさ①したとこ②を、こんなことを云いながら、あるいておりました。

「ぜんたい、ここらの山は怪（け）しからんね。鳥も獣（けもの）も一疋も居やがらん③。なんでも構わないから、早くタンタアーン④と、やって見たいもんだなあ。」

「鹿の黄いろな横（よこ）っ腹（ぱら）なんぞに、二三発お見舞いもうしたら、ずいぶん痛快だろうねえ。くるくるまわって、それからどたっと⑤倒れるだろうねえ。」

それはだいぶの山奥でした。案内してきた専門の鉄砲打ちも、ちょっとまごついて、どこかへ行ってしまったくらいの山奥でした。

それに、あんまり山が物凄いので、その白熊のような犬が、二疋いっしょにめまいを起こして、しばらく吠（うな）って、それから泡を吐いて死んでしまいました。

「じつにぼくは、二千四百円の損害だ⑥」と一人の紳士が、その犬の眼（ま）ぶたを、ち

---

① かさかさ：乾いたものが触れ合って発する音を表す。

② とこ：「ところ」の略音。

③ 居やがらん：俗語。「いないなあ」の意味。責める気持ちが含んでいる。

④ タンタアーン：鉄砲を撃つ音。擬声語。

⑤ どたっと：「どたりと」の意味。重いものが倒れたり、落ちたりする音を表す。

⑥ 二千四百円：当時（1920 年）総理大臣の給料は一月千円である。

ょっとかえしてみて言いました。

「ぼくは二千八百円の損害だ。」と、もひとり①が、くやしそうに、あたまをまげて言いました。

はじめの紳士は、すこし顔いろを悪くして、じっと、もひとりの紳士の、顔つきを見ながら云いました。

「ぼくはもう戻ろうとおもう。」

「さあ、ぼくもちょうど寒くはなったし腹は空いてきたし戻ろうとおもう。」

「そいじゃ、これで切りあげよう。なあに戻りに、昨日の宿屋で、山鳥を拾円（じゅうえん）も買って帰ればいい。」

「兎もでていたねえ。そうすれば結局おんなじこった②。では帰ろうじゃないか」

ところがどうも困ったことは、どっちへ行けば戻れるのか、いっこうに見当がつかなくなっていました。

風がどうと吹いてきて、草はざわざわ、木の葉はかさかさ、木はごとんごとんと鳴りました。

「どうも腹が空いた。さっきから横っ腹が痛くてたまらないんだ。」

「ぼくもそうだ。もうあんまりあるきたくないな。」

「あるきたくないよ。ああ困ったなあ、何かたべたいなあ。」

「喰（た）べたいもんだなあ」

二人の紳士は、ざわざわ鳴るすすきの中で、こんなことを云いました。

その時ふとうしろを見ますと、立派な一軒の西洋造りの家がありました。

そして玄関には

| |
|---|
| RESTAURANT |
| 西洋料理店 |
| WILDCAT HOUSE |
| 山猫軒 |

---

① もひとり：「もう一人」の略音。

② こった：「ことだ」の意味。

という札がでていました。

「君、ちょうどいい。ここはこれでなかなか開けてるんだ。入ろうじゃないか」

「おや、こんなとこにおかしいね。しかしとにかく何か食事ができるんだろう」

「もちろんできるさ。看板にそう書いてあるじゃないか」

「はいろうじゃないか。ぼくはもう何か喰べたくて倒れそうなんだ。」

二人は玄関に立ちました。玄関は白い瀬戸(せと)の煉瓦(れんが)で組んで、実に立派なもんです。そして硝子(がらす)の開き戸がたって、そこに金文字でこう書いてありました。

「どなたもどうかお入りください。決してご遠慮はありません」

二人はそこで、ひどくよろこんで言いました。

「こいつはどうだ、やっぱり世の中はうまくできてるねえ、きょう一日なんぎしたけれど、こんどはこんないいこともある。このうちは料理店だけれどもただでご馳走するんだぜ。」

「どうもそうらしい。決してご遠慮はありませんというのはその意味だ。」

二人は戸を押して、なかへ入りました。そこはすぐ廊下になっていました。その硝子戸の裏側には、金文字でこうなっていました。

「ことに肥ったお方や若いお方は、大歓迎いたします」

二人は大歓迎というので、もう大よろこびです。

「君、ぼくらは大歓迎にあたっているのだ。」

「ぼくらは両方兼ねてるから」

ずんずん廊下を進んで行きますと、こんどは水いろのペンキ塗りの扉がありました。

「どうも変な家だ。どうしてこんなにたくさん戸があるのだろう。」

「これはロシア式だ。寒いとこや山の中はみんなこうさ。」

そして二人はその扉をあけようとしますと、上に黄いろな字でこう書いてありました。

「当軒は注文の多い料理店ですからどうかそこはご承知ください」

「なかなかはやってるんだ。こんな山の中で。」

「それあそうだ。見たまえ、東京の大きな料理屋だって大通りにはすくないだろう」二人は云いながら、その扉をあけました。するとその裏側に、

「注文はずいぶん多いでしょうがどうか一々こらえて下さい。」

「これはぜんたいどういうんだ。」ひとりの紳士は顔をしかめました。

「うん、これはきっと注文があまり多くて支度が手間取るけれどもごめん下さいと斯ういうことだ。」

「そうだろう。早くどこか室（へや）の中にはいりたいもんだな。」

「そしてテーブルに座りたいもんだな。」

ところがどうもうるさいことは、また扉が一つありました。そしてそのわきに鏡がかかって、その下には長い柄（え）のついたブラシが置いてあったのです。

扉には赤い字で、

　「お客さまがた、ここで髪をきちんとして、それからはきもの
　　の泥を落してください。」

と書いてありました。

「これはどうも尤（もっと）もだ。僕もさっき玄関で、山のなかだとおもって見くびったんだよ」

「作法の厳しい家だ。きっとよほど偉い人たちが、たびたび来るんだ。」

そこで二人は、きれいに髪をけずって、靴の泥を落しました。

そしたら、どうです。ブラシを板の上に置くや否や、そいつがぼうっとかすんで無くなって、風がどうっと室の中に入ってきました。

二人はびっくりして、互いによりそって、扉をがたんと開けて、次の室へ入って行きました。早く何か暖いものでもたべて、元気をつけて置かないと、もう途方もないことになってしまうと、二人とも思ったのでした。

扉の内側に、また変なことが書いてありました。

　「鉄砲と弾丸（たま）をここへ置いてください。」

見るとすぐ横に黒い台がありました。

「なるほど、鉄砲を持ってものを食うという法はない。」

「いや、よほど偉いひとが始終来ているんだ。」

二人は鉄砲をはずし、帯皮を解いて、それを台の上に置きました。

また黒い扉がありました。

「どうか帽子と外套と靴をおとり下さい。」

「どうだ、とるか。」

「仕方ない、とろう。たしかによっぽどえらいひとなんだ。奥に来ているのは」

二人は帽子とオーバーコートを釘(くぎ)にかけ、靴をぬいでぺたぺたあるいて扉の中にはいりました。

扉の裏側には、

　　「ネクタイピン、カフスボタン、眼鏡、財布、その他金物類、

　　ことに尖ったものは、みんなここに置いてください」

と書いてありました。扉のすぐ横には黒塗りの立派な金庫も、ちゃんと口を開けて置いてありました。鍵まで添えてあったのです。

「ははあ、何かの料理に電気をつかうと見えるね。金気(かなけ)のものはあぶない。ことに尖ったものはあぶないと斯(こ)う云うんだろう。」

「そうだろう。して見ると勘定(かんじょう)は帰りにここで払うのだろうか。」

「どうもそうらしい。」

「そうだ。きっと。」

二人はめがねをはずしたり、カフスボタンをとったり、みんな金庫のなかに入れて、ぱちんと錠(じょう)をかけました。

すこし行きますとまた扉があって、その前に硝子の壺が一つありました。扉には斯う書いてありました。

「壺のなかのクリームを顔や手足にすっかり塗ってください。」

みるとたしかに壺のなかのものは牛乳のクリームでした。

「クリームをぬれというのはどういうんだ。」

「これはね、外がひじょうに寒いだろう。室のなかがあんまり暖いとひびがきれる

から、その予防なんだ。どうも奥には、よほどえらいひとがきている。こんなところで、案外ぼくらは、貴族とちかづきになるかも知れないよ。」

二人は壺のクリームを、顔に塗って手に塗ってそれから靴下をぬいで足に塗りました。それでもまだ残っていましたから、それは二人ともめいめいこっそり顔へ塗るふりをしながら喰べました。

それから大急ぎで扉をあけますと、その裏側には、

「クリームをよく塗りましたか、耳にもよく塗りましたか、」

と書いてあって、ちいさなクリームの壺がここにも置いてありました。

「そうそう、ぼくは耳には塗らなかった。あぶなく耳にひびを切らすとこだった。ここの主人はじつに用意周到（しゅうとう）だね。」

「ああ、細かいとこまでよく気がつくよ。ところでぼくは早く何か喰べたいんだが、どうも斯うどこまでも廊下じゃ仕方ないね。」

するとすぐその前に次の戸がありました。

「料理はもうすぐできます。

十五分とお待たせはいたしません。

すぐたべられます。

早くあなたの頭に瓶の中の香水をよく振りかけてください。」

そして戸の前には金ピカの香水の瓶が置いてありました。

二人はその香水を、頭へぱちゃぱちゃ振りかけました。

ところがその香水は、どうも酢のような匂がするのでした。

「この香水はへんに酢くさい。どうしたんだろう。」

「まちがえたんだ。下女が風邪でも引いてまちがえて入れたんだ。」

二人は扉をあけて中にはいりました。

扉の裏側には、大きな字で斯う書いてありました。

「いろいろ注文が多くてうるさかったでしょう。お気の毒でした。

もうこれだけです。どうかからだ中に、壺の中の塩をたくさん

よくもみ込んでください。」

なるほど立派な青い瀬戸の塩壺は置いてありましたが、こんどというこんどは二人ともぎょっとしてお互にクリームをたくさん塗った顔を見合せました。

「どうもおかしいぜ。」

「ぼくもおかしいとおもう。」

「沢山（たくさん）の注文というのは、向うがこっちへ注文してるんだよ。」

「だからさ、西洋料理店というのは、ぼくの考えるところでは、西洋料理を、来た人にたべさせるのではなくて、来た人を西洋料理にして、食べてやる家とこういうことなんだ。これは、その、つ、つ、つ、つまり、ぼ、ぼ、ぼくらが……」がたがたがたがた①、ふるえだしてもうものが言えませんでした。

「その、ぼ、ぼくらが、……うわあ。」がたがたがたがたふるえだして、もうものが言えませんでした。

「遁（に）げ……」がたがたしながら一人の紳士はうしろの戸を押そうとしましたが、どうです、戸はもう一分（いちぶ）も動きませんでした。

奥の方にはまだ一枚扉があって、大きなかぎ穴が二つつき、銀いろのホーク②とナイフの形が切りだしてあって、

「いや、わざわざご苦労です。大へん結構にできました。さあさあおなかにおはいりください。」

と書いてありました。おまけにかぎ穴からはきょろきょろ二つの青い眼玉（めだま）がこっちをのぞいています。

「うわあ。」がたがたがたがた。

「うわあ。」がたがたがたがた。

ふたりは泣き出しました。

すると戸の中では、こそこそこんなことを云っています。

---

① がたがたがたがた：体が震えたり、揺れ動いたりするさま。ここで怖さで体が震えることを指す。

② ホーク：「フォーク」と同じ意味。

「だめだよ。もう気がついたよ。塩をもみこまないようだよ。」

「あたりまえさ。親分の書きようがまずいんだ。あすこへ、いろいろ注文が多くてうるさかったでしょう、お気の毒でしたなんて、間抜(まぬ)けたことを書いたもんだ。」

「どっちでもいいよ。どうせぼくらには、骨も分けて呉(く)れやしないんだ。」

「それはそうだ。けれどももしここへあいつらがはいって来なかったら、それはぼくらの責任だぜ。」

「呼ぼうか、呼ぼう。おい、お客さん方、早くいらっしゃい。いらっしゃい。いらっしゃい。お皿も洗ってありますし、菜(な)っ葉(ぱ)ももうよく塩でもんで置きました。あとはあなたがたと、菜っ葉をうまくとりあわせて、まっ白なお皿にのせるだけです。はやくいらっしゃい。」

「へい、いらっしゃい、いらっしゃい。それともサラド①はお嫌いですか。そんならこれから火を起してフライにしてあげましょうか。とにかくはやくいらっしゃい。」

二人はあんまり心を痛めたために、顔がまるでくしゃくしゃの紙屑(かみくず)のようになり、お互にその顔を見合せ、ぶるぶるふるえ、声もなく泣きました。

中ではふっふっとわらってまた叫んでいます。

「いらっしゃい、いらっしゃい。そんなに泣いては折角のクリームが流れるじゃありませんか。へい、ただいま。じきもってまいります。さあ、早くいらっしゃい。」

「早くいらっしゃい。親方がもうナフキンをかけて、ナイフをもって、舌なめずりして、お客さま方を待っていられます。」

二人は泣いて泣いて泣いて泣いて泣きました。

そのときうしろからいきなり、

「わん、わん、ぐゎあ。」という声がして、あの白熊のような犬が二疋、扉をつきやぶって室の中に飛び込んできました。鍵穴(かぎあな)の眼玉はたちまちなくなり、犬どもはううとうなってしばらく室の中をくるくる廻(まわ)っていましたが、また一声

---

①　サラド：サラダ。

「わん。」と高く吠えて、いきなり次の扉に飛びつきました。戸はがたりとひらき、犬どもは吸い込まれるように飛んで行きました。

その扉の向うのまっくらやみのなかで、

「にゃあお、くゎあ、ごろごろ。」という声がして、それからがさがさ①鳴りました。

室はけむりのように消え、二人は寒さにぶるぶるふるえて、草の中に立っていました。

見ると、上着や靴や財布やネクタイピンは、あっちの枝にぶらさがったり、こっちの根もとにちらばったりしています。風がどうと吹いてきて、草はざわざわ、木の葉はかさかさ、木はごとんごとんと鳴りました。

犬がふうとうなって戻ってきました。

そしてうしろからは、

「旦那あ、旦那あ、」と叫ぶものがあります。

二人は俄かに元気がついて

「おおい、おおい、ここだぞ、早く来い。」と叫びました。

簑帽子をかぶった専門の猟師が、草をざわざわ分けてやってきました。

そこで二人はやっと安心しました。

そして猟師のもってきた団子をたべ、途中で十円だけ山鳥を買って東京に帰りました。

しかし、さっき一ぺん紙くずのようになった二人の顔だけは、東京に帰っても、お湯にはいっても、もうもとのとおりになおりませんでした。

## 【作家紹介】

宮沢賢治（1896—1933）、詩人、童話作家。

質・古着商の宮澤政次郎とイチの長男として生まれる。父は熱心な浄土真宗の信者であった。農民が冷害などによる凶作で生活に苦しんでいる姿をたびたび目撃し、これが賢治の人間形成に大きく影響したと見られる。少年時代から植物や鉱物、昆虫の

① がさがさ：乾いたものなどが触れ合ってはする音。「かさかさ」よりやや重い感じ。

採集に集中し、父と仏教活動にも熱心に参加した。中学校時代から短歌の創作を試みる。『漢和対照妙法蓮華経』を読み、体が震えるほどの感銘を覚え、日蓮宗を信仰する。以後、宗教の問題からしばしば父と対立する。1915 年、盛岡高等農林学校に首席で入学、小菅健郎教授の指導の下で地質調査研究をする。1917 年、小菅健吉らと同人誌『アザリア』を創刊、習作を発表する。

研究生を卒業した賢治は、助教授の推薦を断り、1920 年 10 月に国柱会に入信。このごろから国柱会講師の高知尾知耀から文芸による大乗仏教の普及を進められ、童話の創作を始めるという説もある。翌年、家族に無断で上京し鶯谷の国柱会館を訪問、学生向けの謄写版製作の職に就きながら、童話創作を行う。その年、稗貫学校教諭となったが、1922 年から『春と修羅』の詩作を始めたり、童話集『注文の多い料理店』を始めとする幻想的でヒューマニズムに満ちた童話のほとんどを書き、文学的充実した時期を迎えた。最愛の妹トシの死に悲痛の思いを『永訣の朝』『松の針』『無声慟哭』の詩に表した。

1926 年に農学校を退職し、花巻郊外下根子桜の宮沢家の別荘に独居して自炊生活をはじめ、羅須地人協会を設立し、肥料稲作巡回相談など農村に献身した。しかし、賢治に対して、農民たちの不信、反感は根強かった。同年 12 月に上京、タイピングやエスペラント、オルガンやセロを習う。1928 年、農業指導のため伊豆大島に出張。この旅行を題材にして『三原三部』『東京』を創作。厳しい自然と重労働から肋膜炎を患って昭和 3 年ごろから健康状態が悪化。しかし、病床にあっても『雨ニモマケズ』、長編童話『グスコーブドリの伝記』を発表、『銀河鉄道の夜』の推敲を重ねるなど、文学活動を続けた。1933 年疲労と急性肺炎のため死去。

その文学活動の展開は、次の四期に区分することができる。第一期は1909 年（13 歳）に盛岡中学校に入学した時から、1920 年（24 歳）高等農林の研究科を終了するまで、主として短歌を創作した時期である。後年の詩や童話における鋭い感覚の閃きの見られるものがある。第二期は1920 年（24 歳）から1925 年（31 歳）までで、童話と詩の時代である。第三期は1925 年（31 歳）から1928 年（33 歳）までもっぱら詩作に従事した。1926 年もまた注目すべき年でる。この年の6 月ごろ、『農民芸術概論綱要』を起草した。これは疲弊した郷土の農村を芸術と科学とによって更正させ、さらに押し広めて「世界せんたいの幸福」をもたらそうという宗教的祈念の表明である。第四期は1928年（33歳）頃から没年の1933年（38歳）までである。三年過労から衰弱して発病。この期は詩の創作とともにこれまでの作品の推敲整理に力を注ぎ、人口に膾炙する『雨ニモマケズ』もこの期に完成した。

生前は詩集および童話集各一冊を自費出版しただけで、作家としてはわずかに詩の同人の間に知られていたくらいである。死後、はじめて数多くの童話や詩などが広く世に注目され、いろいろな国の言葉に訳された。37年の短い生涯に、800余篇の詩、100余篇の童話、1000余篇の短歌、200余篇文語詩を書き残した。没後80年以上経った今も尚、膨大な作品群は輝きを失わず、多くの人を魅了し、「宮沢賢治ブーム」を引き起こす。

賢治文学の基底となっているのは、宗教と自然と科学である。その宗教的感情には、神秘感と慈悲心との二要素がある。神秘感は彼のいう「第四次元」の感覚及び「四次元」の感情である。神秘感は原始的な東北の自然によって触発され、一方苛酷な自然によって引き起こされる冷害や飢饉に苦しむ農民に対しては慈悲心が発動する。さらに自然への親愛感は、郷土的色彩にあふれた優れた作品を生み出している。また賢治が専攻した農学・科学・地質学・天文学など自然科学の知識や技術は、彼の農村改造の手段となる一方、素材や用語などの面でその文学に独特な香気を添えている。賢治文学は、詩や童話における表現の独自性及び自然や文化に対する深い憧憬の念、さらに芸術によって理想社会を建設しようとする真摯な情熱などを含む点で清純な美しさに輝いている。①

## 【作品解説】

童話。作者の生前に刊行された唯一の童話集『イーハイブ童話　注文の多い料理店』（杜陵出版部・東京光原社、1924・12）に所収。宮沢賢治の代表作である。粗筋

① 久松潜一・吉田精一『近代日本文学辞典』東京堂出版、1975年、第688—689頁。

は以下のとおりである。

ある二人の若い紳士が猟犬を連れて山に狩りに出掛けた。あまりの山の奇妙さに、案内人とはぐれ、猟犬は泡を吹いて倒れてしまう。

「何の獲物も捕れず、犬も失うとは大きな損失だ」と下山を決意した二人の前に、突然、立派な洋館が現れる。腹をすかせた二人は「山猫亭」の中に足を踏み入れたのだった。

まず目に入ったのは「ことに肥ったお方や若いお方は大歓迎いたします」という看板。これを見た二人は「自分たちは若くて太っているから歓迎されているのだ」と思い込み、意気揚々と山猫亭に踏み込んだ。

進んでも進んでも店の中は広く、なかなか奥までたどり着かない。そのうちに、「髪をとかして泥を落としてください」「鉄砲を置いてください」「帽子とコートと靴をお脱ぎください」などの指示が現れた。「これはよほど偉い人が来ているに違いない」と二人は都合よく解釈し、指示通りにしていく。

しかし、最後の指示は「身体に塩をぬりこめ」というもの。さすがの二人も自分たちが調理されることに気づき、逃げだそうとした。その時、戸を突き破って猟犬が躍り込んでくると、「山猫亭」は雲のように消えてしまった。

はぐれた案内人と合流し、安堵した2 人の紳士であったが、あまりの恐怖で顔はくしゃくしゃになってしまい、2 度と元に戻ることはなかった。

『注文の多い料理店』は作者生前刊行した唯一の童話集の一篇である。物語は子供向けの面白い話と捕らえることが出来るが、作者はそこにもうすこし深いメッセージをこめられて、読者に無限な想像空間を与える。これが宮沢賢治の童話の特徴と言えよう。

この童話を理解するには、『序』及び刊行の際に作られた『広告ちらし』を併読することが不可欠である。『広告ちらし』では、『注文の多い料理店』について次のように語った。「二人の青年神士が猟に出て路を迷ひ「注文の多い料理店」に入りその途方もない経営者から却つて注文されてゐたはなし。糧に乏しい村のこどもらが都会文明と放恣な階級とに対する止むに止まれない反感です。」「都会」と「農村」の二項対立である。二人の紳士が「都会文明と放恣な階級」の傲慢、醜悪、愚かを代表し、賢治は殺生を道楽とする狩猟、猟犬の生命を重んじぜず金銭に換算し、「偉い人」や「貴族」との接触を光栄に思うことなどを批判しているのである。もっとも諷刺的なのは二人が危機に陥っている時、助けてくれたのは失踪した猟犬であり、腹を減った二人に食物を提供したのは西洋料理ではなく、田舎猟師の団子など、このような対立は単純な童話に深刻な現実批判の意味を与えた。

人と人とがほんとうに連帯するとはどういうことか、それは可能か、賢治の作品にはいつもそういう倫理がつきまとっている。賢治は自然を媒介にその答えを見出そうとする。自然を尊重し、自然と人間との緊密なつながりの中でこそ人間は生きられる。けれども人間がそれが分からない。『注文の多い料理店』はそうした人間のさかしらさへの風刺である。

## 【読解鑑賞】

### ☞ 宮沢賢治『注文の多い料理店』序

わたしたちは、氷砂糖をほしいくらいもたないでも、きれいにすきとおった風をたべ、桃いろのうつくしい朝の日光をのむことができます。

またわたくしは、はたけや森の中で、ひどいぼろぼろのきものが、いちばんすばらしいびろうどや羅紗や、宝石いりのきものに、かわっているのをたびたび見ました。

わたくしは、そういうきれいなたべものやきものをすきです。

これらのわたくしのおはなしは、みんな林や野はらや鉄道線路やらで、虹や月あかりからもらってきたのです。

ほんとうに、かしわばやしの青い夕方を、ひとりで通りかかったり、十一月の山の風のなかに、ふるえながら立ったりしますと、もうどうしてもこんな気がしてしかたないのです。ほんとうにもう、どうしてもこんなことがあるようでしかたないということを、わたくしはそのとおり書いたまでです。

ですから、これらのなかには、あなたのためになるところもあるでしょうし、ただそれっきりのところもあるでしょうが、わたくしには、そのみわけがよくつきません。なんのことだか、わけのわからないところもあるでしょうが、そんなところは、わたくしにもまた、わけがわからないのです。

けれども、わたくしは、これらのちいさなものがたりの幾きれかが、おしまい、あなたのすきとおったほんとうのたべものになることを、どんなにねがうかわかりません。

宮沢賢治

大正十二年十二月二十日

### ☞『注文の多い料理店』広告文

イーハトヴは一つの地名である。強て、その地点を求むるならばそれは、大小クラウスたちの耕してゐた、野原や、少女アリスガ辿つた鏡の国と同じ世界の中、テパーンタール砂漠の遥かな北東、イヴン王国の遠い東と考へられる。実にこれは著者の心象中にこの様な状景をもつて実在したドリームランドとしての日本岩手県である。そこでは、あらゆる事が可能である。人は一瞬にして氷雲の上に飛躍し大循環の風を従へて北に旅する事もあれば、赤い花杯の下を行く蟻と語ることもできる。

罪や、かなしみでさへそこでは聖くきれいにかゞやいてゐる。

深い掬の森や、風や影、肉之草や、不思議な都会、ベーリング市迄続々電柱の列、それはまことにあやしくも楽しい国土である。この童話集の一列は実に作者の心象スケツチの一部である。それは少年少女期の終り頃から、アドレツセンス中葉に対する一つの文学としての形式をとつてゐる。

この見地からその特色を数へるならば次の諸点に帰する。

一、これは正しいものゝ種子を有し、その美しい発芽を待つものである。而も決して既成の疲れた宗教や、道徳の残滓を色あせた仮面によつて純真な心意の所有者たちに欺き与へんとするものではない。

二、これらは新しい、よりよい世界の構成材料を提供しやうとはする。けれどもそれは全く、作者に未知な絶えざる警異に値する世界自身の発展であつて決して畸形に捏ねあげられた煤色のユートピアではない。

三、これらは決して偽でも仮空でも窃盗でもない。

多少の再度の内省と分析とはあつても、たしかにこの通りその時心象の中に現はれたものである。故にそれは、どんなに馬鹿げてゐても、難解でも必ず心の深部に於て万人の共通である。卑怯な成人たちに畢竟不可解な丈である。

四、これは田園の新鮮な産物である。われらは田園の風と光の中からつやゝかな果実や、青い蔬菜を一緒にこれらの心象スケツチを世間に提供するものである。

注文の多い料理店はその十二巻のセリーズの中の第一冊で先づその古風な童話としての形式と地方色とを以て類集したものであつて次の九編からなる。

**目次とその説明**

1　どんぐりと山猫

山猫拝と書いたおかしな葉書が来たので、こどもが山の風の中へ出かけて行くはなし。必ず比較をされなけれはならないいまの学童たちの内奥からの反響です。

2　狼森と笊森と盗森

人と森との原始的な交渉で、自然の順違二面が農民と与へた永い間の印象です。森に子供らが農具をかくすたびにみんなは「探しに行くぞお」と叫び森は「来お」と答へました。

3　鳥の北斗七星

戦ふものゝ内的感情です。

4　注文の多い料理店

二人の青年神士が猟に出て路を迷ひ「注文の多い料理店」に入りその途方もない経営者から却つて注文されてゐたはなし。糧に乏しい村のこどもらが都会文明と放恣な階級とに対する止むに止まれない反感です。

5　水仙月の四日

赤い毛布を被ぎ「カリメラ」の銅鍋や青い焔を考へながら雪の高原を歩いてゐたこどもと「雪婆ンゴ」や雪狼、雪童子とのものがたり。

6　山男の四月

四月のかれ草の中にねころんだ山男の夢です。

烏の北斗七星といつしよに、一つの小さなこゝろの種子を有ちます。

7　かしはばやしの夜

桃色の大きな月はだん／＼小さく青じろくなり、かしははみんなざわざわ言ひ、画描きは自分の靴の中に鉛筆を削つて変なメタルの歌をうたふ、たのしい「夏の踊りの第三夜」です。

8　月夜のでんしんばしら

うろこぐもと鉛色の月光、九月のイーハトヴの鉄道線路の内想です。

9　鹿踊りのはじまり

まだ剖れない巨きな愛の感情です。すゝきの花の向ひ火や、きらめく赤褐の樹立のなかに、鹿が無心に遊んでゐます。ひとは自分と鹿との区別を忘れ、いつしよに踊らうとさへします。

## 【研究情報】

宮沢賢治の才能を認めた同時代の文学者は草野心平、中原中也、佐藤惣之助、横光利一、高村光太郎などがいる。谷川徹三や中島健蔵らは賢治像を作り上げた。戦後は佐藤勝治『宮沢賢治批判』（十字屋書店、1953・3）や中村稔『宮沢賢治』（書肆ユリイカ、1955・6）らが理想像としての賢治を批判し、賢治賛美の研究者の間に論争が起こった。『宮沢賢治研究叢書』全八冊（学芸書林、1975・7—1976・10）、『日本文学研究資料叢書　高村光太郎・宮沢賢治』（有精堂、1973・10）には昭和40年代までの主要論文が収録されている。校本全集は賢治作品の四次元性（時間の軸に沿っての作品の変化変質）の理念、下書き稿調査の重要性などを伝えた。目立った研究書としては、仏教関係では八重樫昊編『宮沢賢治と法華経』（普通社、1960・2）、テキストクリティックとしての小倉豊文『宮沢賢治の手帳研究』（創元社、1952・8）、天文学との関係では草下英明『宮沢賢治と星』（甲文社、1953・9）、病跡学からの分析を試みた福島章『宮沢賢治・芸術と病理』（金剛出版、1970・2）、詩人としてのインスピレーションに満ちた作品論や比較文学研究の成果をまとめた天沢退二郎『《宮沢賢治》論』（筑摩書房、1976・11）、『《宮沢賢治》鑑』（筑摩書房、1986・9）がある。

1975年ごろからさまざまな分野からの研究が増えた。児童文学関係では、続橋達雄『宮沢賢治・童話の軌跡』（桜楓社、1978・10）、西田良子『宮沢賢治論』（桜楓社、1981・4）などがある。科学関係の研究では、宮城一男『農民の地学者　宮沢賢治』（築地書房、1975・10）、斎藤文一『宮沢賢治とその展開——氷窒素の世界』（国文社、1976・10）、須川力『星の世界　宮沢賢治とともに』（そしえて、1979・10）等がある。金子民雄『山と森の旅』（れんが書房新社、1978・4）は西域文化との関連研究で、新しい分野を開拓した。思想的文化的背景との関わりから論じた小野隆祥『宮沢賢治の思索と信仰』（泰流社、1979・12）は異色のある論著である。

80年代以後の賢治研究はより豊かになり、各種の賢治研究は成果を競っている。原子朗『宮沢賢治語彙辞典』（東京書籍、1989・10）は目立ったものである。童話関連の論著は谷川雁『賢治初期童話考』（潮出版社、1985・10）、別役実『イーハトーボゆき軽便鉄道』（リブロポート、1990・1）、田口昭典『賢治童話の生と死』（洋々社、1987・6）、バンヤンとの関係を論じた内田朝雄『私の宮沢賢治』（農山漁村文化協会、1981・6）、仏教関係の論著は工藤哲夫「賢治と維摩経」（『京都女子大学宗教・文化研究所紀要三』、1990・3）龍佳花『宮沢賢治をもとめて——〈青森挽歌〉論』（洋々社、1985・11）、キリスト教との関係を論じた上田哲『宮沢賢治　その理想世界への道程』（明治書院、1985・1）、賢治の思想を論じた見田宗介『宮沢賢治』（岩波書店、1984・2）、吉本隆明『宮沢賢治』（筑摩書房、1989・7）、赤祖父哲二『宮沢賢治現代思想への衝撃』（六興出版、1991・1）などがある。比較文学研究としては、植田敏郎『宮沢賢治とドイツ文学』（大日本図書、1989・4）、清水正『宮沢賢治とドストエフスキー』（創樹社、1989・5）、フロイトやユングの学説を援用する松田司郎『宮沢賢治の童話論』（国土社、1986・5）、年譜の集大成として堀尾青史『年譜宮沢賢治伝』（中央公論社、1991・2）、科学関係の論著亀井茂「宮沢賢治と盛岡高等農林学校断片」（『早池峯』、1985・12—1987・12）など、賢治人気の高まりにより賢治研究も百花繚乱を呈する。

今日における宮沢研究は作品だけに目をとめるのはもちろん不可能である。巨視的な視野、広い関心をもつ博識の研究者を要求する。なお、1990 年以後については、宮沢賢治学会の年刊「宮沢賢治研究 Annual」でほぼ完全にカバーできる。

## 【参考文献】

恩田逸夫「宮沢賢治・注文の多い料理店」大藤幹夫編『展望　日本の児童文学』双文社、1978 年 5 月

西郷竹彦監修『宮沢賢治=注文の多い料理店』明治図書、1979 年 7 月

柴田義松『「注文の多い料理店」全記録』明治図書、1988 年 4 月

伊藤真一郎「注文の多い料理店」臨増『国文学』1980 年 5 月

秋枝美保「テクスト評釈・注文の多い料理店」臨増『国文学』1986 年 5 月

梅原猛「宮沢賢治と風刺精神」『文学』1966 年 12 月

佐藤泰正編『別冊国文学　宮沢賢治必携』1980 年 5 月

原子朗「賢治、その受容と研究の歴史」『群像日本の作家』12、小学館、1990 年 2 月

特集『宮沢賢治研究のため』『解釈と鑑賞』1991 年 6 月

藤原定『詩の宇宙』皆美社、1972 年 9 月

万田務『人間宮沢賢治』桜楓社、1973 年 10 月

続橋達雄『宮沢賢治少年小説』洋々社、1988 年 6 月

畑山博『わが心の宮沢賢治』佼成出版、1984 年 9 月

入沢康夫『宮沢賢治　プリオシン海岸からの報告』筑摩書房、1991 年 7 月

高橋世織「語りものとしての宮沢賢治の世界」『口承文芸の世界——日本とヨーロッパの昔話を中心に』北大図書刊行会、1989 年 9 月

# 九　伊豆の踊子

川端康成

## 一

道がつづら折りになって、いよいよ天城峠（あまぎとうげ）①に近づいたと思うころ、雨脚（あまあし）②が杉の密林を白く染めながら、すさまじい速さで麓から私を追って来た。

私は二十歳、高等学校の制帽をかぶり、紺がすりの着物に袴をはき、学生カバンを肩にかけていた。一人伊豆の旅に出てから四日目のことだった。修繕寺（しゅぜんじ）温泉③に一夜泊まり、湯ヶ島（ゆがじま）温泉に二夜泊まり、そして朴歯（ほおば）④の高下駄（たかげた）⑤で天城を登って来たのだった。重なり合った山々や原生林や深い渓谷の秋に見ほれながらも、私は一つの期待に胸をときめかして道を急いでいるのだった。そのうちに大粒（おおつぶ）の雨が私を打ち始めた。折り曲がった急な坂道を駆け登った。ようやく峠の北口の茶屋に辿りついてほっとすると同時に、私はその入口で立ちすくんでしまった。余りに期待がみごとに的中

---

① 天城峠：伊豆半島中央部、伊豆市と河津町との境にある峠。標高 840メートル。北伊豆と南伊豆とを結ぶ交通の要所である。

② 雨脚：激しく降り注いで、細い筋のように見える雨。

③ 修善寺温泉：静岡県伊豆市の地名。桂川の渓谷に沿う温泉町。

④ 朴歯：ホオノキの材で厚くつくった下駄の歯。

⑤ 高下駄：歯の高い下駄。

したからである。そこで旅芸人（たびげいにん）の一行が休んでいたのだ。

突っ立っている私を見た踊り子が直ぐに自分の座布団（ざぶとん）を外して、裏返（うらがえ）しに傍へ置いた。

「ええ……」とだけ言って、私はその上に腰を下した。坂道を走った息切れを驚きとで、「ありがとう」という言葉がのどに引っかかって出なかったのだ。踊子と真近に向かい合ったので、私はあわててたもとからたばこを取り出した。踊子がまた連れの女の前の煙草盆（たばこぼん）を引き寄せて私に近くしてくれた。やっぱり私は黙っていた。

踊子は十七くらいに見えた。私にはわからない古風の不思議な形に大きく髪を結（ゆ）っていた。それが卵型（たまごがた）のりりしい顔を非常に小さく見せながらも、美しく調和していた。髪を豊かに誇張して描いた、稗史（はいし）①的な娘の絵姿のような感じだった。踊子の連れは四十代の女が一人、若い女が二人、ほかに長岡温泉の宿屋印半纏（やどやしるしばんてん）を着た二十五、六の男がいた。

私はそれまでにこの踊子を二度見ているのだった。最初は私湯ヶ島へ来る途中、修繕寺へ行く彼女たちと湯川橋（ゆがわはし）の近くで出会った。その時は若い女が三人だったが、踊子は太鼓（たいこ）をさげていた。私は振り返り振り返り眺めて、旅情が自分の身についたと思った。それから、湯ヶ島の二日目の夜、宿屋へ流して来た。踊子が玄関の板敷（いたじき）で踊るのを、私は梯子段（はしごだん）の中途に腰をおろして一心に見ていた。

——あの日が修繕寺で今夜が湯ヶ島なら、明日は天城を南に越えて湯ヶ野温泉へ行くのだろう。天城七里②の山道できっと追いつけるだろう。そう空想して道を急いできたのだったが、雨宿りの茶屋でぴったり落ち合ったものだから、私はどぎまぎしてしまったのだ。

まもなく、茶屋の婆さんが私を別の部屋へ案内してくれた。平常使わないらしく

---

①　稗史：稗官が集めて記した民間の言い伝えのこと。
②　天城七里：天城峠の峠道。一里は約3900メートル。

戸障子(としょうじ)がなかった。下をのぞくと美しい谷が目の届かないほど深かった。私は膚(はだ)に粟粒(あわつぶ)をこしらえ、かちかちと歯を鳴らして身震(みぶる)いした。茶を入れに来た婆さんに、寒いというと、

「おや、だんな様おぬれになってるじゃございませんか。こちらでしばらくおあたりなさいまし、さあ、おめしものをおかわかしなさいまし。」と、手を取るようにして、自分たちの居間へ誘ってくれた。

その部屋は炉(ろ)が切ってあって、障子をあけると強い火気(かき)が流れて来た。私は敷居(しきい)ぎわに立って躊躇した。水死人(すいしじん)のように全身青ぶくれの爺さんが炉端(ろばた)にあぐらをかいているのだ。瞳まで黄色く腐ったような目を物うげに私の方へ向けた。身の回りに古手紙(ふるてがみ)や紙袋の山を築いて、その紙くずのなかに埋もれていると言ってもよかった。とうてい生物と思えない山の怪奇を眺めたまま、私は棒立ちになった。

「こんなお恥ずかしい姿をお見せいたしまして……でも、うちのじじいでございますからご心配なさいますな。お見苦しくても、動けないのでございますから、このままで堪忍してやってくださいまし。」

そう断ってから、婆さんが話したところによると爺さんは長年中風を煩(わずら)って、全身が不随(ふずい)になってしまっているのだそうだ。紙の山は、諸国から中風の療法を教えて来た手紙や、諸国から取り寄せた中風の薬の袋なのである。爺さんは峠を越える旅人から聞いたり、新聞の広告を見たりすると、その一つをも漏らさずに、全国から中風の療法を聞き、売薬(ばいやく)を求めたのだそうだ。そして、それらの手紙や紙袋を一つも捨てずに身の回りに置いて眺めながら暮らして来たのだそうだ。長年の間にそれが古ぼけた反古(ほご)①の山を築いたのだそうだ。

私は婆さんに答える言葉もなく、囲炉裏(いろり)の上にうつむいていた。山を越える自動車が家を揺すぶった。秋でもこんなに寒い、そしてまもなく雪に染まる峠を、なぜこの

① 反古：不用となった紙。

爺さんはおりないのだろうと考えていた。私の着物から湯気(ゆげ)が立って、頭が痛むほど火が強かった。婆さんは店に出て旅芸人の女と話していた。

「そうかねえ、この前連れていた子がもうこんなになったのかい。いい娘になって、お前さんも結構だよ。こんなにきれいになったのかねえ。女の子は早いもんだよ。」

小一時間経つと、旅芸人たちが出立つらしい物音が聞こえて来た。私も落ち着いている場合ではないのだが、胸騒ぎするばかりで立ち上がる勇気が出なかった。旅慣れたと言っても女の足だから、十町①や二十町遅れたって一走りに追いつけると思いながら、炉のそばでいらいらしていた。しかし踊子たちがそばにいなくなると、かえって私の空想は解き放たれたように生き生きと踊り始めた。彼らを送り出してきた婆さんに聞いた。

「あの芸人は今夜どこで泊まるんでしょう。」

「あんな者、どこで泊まるやらわかるものでございますか、旦那様。お客があればあり次第、どこにだって泊まるんでございますよ。今夜の宿のあてなんぞございますものか。」

はなはだしい軽べつを含んだ婆さんの言葉が、それならば、踊子を今夜は私の部屋に泊まらせるのだ、と思ったほど私をあおり立てた。

雨足が細くなって、峰が明るんで来た。もう十分も待てばきれいに晴れ上がると、しきりに引き止められたけれども、じっとすわっていられなかった。

「爺さん、お大事になさいよ。寒くなりますからね。」と私は心から言って立ち上がった。爺さんは黄色い眼を重そうに動かしてかすかにうなずいた。

「旦那さま、旦那さま。」と叫びながら婆さんが追っかけて来た。

「こんなにいただいてはもったいのうございます。申しわけございません。」

そして私のカバンを抱きかかえて渡そうとせずに、いくら断ってもその辺まで送ると言って承知しなかった。一町ばかりもちょこちょこついて来て、同じことを繰り返していた。

---

① 町：距離の単位。一町は約109メートル。

「もったいのうございます、お粗末いたしました。お顔をよく覚えております。今度お通りの時にお礼をいたします。この次もきっとお立ち寄りくださいまし。お忘れはいたしません。」

私は五十銭銀貨を一枚置いただけだったので、痛く驚いた涙がこぼれそうに感じているのだったが、踊子に早く追いつきたいものだから、婆さんのよろよろした足取りが迷惑でもあった。とうとう峠のトンネルまで来てしまった。

「どうもありがとう。お爺さんが一人だから帰ってあげて下さい。」と私が言うと、婆さんはやっとのことでカバンを離した。

暗いトンネルに入ると、冷たい雫（しずく）がぽたぽた落ちていた。南伊豆への出口が前方に小さく明るんでいた。

## 二

トンネルの出口から白塗りのさくに片側を縫われた峠道が稲妻（いなずま）のように流れていた。この模型のような展望①の裾のほうに芸人たちの姿が見えた。六町と行かないうちに私は彼らの一行に追いついた。しかし急に歩調をゆるめることもできないので、私は冷淡なふうに女たちを追い越してしまった。十間ほど先きに一人歩いていた男が私を見ると立ち止まった。

「お足が早いですね。——いいあんばいに晴れました。」

私はほっとして男を並んで歩き始めた。男は次ぎ次ぎにいろんなことを私に聞いた。二人が話し出したのを見て、うしろから女たちがばたばた走り寄って来た。

男は大きい柳行李（やなぎごうり）を背負っていた。四十女は小犬を抱いていた。上の娘が風呂敷包み、中の娘が柳行李、それぞれ大きい荷物を持っていた。踊子は太鼓とそのわくを負うていた。四十女もぽつぽつ私に話しかけた。

「高等学校の学生さんよ。」と、上の娘が踊子にささやいた。私が振り返ると笑い

---

① 展望：展望台。

ながら言った。

「そうでしょう。それくらいのことは知っています。島へ学生さんが来ますもの。」

一行は大島①の波浮（はぶ）②の港の人たちだった。春に島を出てから旅を続けているのだが、寒くなるし、冬の用意はして来ないので、下田（しもだ）③に十日ほどいて伊東温泉から島へ帰るのだと言った。大島と聞くと私は一層詩を感じて、また踊子の美しい髪を眺めた。大島のことをいろいろ尋ねた。

「学生さんがたくさん泳ぎに来るね。」踊子が連れの女に言った。

「夏でしょう。」と、私がふり向くと、踊子はどぎまぎして、

「冬でも…。」と、小声で答えたように思われた。

「冬でも？」

踊子はやはり連れの女を見て笑った。

「冬でも泳げるんですか。」と、私はもう一度言うと、踊子は赤くなって、非常にまじめな顔をしながら軽くうなずいた。

「ばかだ。この子は。」と、四十女が笑った。

湯ヶ野までは河津川（かわづがわ）の渓谷に沿うて三里余りの下りだった。峠を越えてからは、山や空の色までが南国らしく感じられた。私と男とは絶えず話し続けて、すっかり親しくなった。荻乗（おぎのり）や梨本なぞの小さい村里（むらざと）を過ぎて、湯ヶ野のわら屋根が麓に見えるようになったころ、私は下田までいっしょに旅をしたいと思い切って言った。彼は大変喜んだ。

湯ヶ野の木賃宿（きちんやど）の前で四十女が、ではお別れ、という顔をした時に、彼は言ってくれた。

「この方はお連れになりたいとおっしゃるんだよ。」

---

① 大島：東京都南部、伊豆諸島にある最大の火山島。
② 波浮：大島東南部の港。
③ 下田：静岡県、伊豆半島の南東端にある町。

「それは、それは。旅は道連れ、世は情。私たちのようなつまらない者でも、ご退屈しのぎにはなりますよ。まあ上がってお休みないまし。」とむぞうさに答えた。娘たちは一時に私を見たが、至極なんでもないという顔で黙って、少し恥ずかしそうに私を眺めていた。

皆といっしょに宿屋の二階へ上がって荷物を降ろした。畳や襖(ふすま)も古びてきたなかった。踊子が下から茶を運んで来た。私の前にすわると、真紅(まっか)になりながら手をぶるぶる震わせるので茶碗が茶托(ちゃたく)から落ちかかり、落とすまいと畳に置く拍子に茶をこぼしてしまった。あまりにひどいはにかみようなので、私はあっけにとられた。

「まあ！いやらしい。この子は色気づいたんだよ。あれあれ……」と、四十女があきれはてたというふうに眉をひそめて手拭を投げた。踊子はそれを拾って、窮屈そうに畳をふいた。

この意外な言葉で、私はふと自分を省(かえり)みた。峠の婆さんにあおり立てられた空想がぽきんと折れるのを感じた。

そのうちに突然四十女が、

「書生さんの紺飛白(こんかすり)はほんとにいいねえ。」と言って、しげしげ私を眺めた。

「この方の飛白は民次(たみじ)と同じ柄だね。そうだね。同じ柄じゃないかね。」そばの女に幾度もだめを押してから私に言った。

「国に学校行きの子供を残してあるんですが、その子を今思い出しましてね。その子の飛白と同じなんですもの。この節は紺飛白もお高くてほんとに困ってしまう。」

「どこの学校です。」

「尋常五年①なんです。」

「へえ、尋常五年とはどうも……」

「甲府(こうふ)②の学校へ行ってるんでございますよ、長く大島におりますけれど、国は

---

① 尋常五年：旧制の小学校五年生。

② 甲府：山梨県の国中地方に位置する市。

甲斐（かい）①の甲府でございましてね。」

一時間ほど休んでから、男が私を別の温泉宿へ案内してくれた。それまでは私も芸人たちと同じ木賃宿に泊まることとばかり思っていたのだった。私たちは街道から石ころ路や石段を一町ばかりおりて、小川（おがわ）のほとりにある共同湯の横の橋を渡った。橋の向こうは温泉宿の庭だった。

そこの内湯につかっていると、あとから男がはいって来た。自分が二十四になることや、女房が二度とも流産（りゅうざん）と早産とで子供を死なせたことなぞを話した。彼は長岡温泉の印半纏を着ているので、長岡の人間だと私たちは思っていたのだった。また顔つきも話ぶりも相当知識的なところから、物好きか芸人の娘にほれたかで、荷物を持ってやりながらついて来ているのだと想像していた。

湯から上がると私はすぐに昼飯を食べた。湯ヶ島を朝の八時に出たのだったが、その時はまだ三時前だった。

男が帰りかけに、庭から私を見上げてあいさつをした。

「これで柿でもおあがりなさい。二階から失礼。」と言って、私は金包（かねづつ）みを投げた。男は断って行き過ぎようとしたが、庭に紙包みが落ちたままなので、引き返してそれを拾うと、

「こんなことはなさっちゃいけません。」とほうり上げた。それが藁屋根（わらやね）の上に落ちた。私がもう一度投げると、男は持って帰った。

夕暮れからひどい雨になった。山々の姿が遠近を失った白く染まり、前の小川が見る見る黄色く濁って音を高めた。こんな雨では踊子たちが流して来ることもあるまいと思いながら、私はじっとすわっていられないので二度も三度も湯に入ってみたりしていた。部屋は薄暗かった。隣室との間の襖を四角く切り抜いたところに鴨居（かもい）②から電燈が下がっていて、一つの明かりが二室兼用になっているのだった。

---

① 甲斐：旧国名の一。現在の山梨県にあたる。
② 鴨居：和室で障子や襖などをはめ込むための上部に取り付けられた横木を指す。

　とんとんとん、激しい雨の音の遠くに太鼓の響きがかすかに生まれた。私はかき破るように雨戸をあけて体を乗り出した。太鼓の音が近づいてくるようだ。雨風(あめかぜ)が私の頭をたたいた。私は眼を閉じて耳を澄ましながら、太鼓がどこをどう歩いてここへ来るかを知ろうとした。まもなく三味線(しゃみせん)の音が聞こえた。女の長い叫び声が聞こえた。にぎやかな笑い声が聞こえた。そして芸人たちは木賃宿と向かい合った料理屋のお座敷に呼ばれているのだとわかった。二、三人の女の声と三、四人の男の声とが聞き分けられた。そこがすめばこちらへ流して来るのだろうと待っていた。しかしその酒宴は陽気を越えてばか騒ぎになって行くらしい。女の金切り声が時々稲妻のようにやみ夜に鋭く通った。私は神経をとがらせて、いつまでも戸をあけたままじっとすわっていた。太鼓の音が聞こえる度に胸がほうと明るんだ。

「ああ、踊子はまだ宴席にすわっていたのだ。すわって太鼓を打っているのだ。」

　太鼓がやむたまらなかった。雨の音の底に私は沈み込んでしまった。

　やがて、皆が追っかけっこをしているのか、踊りまわっているのか、乱れた足音がしばらく続いた。そして、ぴたと静まり返ってしまった。私は目を光らせた。この静けさがなんであるかをやみを通して見ようとした。踊子の今夜が汚(けが)れるのであろうかと悩ましかった。

　雨戸を閉じて床に入っても胸が苦しかった。また湯に入った。湯を荒々しくかき回した。雨が上がって、月が出た。雨に洗われた秋の夜がさえざえと明るんだ。はだしで湯殿(ゆどの)を抜け出して行ったって、どうともできないのだと思った。二時を過ぎていた。

## 三

　あくる朝の九時過ぎに、もう男が私の部屋に訪ねてきた。起きたばかりの私は彼を誘って湯に行った。美しく晴れ渡った南伊豆の小春日和(こはるびより)で、水かさの増した小川が湯殿の下に暖かく日を受けていた。自分にも昨夜の悩ましさが夢のように感じられるのだったが、私は男に言ってみた。

「昨夜はだいぶ遅くまでにぎやかでしたね。」

「なあに、聞こえましたか。」

「聞こえましたとも。」

「この土地の人なんですよ。土地の人はばか騒ぎをするばかりで、どうもおもしろくありません。」

彼があまり何げないふうなので、私は黙ってしまった。

「向こうのお湯にあいつらが来ています。——ほれ、こちらを見つけたと見えて笑っていやがる。

彼に指さされて、私は川向こうの共同湯のほうを見た。湯気の中に七八人の裸體（らたい）がぼんやり浮かんでいた。

ほの暗い湯殿の奥から、突然裸の女が走り出して来たかと思うと、脱衣場（だついじょう）のとっぱなに川岸へ飛び降りそうな格好で立ち、両手を一ぱいに伸ばして何か叫んでいる。手拭きもない真裸（まっぱだか）だ。それが踊子だった。若桐（わかきり）のように足のよく伸びた白い裸身を眺めて、私は心に清水（きよみず）を感じ、ほうっと深い息を吐いてから、ことこと笑った。子供なんだ。私たちを見つけた喜びで真裸のまま日の光の中に飛び出し、爪先で背一ぱいに伸び上がるほどに子供なんだ。私は朗らかな喜びでことこと笑い続けた。頭がぬぐわれたように澄んで来た。微笑がいつまでもとまらなかった。

踊子の髪が豊か過ぎるので、十七、八に見えていたのだ。その上娘盛り（むすめざかり）のように装（よそお）わせてあるので、私はとんでもない思い違いをしていたのだ。

男と一緒に私の部屋に帰っていると、まもなく上の娘が宿の庭へ来て菊畑（きくばたけ）を見ていた。踊子が橋を半分ほど渡っていた。四十女が共同湯を出て二人のほうを見た。踊子はきゅっと肩をつぼめながら、しかられるから帰ります、というふうに笑って見せて急ぎ足に引き返した。四十女が橋まで来て声を掛けた。

「お遊びにいらっしゃいまし。」

「お遊びにいらっしゃいまし。」

上の娘も同じことを言って、女たちと帰って行った。男はとうとう夕方まですわり込んでいた。

夜、紙類(かみるい)の卸(おろ)して回る行商人(ぎょうしょうにん)と碁を打っていると、宿の庭に突然太鼓の音が聞こえた。私は立ちあがろうとした。

「流しが来ました。」

「ううん、つまらない。あんなもの。さ、さ、あなたの手ですよ。私ここへ打ちました。」と、碁盤(ごばん)をつつきながら紙屋は勝負(しょうぶ)に夢中だった。私はそわそわしているうちに芸人たちはもう帰り道らしく、男が庭から、

「今晩は。」と声を掛けた。

私は廊下に出て手招きした。芸人たちは庭でちょっとささやき合ってから玄関へ回った。男の後ろから娘が三人順々に、

「今晩は。」と、廊下に手をついて芸者(げいしゃ)のようにお辞儀をした。碁盤の上では急に私の負け色が見え出した。

「これじゃしかたがありません。投げですよ。」

「そんなことがあるもんですか。私のほうが悪いでしょう。どっちにしても細かいです。」

紙屋は芸人のほうを見向きもせずに、碁盤の目を一つ一つ数えてから、ますます注意深く打って行った。女たちは太鼓や三味線を部屋のすみにかたづけると、将棋盤の上で五目並(ごもくなら)べを始めた。そのうちに私は勝っていた碁を負けてしまったのだが、紙屋は、

「いかがですもう一石①、もう一石願いましょう。」と、しつっこくせがんだ。しかし私が意味もなく笑っているばかりなので紙屋はあきらめて立ち上がった。

娘たちが碁盤の近くへ出て来た。

「今夜はまだこれからどこかへ回るんですか。」

---

① 一石：一局を指す。

「回るんですが。」と、男は娘のほうを見た。

「どうしよう。今夜はもうよしにして遊ばせていただくか。」

「うれしいね。うれしいね。」

「しかられやしませんか。」

「なあに、それに歩いたってどうせお客がないんです。」

そして五目並べなぞをしながら、十二時過ぎまで遊んで行った。

踊子が帰ったあとは、とても眠れそうもなく頭がさえざえしているので、私は廊下に出て呼んでみた。

「紙屋さん、紙屋さん。」

「よう……。」と、六十近い爺さんが部屋から飛び出し、勇み立って行言った。

「今晩は徹夜ですぞ。打ち明かすんですぞ。」

私もまた非常に好戦的な気持ちだった。

## 四

その次の朝八時から湯ヶ野出立（しゅったつ）の約束だった。私は共同湯の横で買った鳥打（とりう）ち帽（ぼうし）をかぶり、高等学校の制帽をカバンの奥に押し込んでしまって、街道沿いの木賃宿へ行った。二階の戸障子がすっかりあけ放たれているので、なんの気なしに上がっていくと、芸人たちはまだ床の中にいるのだった。私は面くらって廊下に突っ立っていた。

私の足もとの寝床で、踊子がまっかになりながら両の掌（てのひら）ではたと顔を押しえてしまった。彼女は中の娘と一つの床に寝ていた。昨夜の濃い化粧が残っていた。唇と眦（まなじり）の紅（べに）が少しにじんでいた。この情緒的な寝姿が私の胸を染めた。彼女はまぶしそうにくるりと寝返りして、掌で顔を隠したまま蒲団をすべり出ると、廊下にすわり、「昨晩はありがとうございました。」と、きれいなお辞儀をして、立ったままの私をまごつかせた。

男は上の娘と同じ床に寝ていた。それを見るまで私は、二人が夫婦であることをちっとも知らなかったのだった。

「大変すみませんのですよ。今日立つつもりでしたけれど、今晩お座敷があり①そうでございますから、私たちは一日延ばしてみることにいたしました。どうしても今日お立ちになるなら、また下田でお目にかかりますわ。私たちは甲州屋という宿屋にきめておりますから、すぐおわかりになります。」と四十女が寝床から半ば起き上がって言った。私は突っ放されたように感じた。

「明日にしていただけませんか。おふくろが一日延ばすって承知しないもんですからね。道連れのあるほうがよろしいですよ。明日いっしょに参りましょう。」と男が言うと、四十女も付け加えた。

「そうなさいましよ。せっかくお連れになっていただいて、こんなわがままを申しちゃすみませんけれど——。明日は槍（やり）が降っても立ちます。明後日（あさって）が旅で死んだ赤ん坊の四十九日②でございましてね、四十九日には心ばかりのことを、下田でしてやりたいと前々から思って、その日までに下田へ行けるように旅を急いだのでございますよ。そんなことを申しちゃ失礼ですけれど、不思議なご縁ですもの、明後日はちょっと拝んでやってくださいましな。」

そこで私は出立を延ばすことにして階下へ降りた。皆が起きて来るのを待ちながら、きたない帳場（ちょうば）で宿の者と話していると、男が散歩に誘った。街道を少し南へ行くときれいな橋があった。橋の欄干によりかかって、彼はまた身の上話を始めた。東京である新派役者の群れにしばらく加わっていたとのことだった。今でも時々大島の港で芝居をするのだそうだ。彼らの荷物の風呂敷から刀の鞘の足のようにはみだしていたのだったが、お座敷でも芝居のまねをして見せるのだと言った。柳行李の中はその衣裳や鍋、茶碗なぞの世帯道具なのである。

「私は身を誤った果てに落ちぶれてしまいましたが、兄が甲府で立派に家の跡目（あとめ）を立てていてくれます。だから私はまあ入らない体なんです。」

---

① お座敷がある：芸者・芸人などが招かれる酒席がある。「お座敷がかかる」も言う。

② 四十九日：人が亡くなってから四十九日目。四十九日は「満中陰法要」「忌明け」「七七日」などの呼び方があり、法要を行う。

「私はあなたが長岡温泉の人だとばかり思っていましたよ。」

「そうでしたか。あの上の娘が女房ですよ。あなたより一つ下、十九でしてね、旅の空で二度目の子供を早産しちまって、子供は一週間ほどして息が絶えるし、女房はまた体がしっかりしないんです。あの婆さんは女房の実のおふくろなんです。踊子は実の妹ですが。」

「へえ。十四になる妹があるっていうのは……」

「あいつですよ。妹にだけはこんなことをさせたくないと思いつめていますが、そこにはまたいろんな事情がありましてね。」

それから、自分が栄吉（えいきち）、女房は千代子（ちよこ）、妹が薫（かおる）ということなぞを教えてくれた。もう一人の百合子（ゆりこ）という十七の娘だけが大島生まれで雇いだとのことだった。栄吉はひどく感傷的になって泣き出しそうな顔をしながら河瀬（かわせ）を見つめていた。

引き返して来ると、白粉（おしろい）を洗い落とした踊子が道ばたにうずくまって犬の頭をなでていた。私は自分の宿に帰ろうとして言った。

「遊びにいらっしゃい」

「ええ。でも一人では……」

「だから兄さんと。」

「すぐに行きます。」

まもなく栄吉が私の宿へ来た。

「皆は？」

「女どもはおふくろがやかましいので。」

しかし、二人がしばらく五目並べをやっていると、女たちが橋を渡ってどんどん二階へ上がって来た。いつものようにていねいなお辞儀をして廊下にすわったままためらっていたが、一番に千代子が立ち上がった。

「これは私の部屋よ。さあどうぞご遠慮なしにお通りください。」

一時間ほど遊んで芸人たちはこの宿の内湯へ行った。いっしょにはいろうとしきりに誘われたが、若い女が三人もいるので、私はあとから行くとごまかしてしまった。

すると踊子が一人すぐに上がって来た。

「肩を流してあげますからいっしゃいませって、姉さんが。」と、千代子の言葉を伝えた。

湯には行かずに私は踊子と五目を並べた。彼女は不思議に強かった。勝継(かちつぎ)をやると、栄吉や他の女はぞうさなく負けるのだった。五目ではたいていの人に勝つ私が力いっぱいだった。わざと甘い石を打ってやらなくともいいのが気持ちよかった。二人きりだから、初めのうち彼女は遠くのほうから手を伸ばして石をおろしていたが、だんだんわれを忘れて一心に碁盤の上へおおいかぶさって来た。不自然なほど美しい黒髪が私の胸に触れそうになった。突然、ぱっと紅くなって、「ごめんなさい、しかられる。」と石を投げ出したまま飛び出して行った。共同湯の前におふくろが立っていたのである。千代子と百合子もあわてて湯から上がると、二階へは上がって来ずに逃げて帰った。

この日も、栄吉は朝から夕方まで私の宿に遊んでいた。純朴で親切らしい宿のおかみさんが、あんな者にご飯を出すのはもったいないと言って、私に忠告した。

夜、私が木賃宿に出向かいて行くと、踊子はおふくろに三味線を習っているところだった、私を見るとやめてしまったが、おふくろの言葉でまた三味線を抱き上げた。歌う声が少し高くなる度に、おふくろが言った。

「声を出しちゃいけないって言うのに。」

栄吉は向かい側の料理屋の二階座敷に呼ばれて何かうなっているのが、こちらから見えた。

「あれはなんです。」

「あれは一謡ですよ。」

「謡は変だな。」

「八百屋①だから何をやり出すかわかりゃしません。」

そこへこの木賃宿を借りて鳥屋(とりや)をしているという四十前後の男が襖(ふすま)をあけて、ご

① 八百屋：学問・技芸・趣味などについていろいろ知っていることを指す。また、その人。

馳走をすると娘たちを呼んだ。踊子は百合子といっしょに箸を持って隣りの間へ行き、鳥屋が食べ荒したあとの鳥鍋をつついていた。こちらの部屋へいっしょに立って来る途中で、鳥屋が踊子の肩を軽くたたいた。おふくろが恐ろしい顔をした。

「こら。この子にさわっておくれでないよ。生娘（きむすめ）なんだからね。」

踊子はおじさんおじさんと言いながら、鳥屋に「水戸黄門漫遊記（みとこうもんまんゆうき）」①を読んでくれとたのんだ。しかし鳥屋はすぐに立って行った。続きを読んでくれと私に直接言えないので、おふくろからたのんでほしいようなことを、踊子がしきりに言った。私は一つの期待を持って講談本（こうだんぼん）②を取り上げた。はたして踊子がするすると近寄って来た。私が読み出すと、彼女は私の肩にさわるほどに顔を寄せて真剣な表情をしながら、眼をきらきら輝かせて一心に私の額をみつめ、またたき一つしなかった。これは彼女が本を読んでもらう時の癖らしかった。さっきも鳥屋とほとんど顔を重ねていた。私はそれを見ていたのだった。この美しく光る黒眼（くろめ）がちの大きい眼は踊子のいちばん美しい持ちものだった。二重瞼（ふたえまぶた）の線が言いようなくきれいだった。それから彼女は花のように笑うのだった。花のように笑うという言葉が彼女にはほんとうだった。

まもなく、料理屋の女中が踊子を迎えに来た。踊子は衣裳をつけて私に言った。

「すぐもどって来ますから、待っていて続きを読んで下さいね。」

それから廊下に出て手をついた。

「行って参ります。」

「決して歌うんじゃないよ。」とおふくろが言うと、彼女は太鼓をさげて軽くうなずいた。おふくろは私を振り向いた。

「今ちょうど声変わりなんですから……。」

踊子は料理屋の二階にきちんとすわって太鼓を打っていた。その後姿が隣り座敷の

---

① 水戸黄門：徳川光圀の唐名。江戸前期の水戸藩主。彰考館を設立して『大日本史』の編纂を始め、社寺の改革、勧農政策を推進。後世、講談師によって水戸黄門として伝説化された。内容は水戸光圀が隠居後、助さん、格さんをつれて民情視察をしたという物語。明治末期から大正中期にかけ「立川文庫」でひろめられた。事実としてはまったく存在しない。

② 講談本：講談の物語を本にまとめたもの。

ことのように見えた。太鼓の音は私の心を晴れやかに踊らせた。

「太鼓がはいるとお座敷が浮き立ちますね。」とおふくろも向こうを見た。

千代子も百合子も同じ座敷へ行った。

一時間ほどすると四人いっしょに帰って来た。

「これだけ……。」と、踊子は握りこぶしからおふくろの掌へ五十銭銀貨をざらざら落とした。私はまたしばらく「水戸黄門漫遊記」を口読した。彼らはまた旅で死んだ子供の話をした。水のように透き通った赤ん坊が生まれたのだそうである。泣く力もなかったが、それでも一週間息があったそうである。

好奇心もなく、軽蔑も含まない、彼らが旅芸人という種類の人間であることを忘れてしまったような、私の尋常な好意は、彼らの胸にもしみ込んで行くらしかった。私はいつの間にか大島の彼らの家へ行くことにきまってしまっていた。

「爺さんのいる家ならいいね。あすこなら広いし、爺さんを追い出しとけば静かだから、いつまでいなさってもいいし、勉強もおできなさるし。」なぞと彼ら同士で話し合って私に言った。

「小さい家を二つ持つておりましてね、山のほうの家はあいているようなものですもの。」

また正月には私が手伝ってやって波浮の港で皆が芝居（しばい）をすることになっていた。

彼らの旅心（たびごころ）は、最初私が考えていたほどせちがらいものでなく、野のにおいを失わないのんきなものであることも、私にかわって来た。親子兄弟であるだけに、それぞれ肉親らしい愛情でつながり合っていることも感じられた。雇い女百合子だけは、はにかみ盛りだからでもあるが、いつも私の前でむっつりしていた。

夜半を過ぎてから私は木賃宿を出た。娘たちが送って出た。踊子が下駄を直してくれた。踊子は門口（かどぐち）から首を出して、明るい空を眺めた。

「ああ、お月さま。——明日は下田、うれしいな。赤ん坊の四十九日をして、おっかさんに櫛を買ってもらって、それからいろんなことがありますのよ。活動①へ連れ

① 活動：活動写真、映画。

て行ってくださいましね。」

下田の港は、伊豆、相模（さがみ）①の温泉場なぞを流して歩く旅芸人が、旅の空で故郷としてなつかしがるような空気の漂った町なのである。

## 五

芸人たちはそれぞれに天城を越えた時と同じ荷物を持った。おふくろの腕の輪に小犬が前足を載せて旅慣れた顔をしていた。湯ヶ野を出はずれると、また山に入った。海の上の朝日が山の腹（はら）を温めていた。私たちは朝日のほうを眺めた。河津川の行く手に河津の浜が明るく開けていた。

「あれは大島なんですね。」

「あんなに大きく見えるんですもの、いらっしゃいましね。」と踊子が言った。

秋空が晴れ過ぎたためか、日に近い海は春のようにかすんでいた。ここから下田まで五里歩くのだった。しばらくの間海が見え隠れしていた。千代子はのんびりと歌を歌い出した。

途中で少し険しいが二十町ばかり近い山越えの間道を行くか、楽な本街道（ほんかいどう）を行くかと言われた時に、私はもちろん近路を選んだ。

落葉ですべりそうな胸先（むなつ）き上（あが）り②の木下路（このしたみち）③だった。息が苦しいものだから、かえってやけ半分に私は膝頭（ひざがしら）を掌で突き伸ばすようにして足を早めた。見る見るうちに一行は遅れてしまって、話し声だけが木の中から聞こえるようになった。踊子が一人裾を高く掲（かか）げて、とっとっと私について来るのだった。一間（いっけん）ほどうしろを歩いて、その間隔を縮めようとも伸ばそうともしなかった。私が振り返って話しかけると、驚いたようにほほえみながら立ち止まって返事をする。踊子が話しかけた時に、追いつ

① 相模：今の神奈川県の大部分に相当する。
② 胸先き上がり：非常に険しい山道の例え。
③ 下路：山陰、森陰、花陰など、物の陰や下になって通じている道。

かせるつもりで待っていると、彼女はやはり足を止めてしまって、私が歩き出すまで歩かない。道が折れ曲がって一層険しくなるあたりからますます足を急がせると、踊子は相変わらず一間うしろを一心に登って来る。山は静かだった。ほかの者たちはずっと遅れて話し声も聞こえなくなっていた。

「東京のどこに家があります。」

「いいや、学校の寄宿舎にいるんです。」

「私も東京は知ってます、お花見時分に踊りに行って——。小さい時でなんにも覚えていません。」

それからまた踊子は、

「お父さんありますか。」とか、

「甲府へ行ったことありますか。」とか、ぽつりぽつりいろんなことを聞いた。下田へ着けば活動を見ることや、死んだ赤ん坊のことなぞを話した。

山の頂上へ出た。踊子は枯れ草の中の腰掛けに太鼓を降ろすと手巾で汗をふいた。そして自分の足のほこりを払おうとしたが、ふと私の足もとにしゃがんで袴の裾を払ってくれた。私が急に身を引いたものだから、踊子はこつんと膝を落とした。かがんだまま私の見回りをはたいて回ってから、掲げていた裾をおろして、大きい息をして立っている私に、「お掛けなさいまし。」と言った。

腰掛けのすぐ横へ小鳥の群が渡って来た。鳥がとまる枝の枯れ葉がかさかさ鳴るほど静かだった。

「どうしてあんなに早くお歩きになりますの。」

踊子は暑そうだった。私が指でべんべんと太鼓をたたくと小鳥が飛び立った。

「ああ水が飲みたい。」

「見て来ましょうね。」

しかし、踊子はまもなく黄ばんだ雑木の間からむなしく帰って来た。

「大島にいる時は何をしているんです。」

すると踊子は唐突に女の名前を二つ三つ挙げて、私に見当のつかない話を始めた。大島ではなく甲府の話らしかった。尋常二年まで通った小学校の友だちのことらしかった。それを思い出すままに話すのだった。

十分ほど待つと若い三人が頂上にたどりついた。おふくろはそれからまた十分遅れて着いた。

下りは私と栄吉とがわざと遅れてゆっくり話しながら出発した。二町ばかり歩くと、下から踊子が走って来た。

「この下に泉があるんです。大急ぎでいらして下さいって、飲まずに待っていますから。」

水と聞いて、私は走った。木陰（こかげ）の岩の間から清水（しみず）がわいていた。泉のぐるりに女たちが立っていた。

「さあ、お先きにお飲みなさいまし。手を入れると濁るし、女のあとはきたないだろうと思って。」とおふくろが言った。

私は冷たい水を手にすくって飲んだ。女たちは容易にそこを離れなかった。手拭きをしぼって汗を落としたりした。

その山をおりて下田街道に出ると、炭焼きの煙が幾つも見えた。路傍の材木に腰をおろして休んだ。踊子は道にしゃがみながら、桃色の櫛で犬のむく毛（げ）をすいてやっていた。

「歯が折れるじゃないか。」とおふくろがたしなめた。

「いいの。下田で新しいのを買うもの。」

湯ヶ野にいる時から私は、この前髪にさした櫛をもらっていくつもりだったので、犬の毛をすくのはいけないと思った。

道の向こう側にたくさんある篠竹（しのたけ）の束（たば）を見て、杖（つえ）にちょうどいいなぞと話しながら、私と栄吉とは一足先きに立った。踊子が走って追っかけて来た。自分の背より長い太い竹を持っていた。

「どうするんだ。」と栄吉が聞くと、ちょっとまごつきながら私に竹をつきつけた。

「杖にあげます。一番太いのを抜いて来た。」

「だめだよ。太いのは盗んだとすぐわかって、見られると悪いじゃないか。返して来い。」

踊子は竹束(たけたば)のところまで引き返すと、また走って来た。今度は中指くらいの太さの竹を私にくれた。そして、田の畔(あぜ)に背中を打ちつけるように倒れかかって、苦しそうな息をしながら女たちを待っていた。

私と栄吉とは絶えず五六間先を歩いていた。

「それは、抜いて金歯(きんば)を入れさえすればなんでもないわ。」と、踊子の声がふと私の耳にはいったので振り返ってみると、踊子は千代子と並んで歩き、おふくろと百合子とがそれに少し遅れていた。私の振り返ったのを気づかないらしく千代子が言った。

「それはそう。そう知らしてあげたらどう。」

私のうわさらしい。千代子が私の歯並びの悪いことを言ったので、踊子が金歯を持ち出したのだろう。顔の話らしいが、それが苦にもならないし、聞き耳を立てる気にもならないほどに、私は親しい気持ちになっているのだった。しばらく低い声が続いてから踊子の言うのが聞こえた。

「いい人ね。」

「それはそう、いい人らしい。」

「ほんとにいい人ね。いい人はいいね。」

この物言いは単純であけっ放(ぱな)しな響きを持っていた。感情の傾きをぽいと幼く投げ出して見せた声だった。私自身にも自分をいい人だとすなおに感じることができた。晴れ晴れと眼を上げて明るい山々を眺めた。瞼(まぶた)の裏がかすかに痛んだ。二十歳の私は自分の性質が孤児(こじ)根性(こんじょう)でゆがんでいるときびしい反省を重ね、その息苦しい憂鬱(ゆううつ)に堪えきれないで伊豆の旅に出て来ているのだった。だから、世間尋常の意味で自分がいい人に見えることは、言いようなくありがたいのだった。山々の明るいのは下田の海が近づいていたからだった。私はさっきの竹の杖を振り返しながら秋草(あきくさ)の頭を切った。

途中、ところどころの村の入口に立て札（たふだ）があった。

——物ごい旅芸人村に入るべからず。

## 六

甲州屋という木賃宿は下田の北口をはいるとすぐだった。私は芸人たちのあとから屋根裏のような二階へ通った。天井がなく、街道に向かった窓際にすわると、屋根裏（やねうら）①が頭につかえるのだった。

「肩は痛くないかい。」と、おふくろは踊子に幾度もだめを押していた。

「手は痛くないかい。」

踊子は太鼓を打つ時の美しい手まねをしてみた。

「痛くない。打てるね、打てるね。」

「まあよかったね。」

私は太鼓をさげてみた。

「おや、重いんだな。」

「それはあなたの思っているより重いわ。あなたのカバンより重いわ。」と踊子が笑った。

芸人たちは同じ宿の人々とにぎやかにあいさつをかわしていた。やはり芸人や香具師（やし）②のような連中（れんちゅう）ばかりだった。下田の港はこんな渡り鳥の巣であるらしかった。踊子はちょこちょこ部屋へはいって来た宿の子供に銅貨をやっていた。私が甲州屋を出ようとすると、踊子が玄関に先回りしていて下駄をそろえてくれながら、

「活動につれて行って下さいね。」と、またひとり言のようにつぶやいた。

無頼漢（ぶらいかん）のような男に途中まで道を案内してもらって、私と栄吉とは前町長が主人だ

---

① 屋根裏：屋根の裏側。また、天井と屋根の間の空間。

② 香具師：ここでは、盛り場、縁日、祭礼などに露店を出して商売をする人を指す。

という宿屋へ行った。湯にはいって、栄吉といっしょに新たしい魚の昼食を食った。

「これで明日の法事に花でも買って供（そな）えて下さい。」

そう言ってわずかばかりの包み金（がね）を栄吉にも持たせて帰した。私は明日の朝の船で東京に帰らなければならないのだった。旅費がもうなくなっているのだ。学校の都合があると言ったので芸人たちも強いて止めることはできなかった。

昼飯から三時間とたたないうちに夕食をすませて、私は一人下田の北へ橋を渡った。下田富士によじ登って港を眺めた。帰りに甲州屋へ寄ってみると、芸人たちは鳥鍋（とりなべ）で飯を食っているところだった。

「一口でも召し上がって下さいませんか。女が箸を入れてきたないけれども、笑い話の種（たね）になりますよ。」と、おふくろは行李から茶碗と箸を出して、百合子に洗って来させた。

明日が赤ちゃんの四十九日だから、せめてもう一日だけ出立を延ばしてくれと、またしても皆が言ったが、私は学校を楯（たて）に取って承知しなかった。おふくろは繰り返し言った。

「それじゃ冬休みには皆で船まで迎えに行きますよ。日を知らせて下さいましね。お待ちしておりますよ。宿屋へなんぞいらしちゃいやですよ、船まで迎えに行きますよ。」

部屋に千代子と百合子しかいなくなった時活動に誘うと、千代子は腹を押さえてみせて、

「体が悪いんですもの、あんなに歩くと弱ってしまって。」と、あおい顔でぐったりしていた。百合子はかたくなってうつむいてしまった。踊子は階下で宿の子供と遊んでいた。私を見るとおふくろにすがりついて活動に行かせてくれとせがんでいたが、顔を失ったようにぼんやり私のところにもどって下駄を直してくれた。

「なんだって。一人で連れて行ってもらったらいいじゃないか。」と、栄吉が話し込んだけれども、おふくろが承知しないらしかった。なぜ一人ではいけないのか、私は実に不思議だった。玄関を出ようとすると踊子は犬の頭をなでていた。私が言葉をか

けかねたほどによそよそしいふうだった。顔を上げて私を見る気力もなさそうだった。

私は一人で活動に行った。女弁士(おんなべんし)①が豆洋燈(まめランプ)で説明を読んでいた。すぐに出て宿へ帰った。窓敷居(まどしきい)に肘をついて、いつまでも夜の町を眺めていた。暗い町だった。遠くから絶えずかすかに太鼓の音が聞こえて来るような気がした。わけもなく涙がぽたぽた落ちた。

## 七

出立の朝、七時に飯を食っていると、栄吉が道から私を呼んだ。黒紋附(くろもんつき)の羽織(はおり)を着込んでいる。私を送るための礼装らしい。女たちの姿が見えない。私はすばやく寂しさを感じた。栄吉が部屋は上がって来て言った。

「皆も送りしたいのですが、昨夜おそく寝て起きられないので失礼させていただきました。冬はお待ちしているから是非と申しておりました。」

町は秋の朝風が冷たかった。栄吉は途中で敷島(しきしま)②四箱と柿とカオールという口中(こうちゅう)清涼剤(せいりょうざい)とを買ってくれた。「妹の名が薫ですから。」と、かすかに笑いながら言った。

「船の中で蜜柑はよくありませんが、柿は船酔(ふなよ)いにいいくらいですから食べられます。」

「これをあげましょうか。」

私は鳥打ち帽を脱いで栄吉の頭にかぶせてやった。そしてカバンの中から学校の制帽を出してしわを伸ばしながら、二人で笑った。

乗船場(じょうせんじょう)に近づくと、海ぎわにうずくまっている踊子の姿が私の胸に飛び込ん

---

① 弁士：無声映画につれてその説明をする人。

② 敷島：紙巻タバコの名。明治 37～昭和 18 年（1904—1943）の間、売り出された。

だ。そばに行くまで彼女はじっとしていた。黙って頭を下げた。昨夜のままの化粧が私を一層感情的にした。眦(まなじり)の紅(べに)がおこっているかのような顔に幼いりりしさを与えていた。栄吉が言った。

「ほかの者も来るのか。」

踊子は頭を振った。

「皆まだ寝ているのか。」

踊子はうなずいた。

栄吉が船の切符とはしけ券を買いに行った間に、私はいろいろ話しかけてみたが、踊子は掘割(ほりわり)が海に入るところをじっと見おろしたまま一言も言わなかった。私の言葉が終わらない先きに、何度となくこくりこくりうなずいて見せるだけだった。

そこへ、「お婆さん、この人がいいや。」と、土方(どかた)風の男が私に近づいて来た。

「学生さん、東京へ行きなさるのだね。あんたを見込んで頼むのだがね。この婆さんを東京へ連れてってくんねえか。かわいそうな婆さんだ。伜(せがれ)が蓮台寺(れんだいじ)の銀山に働いていたんだがね、今度の流行性感冒①てやつで伜も嫁も死んじまったんだ。こんな孫が三人も残っちまったんだ。どうにもしょうがねえから、わしらが相談して国へ帰してやるところなんだ。国は水戸②だがね、婆さん何もわからねえんだから、霊岸島(れいがんじま)へ着いたら、上野の駅へ行く電車に乗せてやってくんな。めんどうだろうがな、わしらが手を合わして頼みてえ。まあこのありさまを見てやってくれりゃ、かわいそうだと思いなさるだろう。」

ぽかんと立っている婆さんの背には、乳飲み子(ちのみご)がくくりつけてあった。下が三つ上が五つくらいの二人の女の子が左右の手につかまっていた。きたない風呂敷包みから大きい握り飯と梅干(うめぼし)とが見えていた。五、六の鉱夫が婆さんをいたわっていた。私は婆さんの世話を快く引き受けた。

---

① 流行性感冒：大正 7、8 年に起こった世界的な流行性感冒のこと。
② 水戸：茨城県中部の市。

「頼みましたぞ。」

「ありがてえ。わしらが水戸まで送らにゃならねえんだが、そうもできねえでな。」なぞと鉱夫たちはそれぞれ私にあいさつした。

はしけはひどく揺れた。踊子はやはり唇をきっと閉じたまま一方を見つめていた。私が縄梯子（なわはしご）につかまろうとして振り返った時、さようならを言おうとしたが、それもよして、もう一ペンただうなずいて見せた。はしけが帰って行った。栄吉はさっき私がやったばかりの鳥打ち帽をしきりに振っていた。ずっと遠ざかってから踊子が白いものを振り始めた。

汽船が下田の海を出て伊豆半島の南端がうしろに消えて行くまで、私は欄干にもたれて沖の大島を一心に眺めていた。踊子に別れたのは遠い昔であるような気持だった。婆さんはどうしたかと船室をのぞいてみると、もう人々が車座（くるまざ）に取り囲んで、いろいろと慰めているらしかった。私は安心して、その隣の船室にはいった。相模灘（さがみなだ）①は波が高かった。すわっていると、時々左右に倒れた。船員が小さい金だらいを配って回った。私はカバンを枕にして横たわった。頭が空っぽで時間というものを感じなかった。涙がぽろぽろカバンに流れた。頬が冷たいのでカバンを裏返しにしたほどだった。私の横に少年が寝ていた。河津（かわつ）の工場（こうじょう）主（しゅ）の息子で入学準備に東京へ行くのだったから、一高②の制帽をかぶっている私に好意を感じたらしかった。少し話してから彼は言った。

「何かご不幸でもおありになったのですか。」

「いいえ、今、人に別れて来たんです。」

私は非常にすなおに言った。泣いているのを見られても平気だった。私は何も考えていなかった。ただすがすがしい満足の中に静かに眠っているようだった。

海はいつのまに暮れたのかも知らずにいたが、網代（あじろ）や熱海（あたみ）には灯があった。肌が寒く腹がすいた。少年が竹の皮包みを開いてくれた。私はそれが人のものであることを

① 相模灘：房総半島と伊豆半島との間の海域。

② 一高：旧制の第一高等学校。

忘れたかのように海苔巻（のりまき）のすしなぞを食った。そして少年の学生マントの中にもぐりこんだ。私はどんなに親切にされても、それを大変自然に受け入れられるような美しい空虚な気持ちだった。明日の朝早く婆さんを上野駅へ連れて行って水戸まで切符を買ってやるのも、至極（しごく）あたりまえのことだと思っていた。何もかもが一つに溶け合って感じられた。

船室の洋燈（ランプ）が消えてしまった。船に積んだ生魚（なまざかな）と潮のにおいが強くなった。まっくらななかで少年の体温に温まりながら、私は涙を出任せにしていた。頭が澄んだ水になってしまっていて、それがぼろぼろ零（こぼ）れ、そのあとには何も残らないような甘い快さだった。

## 【作家紹介】

川端康成（1899—1972）、小説家。大阪に父栄吉、母げんの長男として生まれた。一歳の時父が、その翌年母もなくなり、七歳のとき、祖母が死に、十歳のときに伯母の家に引き取られていた姉も死んだ。以後、川端康成は、祖父と二人きりの生活をするが、祖父は盲目のうえに耳も遠く、ほとんど一日中寝たきりだった。その祖父も、川端が十五歳のときになくなり、川端はとうとう「天涯孤独」となってしまった。母の実家に引き取られ、親戚の世話になりながら、府立茨木中学校を終えた。中学時代にはすでに習作に努めていた。1920 年、東京英文学科に入学、翌年国文科に転科した。入学した直後、今東光、鈴木彦次郎らと共に同人誌『新思潮』（第六次）の発刊を企画した。同年、そこに発表した『招魂際一景』が菊池寛らの好意ある批評を受け、文壇の注目を集めた。1923 年に『文芸春秋』の同人となる。1924 年に、大学卒業後間もなく、横光利一、片岡鉄兵、中河与一、今東光らとともに『文芸時代』を創刊し、これらの新進作家達が新感覚派と呼ばれた。同誌には『伊豆の踊り子』創作集『感情装飾』などを発表する。新感覚派の作家たちは、思想的、イデオロギー的に変貌が激しいが、川端だけが変貌せず、深く東方的な虚無思想と東方的な美意識を持続しつつ、『浅草紅団』『雪国』などを書いた。1933年の『禽獣』あたりを境に、生と死の本質を直視し、はかなさと、虚無感の上に時々研ぎ澄まされたような美しさを見出そうとする作風に変わっていく。1937年の『雪国』はこの時期に綴り、1947年『続雪国』を書いて『雪国』を完結し、川端康成の代表作となった。戦争中、独自の創作仕事を続けていた。敗戦後、「私はこれからもう、日本の悲しみ、日本の美しさしか歌うまい」と宣言し、その文体、内容ともにさらに洗練された美しさを追求した。1949年の『千羽鶴』『山の音』『古都』などの名作を世に送り出した。1953年芸術院会員。日本ペンクラブの会長を務め、1957年に東京国際ペンクラブ大会を開いたり、世界平和アピール七人委員会に参加したりした。1961年に文化勲章、1968年には日本人初のノーベル文学賞を受賞し、受賞記念講演は『美しい日本の私』であった。日本美の精髄を表現したことと、東西精神の架橋となったことが高く評価され、日本の作家として世界に最もよく名を知られている作家の一人となる。晩年の川端文学は『眠れる美女』『片腕』『たんぽぽ』のように幻想的な作品が多くなり幽玄の趣を深めた。文学時評家としても優れ、その批評眼に認められて世に出た作家には、堀辰雄、北条民雄、岡本かの子、三島由紀夫などがいる。1972年に、世界文学での地位を獲得した川端は自ら命を絶った。

川端は作家として輝かしい一生を送った。その一方、身辺の多くの死、孤児の体験などはその人格形成に大きく影響した。その中でもっとも強いのは、母への愛であり、その愛に飢えていた。それが女性に対する気持ちや女性へのあこがれとなり、『伊豆の踊り子』や『雪国』などへつながっていくのである。中古文学に親しんで、それは川端文学の出発点となり、情的な文章形式に影響を与えている。

川端康成は日本文学史に数多くの名作を遺した、日本近現代文学の頂点に立つ作家の一人である。

## 【作品解説】

中編小説。1926年『文芸時代』に発表、27年第二小説集『伊豆の踊子』に収められた。あらすじは次のとおりである。

二十歳の一高生「私」は、自分の性質が孤児根性で歪んでいると厳しい反省を重ね、その息苦しい憂鬱に堪え切れず、一人伊豆への旅に出る。湯ヶ島の道中で出会った旅芸人一座の一人の踊子に惹かれ、彼らと道連れになって下田まで旅することにした。

天城峠の茶屋で聞いていた旅芸人を見下げた話から、夜、湯ヶ野の宿で踊子が男客に汚されるのかと心配して眠れなかったが、翌朝、「私」に向って、川向うの湯殿から踊子の幼い姿に、「私」の悩みは吹き飛び、頭が拭われたように澄んできた。

「私」は、旅芸人一行との交流を通し、次第に芸人たちの生き方の素朴の暖かさに浸っていく。そして、踊子が「私」に寄せる無垢で純情な心からも、「私」は悩んでいた孤児根性から抜け出せると感じた。

下田へ着き、「私」は踊子とその兄嫁らを活動に連れて行こうとするが、旅芸人の母親に反対した。一人で活動に行った「私」は遠くから微かに踊子の叩く太鼓の音が聞えてくるようで、わけもなく涙がぽたぽた落ちた。

翌日、東京への帰途に立つ「私」を見送りに来たのは踊子の兄だけだった。乗船場へ近づくと、海際に踊子がうずくまって「私」を待っていた。踊子は「私」の言葉にうなずくばかりで一言もなかった。船がずっと遠ざかってから、踊子は白いものを振り始めた。

船室に入った「私」は、横にいた少年の親切を自然に受け入れ、泣いているのを見られても平気だった。「私」の頭は「澄んだ水」のようになり、流れるままの涙がぽろぽろと零れて、後には「何も残らないような甘い快さ」だった。

この作品は1918年、第一高等学校の学生であった作者が伊豆半島を旅行したときの体験をもとにして書かれたものである。天城峠で一緒になった踊り子薫の一行と湯ヶ島、湯ヶ野をへて、下田まで旅する間に、孤児根性で歪んだ心情が浄化される経緯を描き、近代抒情小説の傑作と評されている。『現代日本文学大事典』では「康成の出世作であり、悲しい感傷を秘めた青春の哀歓がじみ出ており、清新な感触が近代文学史上青春の文学として特異な位置を占めさせることになった。踊子が白い裸身のまま日光の中に立つところは、アルツィバーシェフの『サーニン』」の影響があると見られる。」と評価している。作品は自分の体験に基づいた点では私小説と言ってよいが、描写の主眼が題名の示すように「踊子」に置かれているところが、前の時代に見られなかった新鮮さを持っている。ストーリーが単純で、すべて青春期にある高校生の「私」の目を通しての一元描写で綴られている。小説が読者に愛される青春物語として成功したのも、主人公の「私」が抽象化された一人の青年であり、だれでも彼の感性の動きを自分にあてはめて、彼の身代わりに旅行しているような気持ちにさせられるからであろう。素朴な旅芸人たちの尋常な好意が心に染み込み、踊子への愛より他人から「いい人だ」と愛されることに対する感謝をもって作品を書いたと、作者は言うが、それは彼がみずから「孤児根性」という精神的病患からの快癒への感謝なのであり、また、青春の甘い感傷を歌い上げた青春文学である。

この作品を書いたころ、作者はすでに新感覚派の担い手として文壇で活躍しているが、この『伊豆の踊子』は新感覚派の色彩がいっさい払い落とされ、素直に従来の自己の資質である古典的美意識に回帰させたのであり、そこに、川端康成なりの叙情的な文学の源があるのである。

## 【読解鑑賞】

### ☞ 川端康成の少年時代と伊豆の旅

私が二十才の時、旅芸人と五、六日をして、純情になり、別れて涙を流したのも、あながち踊子に対する感傷ばかりではなかった。今でこそ、踊子はものごころつき始めた日に、女として淡い恋心を私に動かしてくれたのではなかろうかと、下らない気持ちで踊子を思い出す。しかし、あのときはそうでなかった。幼少から、世間並みではなく、不幸に不自然に育って来た私は、そのためにかたくなな、ゆがんだ人間になって、いじけた心を小さな殻に閉じ籠らせていると信じ、それを苦に病んで f いた。人の好意を、こんな人間の私に対してもと、一入(ひとしお)ありがたく感じて来た。そうして、自分の心を畸形と思うが、反って私をその畸形から逃れにくくもしていたようである。……私は高等学校の寮生活が、一、二年の間はひどく嫌だった。中学二年の時の寄宿舎の寮生活と勝手がちがったからである。そして、私の幼年時代が残した精神の病患ばかりが気になって、自分を憐れむ念と、自分を厭う念とに堪えられなかった。それで伊豆へ行った。

旅情と、また大阪平野の田舎しか知らない私に、伊豆の田舎の風光とが、私の心をゆるめた。そして踊子に会った。いわゆる旅芸人根性などとは似もつかない、野の匂いがある正直な好意を私は見せられた。いい人だと、踊子が言って、兄嫁が肯いた一言が、私の心にぽたりと清々しく落ちかかった。いい人かと思った。そうだ、いい人だと自分に答えた。平俗な意味での、いい人という言葉が、私には明かりであった。湯ヶ島から下田まで、自分でもいい人と道づれになれたと思う、そうなれたことがうれしかった。下田の宿の窓敷居でも、汽車の中でも、いい人と踊子に言われた満足と、いい人と言った踊子に対する好意とで、こころよい涙を流したのである。今から思えば、夢のようである。幼いことである。（川端康成「少年」より）

## 【研究情報】

戦前、戦中には高見順「川端康成伝」（『文学理論』1934・5）、伊藤整「川端康成の芸術」（『文芸』1938・2）のような論評もあるが、十六巻本『川端康成全集』（新潮社、1948・5～1954・4）の刊行により研究の気運が醸成され、『川端康成　人と作品』（『文学界』1953・4）、『川端康成　作家論・作品論と資料』（『解釈と鑑賞』1957・2）が特集されるころから本格的な研究が始発する。長谷川泉の『川端康成論考』（明治書院、1965・6）は、戦前の発表文を含む考証に基本をおく研究の集成である。ほかに調査と考証の書はたとえば川嶋至の『川端康成の世界』（講談社、1969・10）、羽鳥徹哉の「川端康成と万物一如・輪廻転生思想」（『国語と国文学』1966・3）、「一九三〇年代の川端康成（上）（下）」（『国語と国文学』1967・8—9）「川端康成と心霊学」（『国語と国文学』1969 年 5 月）もある。加えて磯貝英夫「川端康成『山の音』と『千羽鶴』」（『昭和文学作家研究』柳原書店、1955 年 5

月）が本格的作品論の先駆とされる。

1968年に川端康成がノーベル賞を受賞したあとで、川端文学研究はブームを迎えた。日本近代文学館編『定本図録川端康成』（世界文化社、1973）、読売新聞文化部『実録川端康成』（読売新聞社、1969）など追跡調査、回想記が発表され、価値の高い資料である。国際的視野をもって研究を進めるのは吉村貞司『川端康成・美と伝統』（学芸書林、1968・12）、長谷川泉・武田勝彦『川端文学——海外の評価』（早稲田大学出版部、1969・4）、武田勝彦『川端文学と聖書』（教育出版センター、1971・4）などである。

川端康成が1972年自殺したあとで、再度の研究ブームが起こった。『川端康成研究叢書』（教育出版センター、1976・2）は主要評論・論文の集成であり、林武志による個別「作品研究史」の連載もこの時期に掲載する。

1975年（昭和50）以降は、川端康成研究は各分野にまたがって多様化、精密化になった。川端晩年の「魔界」の探求、「伝」の精確化があげられる。代表的な著作は病跡学から稲村博『川端康成　芸術と病理』（金剛出版、1975・10）、栗原雅直『川端康成』（中央公論社、1982・4）、精神分析学から鶴田欣也『川端康成の芸術』（明治書院、1981・11）である。近藤裕子は「伊豆の踊り子　上・中・下」（『東京女子大学日本文学』49、50、54、1978・3、9、1980・10）で従来の研究方法を批判し、「実」と「虚」の関係性を説いた。前田愛「劇場としての浅草」——『浅草紅団』」（『都市空間のなかの文学』筑摩書房、1982・12）、長谷川・鶴田編「『山の音』の分析研究」（南窓社、1980・12）は多様化の顕著なものである。羽鳥徹哉は伝記的なものを基礎に『作家川端の基底』（教育出版センター、1979・1）は「伝記」研究を拡げ、森本穫・平山三男『注釈遺稿「雪国」抄・「住吉」連作』（林道舎、1984・10）は注釈の有効性を示した。「魔界」については、岩田光子『川端文学の諸相』（桜楓社、1983・10）、森本穫『魔界遊行——川端康成の戦後』（林道舎、1987・3）、原善『川端康成の魔界』（有精堂、1987・4）がある。

1990年代に入り、羽鳥徹哉が編集した『川端康成——日本の美学』（有精堂、1990・6）は川端文学の美を論じた評論を収集した。同氏「中国と川端」は川端康成と中国美術・文学との関係を探り（『成蹊大学文学部紀要』1997・3）、羽鳥徹哉・原善編『川端康成全作品研究事典』（勉誠出版、1998・6）は川端の全作品についてあらゆるデータや資料を整理して個別に解読した。羽鳥徹哉「『伊豆の踊り子』の事実関係」（『成蹊国文』1992・3）、高橋真理「『伊豆の踊り子』考——「稗史」としての旅」（『緑聖文芸』1996・3）三川智央「『伊豆の踊り子』論——〈語り〉の多重的構造について」（福井大学『国語と国文学』1997・3）、石川則夫「物語の失速／小説の挫折『伊豆の踊り子』再論」（『〈新しい作品論〉』1992・2）などは『伊豆の踊り子』に関する研究である。田村充正・馬場重行・原善編『川端文学の世界 1—5』（勉誠社、1993・3—5）は川端生誕百年を記念とし、これまでの先行研究を踏まえ、新しい研究の可能性を示唆した。

21 世紀に入ってから、川端文学研究は依然として幅広く行われる。「川端康成——切断とずらし」（『国文学』特集 2001・3）は映画・音楽・美術科学の面から川端文学の新しさを追及した。康林『川端康成と東洋思想』（新典社、2005・4）は川端文学と老荘思想の関わりを、テキストに沿いながら考察し論じた。また片山林太郎「川端康成の思想構造——その表現理論と主体—」（『国語と国文学』2000・5）、原善「川端康成「雪国」における性表現／表現されない性」（『解釈と鑑賞』2008・4）、平山城児『川端康成　余白を埋める』（研文出版、2003・6）などが注目すべき研究成果である。

## 【参考文献】

倉持保男「川端康成『伊豆の踊り子』——文体について」『国語解釈と教材の研究』、1966 年 5 月

林武志「『伊豆の踊子』成立史考」『日本文学研究』11、1972 年 2 月

林武志『川端康成研究』桜楓社、1976 年 5 月

今村潤子『川端康成研究』審美社、1988 年 5 月

原善「『伊豆の踊子』——批判される〈私〉」『文芸空間』、1992 年 4 月

伊吹和子『川端康成　瞳の伝説』、ＰＨＰ研究所、1997年4月

森晴雄『川端康成「掌の小説」論1—4』龍書房、1997年4月

原善『川端康成——その遠近法』大修館書店、1999年4月

川端文学研究会『川端康成——掌の小説』おうふう、2001年3月

原善「川端康成『伊豆の踊子』作品論集」『近代文学作品論集成』6、2001年1月

勝呂奏「川端康成『伊豆の踊子』論：〈伊豆〉からの視界」『上智大学国文学論集』34、2001年1月

羽鳥徹哉・林武志など編『川端康成作品論集成1~2巻』おうふう、2009年12月

# 十　聖　家　族

堀辰雄

死があたかも一つの季節を開いたかのようだった。

死人の家への道には、自動車の混雑が次第に増加して行った。そしてそれは、その道幅が狭いために、各々の車は動いている間よりも、停止している間の方が長いくらいにまでなっていた。

それは三月だった。空気はまだ冷たかったが、もうそんなに呼吸しにくくはなかった。いつのまにか、もの好きな群集がそれらの自動車を取り囲んで、そのなかの人達をよく見ようとしながら、硝子（ガラス）窓に鼻をくっつけた。それが硝子窓を白く曇らせた。そしてそのなかでは、その持主等が不安そうな、しかし舞踏会にでも行くときのような微笑を浮べて、彼等を見かえしていた。

そういう硝子窓の一つのなかに、一人の貴婦人らしいのが、目を閉じたきり、頭を重たそうにクッションに凭（もた）せながら、死人のようになっているのを見ると、

「あれは誰だろう？」

そう人々は囁（ささや）き合（あ）った。

それは細木（さいき）と云う未亡人だった。——それまでのどれより長いように思われた自動車の停止が、その夫人をそういう仮死から蘇らせたように見えた。するとその夫人は自分の運転手に何か言いながら、ひとりでドアを開けて、車から降りてしまった。丁度そのとき前方の車が動き出したため、彼女の車はそこに自分の持主を置いたまま、

再び動き出して行った。

それと殆ど同時に人々は見たのだった。帽子もかぶらずに毛髪（もうはつ）をくしゃくしゃにさせた一人の青年が、群集を押し分けるようにして、そこに漂流物のように浮いたり沈んだりして見えるその夫人に近づいて行きながら、そしていかにも親しげに笑いかけながら、彼女の腕をつかまえたのを——

その二人がやっとのことで群集の外に出たとき、細木夫人は自分が一人の見知らない青年の腕にほとんど靠（もた）れかかっているのに、はじめて気づいたようだった。彼女はその青年から腕を離すと、何か問いたげな眼ざしを彼の上に投げながら、

「ありがとうございました」

と言った。青年は、相手が自分を覚えていないらしいことに気がつくと、すこし顔を赤らめながら答えた。

「僕、河野です」

その名前を聞いても夫人にはどうしても思い出されないらしいその青年の顔は、しかしその上品な顔立によっていくらか夫人を安心させたらしかった。

「九鬼さんのお宅はもう近くでございますか」と夫人がきいた。

「ええ、すぐそこです」

そう答えながら青年は驚いたように相手をふりむいた。突然、彼女がそこに立ち止まってしまったのだ。

「あの、どこかこのへんに休むところはございませんかしら。なんだかすこし気分が悪いものですから……」

青年はすぐその近くに一つの小さなカッフェを見つけた。——そのなかに彼等がはいって見ると、しかしテエブルは埃のにおいがし、植木鉢（うえきばち）は木の葉がすっかり灰色になっていた。それをいまさらのように青年は夫人のために気にするように見えたけれど、夫人の方ではそれをそれほど気にはしていないらしかった。鉢植（はちうえ）の木の葉の灰色なのは自分のかなしみのためのように思って居るのかも知れぬと青年は考えた。

青年は夫人の顔色がいくらかよくなったのを見ると、すこし吃（ども）りながら言った。

「僕、ちょっとまだ用事がありますので……すぐまた参りますから……」

そうして彼は立ち上った。

そこに一人ぎりになると、細木夫人はまた目をとじて死人の真似をした。

——まるで舞踏会かなんぞのようなあの騒ぎは何ということだろう。私にはとてもあの人達の中へはいって行けそうもない。私はこのまま帰ってしまった方がいい……

それにしても夫人はいまの青年の帰ってくるまで待っていようと思った。何だかその青年に一度どこかで会ったこともあるような気がし出したから。そう言えば何処かしら死んだ九鬼に似ているところがあると彼女は思った。そしてその類似が彼女に一つの記憶を喚び起した。

数年前のことだった。軽井沢のマンペイ・ホテルで偶然、彼女は九鬼に出会ったことがあった。その時九鬼はひとりの十五ぐらいの少年を連れていたが、彼はその少年にちがいないと思い出した。——その快活そうな少年を見ながら、彼女がすこし意地わるそうに、

「あなたによく似ていますわ。あなたのお子さんじゃありませんの?」そう言うと、九鬼は何か反撥するような微笑をしたきり黙りこんでしまった。その時くらい九鬼が自分を憎んでいるように思われたことはない……

河野扁理(こうのへんり)は事実、その夫人の思い出のなかの少年なのだ。

扁理の方では、勿論、数年前、軽井沢で九鬼と一しょに出会ったその夫人のことを忘れている筈はない。

その時、彼は十五であった。

彼はまだ快活で、無邪気な少年だった。

九鬼が夫人をよほど好きなのではないかしらと思い出したのは、ずっと後のことだ。その当時は、ただ九鬼が夫人を心から尊敬しているらしいのだけが分った。それがいつしか夫人を彼の犯し難い偶像にさせていた。ホテルでは、夫人の部屋は二階にあって、向日葵の咲いている中庭に面していた。そしてその部屋の中に、ほとんど一

日中閉じこもっていた。そこへ一度もはいる機会のなかった彼は、日向葵の下から、よくその部屋を見上げた。それは非常に神聖な、美しい、そして何か非現実なもののように思われた。

そのホテルの部屋は、その後、彼の夢の中にしばしば現われた。彼は夢の中では飛ぶことができた。そのおかげで、彼はその部屋の中を窓ガラスごしに見ることができた。それは夢毎にかならず装飾を変えていた。或る時はイギリス風に、或る時は巴里風に。

彼は今年二十になった。同じ夢を抱いて、前よりはすこし悲しそうに、すこし痩せて。

そしてさっきも、群集の間から、自動車のなかに死んだようになっている夫人をガラスごしに見たときは、彼は自分が歩きながら夢を見ているのではないかと信じたくらいだった……

告別式の混雑によってすっかり死の感情を忘れさせられながら、その式場から帰ってきた扁理は、埃だらけのカッフェのなかに、再びその死の感情を夫人と共に発見した。

彼にはそれらのものが近づき難いように思われた。そこでそれらに近づくために彼は出来るだけ悲しみを装おうとした。だが、自分で気のついているよりずっと深いものだった、彼自身の悲しみがそれを彼にうまくさせなかった。そして愚かそうに、彼はそこに突立っていた。

「どうでしたか？」夫人が彼の方に顔をあげた。

「え、まだ大変な混雑です」彼はどぎまぎしながら答えた。

「では、私、もうあちらへお伺いしないで、このまま帰りますわ……」

そう言いながら夫人は自分の帯の間から小さな名刺を出してそれを彼に渡した。

「すっかりお見それ①して居りましたの……こんどお閑(ひま)でしたら、宅へもお遊びにいらしって下さいませ」

① おみそれ：相手が誰であるか思い出せない時に言う挨拶の言葉。

扁理は、自分が夫人に思い出されたことを知り、その上そういう夫人からの申し出を聞くと、一そうどぎまぎしながら、何かしきりに自分もポケットの中を探し出した。そうしてやっと一枚の名刺を取り出した。それは九鬼の名刺だった。

「自分の名刺がありませんので……」そう言って、もの怖じた①子供のように微笑しながら、彼はその名刺を裏がえし、そこに

河野扁理

という字を不恰好に書いた。

それを見ながら、さっきからこの青年と九鬼とは何処がこんなに似ているのだろうと考えていた細木夫人は、やっとその類似点を彼女独特の方法で発見した。

——まるで九鬼を裏がえしにしたような青年だ。

このように、彼等が偶然出会い、そして彼等自身すら思いもよらない速さで相手を互に理解し合ったのは、その見えない媒介者が或は死であったからかも知れないのだ。

❄　❄　❄

河野扁理には、細木夫人の発見したように、どこかに九鬼を裏がえしにしたという風がある。

容貌の点から言うと彼にはあまり九鬼に似たところがない。むしろ対蹠的②と言っていい位なものだ。だが、その対蹠がかえって或る人々には彼等の精神的類似を目立たせるのだ。

九鬼はこの少年を非常に好きだったらしい。それがこの少年をして彼の弱点を速かに理解させたのであろう。九鬼は自分の気弱さを世間に見せまいとしてそれを独特な皮肉でなければ現わすまいとした人だった。九鬼はそれになかば成功したと言っていい。だが、彼自身の心の中に隠すことが出来れば出来るほど、その気弱さは彼にはますます堪え難いものになって行った。扁理はそういう不幸を目の前に見ていた。そし

---

①　もの怖じる：ものごとを怖れること。恐れがる。

②　対蹠的：向かい合わせた足の裏（=蹠）のように、正反対の位置関係である。

て九鬼と同じような気弱さを持っていた扁理は、そこで彼とは反対に、そういう気弱さを出来るだけ自分の表面に持ち出そうとしていた。彼がそれにどれだけ成功するかは、これからの問題だが。—— 九鬼の突然の死は、勿論、この青年の心をめちゃくちゃにさせた。しかし、九鬼の不自然な死をも彼には極めて自然に思わせるような残酷な方法で。

九鬼の死後、扁理はその遺族のものから頼まれて彼の蔵書の整理をしだした。

毎日、黴臭(かびくさ)い書庫の中にはいったきり、彼は根気よくその仕事をしていた。この仕事は彼の悲しみに気に入っているようだった。

或る日、彼は一冊の古びた洋書の間に、何か古い手紙の切れっぱしのようなものの挟まってあるのを発見した。彼はそれを女の筆跡らしいと思った。そしてそれを何気なく読んだ。もう一度読みかえした。それからそれを注意深く元の場所にはさんで、なるたけ①奥の方にその本を入れて置いた。覚えておくためにその表紙を見たら、それはメリメ②の書簡集だった。

それからしばらく、彼は口癖のように繰り返していた。

——どちらが相手をより多く苦しますことが出来るか、私たちは試して見ましょう……

夕方になると、扁理は自分のアパアトメント③に帰える。

彼の部屋は実によく散らかっている。それは彼が毎日九鬼の書庫を整理するのと同じような根気よさで、散らかしたもののように見える。——或る日、彼がその部屋へはいって行くと、新聞とか雑誌とかネクタイとか薔薇(ばら)とかパイプなどの堆積(たいせき)の上に、丁度水たまりの上に浮んだ石油のように、虹色になって何かが浮んでいるのを彼は発

① なるたけ：できるだけ。「なるべく」のくだけた言い方。「なるだけ」とも表記する。

② メリメ：プロスペル・メリメ（1803—1870）フランスの作家、歴史家。ロシア文学の紹介者として有名。

③ アパアトメント：アパート。

見した。

それは、よく見ると、一つの美しい封筒だった。裏がえすと細木と書いてあった。そしてその筆跡は彼にすぐこの間のメリメ書簡集のなかに発見した古手紙のそれを思い出させた。

彼は丁寧に封筒を切りながら、ひょいと老人のような微笑を浮べた。何も彼も知っているんだと言った風な……

——扁理はそんな風に二通りの微笑を使い分けるのだ。子供のような微笑と老人のような微笑と。つまり、他人に向ってするのと自分に向ってするのとを区別していたのだ。

そしてそういう微笑のために、彼は自分の心を複雑なのだと信じていた。

扁理にとって、細木夫人との二度目の面会が、その前のときよりもずっと深い心の状態においてなされたのは、そういうエピソオドのためだった。細木夫人の部屋は、彼の夢とは異って、装飾などもすこぶる質素だった。決してイギリス風でも、巴里風でもなかった。そしてそれは彼に何となく一等船室のサロンを思わせた。

ときどき彼が船暈(ふなよい)を感じている人のような眼ざしを夫人の上に投げるのに注意するがいい。

だが扁理の心理をそんなに不安にさせているのは、そういう環境のためばかりではなしに、細木夫人とともに故人の思い出を語りながら、たえず相手の気持について行こうとして、出来るだけ自分の年齢の上に背伸びをしているためでもあったのだ。

——この人もまた九鬼を愛していたのにちがいない、九鬼がこの人を愛していたように。と扁理は考えた。しかしこの人の硬い心は彼の弱い心を傷つけずにそれに触れることが出来なかったのだ。丁度ダイアモンドが硝子に触れるとそれを傷つけずにはおかないように。そしてこの人もまた自分で相手につけた傷のために苦しんでいる……

そういう考えがたえず扁理を彼の年齢の達することのできない処に持ち上げようとしていたのだ。

——やがて、ひとりの十七八の少女が客間のなかに入ってくるのを彼は見た。

彼はそれが夫人の娘の絹子であることを知った。その少女は彼女の母にまだあんまり似ていなかった。それが彼に何となくその少女を気に入らなく思わせた。

彼は自分のいまの気持からは十七八の少女はあんまり離れ過ぎているように思った。彼はその少女の顔よりも彼女の母のそれの方をもっと新鮮に見出した。

絹子の方でもまた、少女特有の敏感さによって、扁理の気持が彼女から遠くにあることを見抜いたらしかった。彼女は黙ったまま、二人の会話にはいろうとしなかった。

彼女の母はすぐそれに気づいた。そして彼女の微妙な心づかいがそれをそのままにしておくことを許さなかった。彼女は母らしい注意をしながら、その二人をもっと近づけようとした。

彼女はそれとなく扁理に娘の話をしだした。——或る日、絹子は学校友だちに誘われるままに初めて本郷①の古本屋というものに入ってみたという。彼女がふとそこにあったラファエロ②の画集を手にとって見ると、その扉には九鬼という蔵書印がしてあった。そして彼女はそれを非常に欲しがっていた……

突然、扁理が遮った。

「それは僕の売ったものかも知れません」

夫人たちは驚いて彼を見上げた。すると彼は例の特有の無邪気な微笑を見せながらつけ加えた。

「九鬼さんにずっと前に貰ったのを、あの方の亡くなられる四五日前に、どうにも仕様がなくなって売ってしまったんです。今になってたいへん後悔しているんですけれども……」

そういう自分の貧しさをどうしてこういう豊かな夫人たちの前で告白するような気になったのか、扁理自身にもよく分らなかった。だが、この告白は何となく彼の気に入った。彼は自分の思いがけない率直な言葉によって、夫人たちがひどく驚いている

---

① 本郷：東京都文京区の南東部の地区。旧区名。

② ラファエロ：ラファエロ・サンチオ（1483—1520）イタリアの画家、建築家。盛期ルネッサンスの代表的画家で古典芸術の完成者。

らしいのを、むしろ満足そうに眺めた。

そうして扁理自身もまた、自分自身の子供らしい率直さにいつか驚き出した……

❄ ❄ ❄

それまで彼の夢にしか過ぎなかった細木家というものが、急に一つの現実となって扁理の生活の中にはいってきた。

扁理はそれを九鬼やなんかの思い出といっしょくたに、新聞、雑誌、ネクタイ、薔薇、パイプなどの混雑のなかに、無造作に放り込んでおいた。

そういう乱雑さをすこしも彼は気にしなかった。むしろそれに、彼自身に最もふさわしい生活様式を見出していたのだ。

或る晩、彼の夢のなかで、九鬼が大きな画集を彼に渡した。そのなかの一枚の画をさしつけながら、

「この画を知っているか？」

「ラファエロの聖家族でしょう」

と彼は気まり悪そうに答えた。それがどうやら自分の売りとばした画集らしい気がしたのだ。

「もう一度、よく見てみたまえ」と九鬼が言った。

そこで彼はもう一ぺんその画を見直した。すると、どうもラファエロの筆に似てはいるが、その画のなかの聖母の顔は細木夫人のようでもあるし、幼児のそれは絹子のようでもあるので、へんな気がしながら、なおよく他の天使たちを見ようとしていると、

「わからないのかい？」と九鬼は皮肉な笑い方をした……

扁理は目をさました。見ると、散らかった自分の枕もとに、見おぼえのある、立派な封筒が一つ落ちているのだ。

おや、まだ夢の続きを見ているのかしら……と思いながら、それでもいそいでその封を切って見ると、手紙の中の文句は明瞭だった。ラファエロの画集を買い戻しなさいと言うのだ。そしてそれと一しょになって一枚の為替が入っていた。

彼はベッドの中で再び眼をつぶった。自分はまだ夢の続きを見ているのだと自分自身に言ってきかせるかのように。

その日の午後、細木家を訪れた扁理は大きなラファエロの画集をかかえていた。

「まあ、わざわざ持っていらっししったんですか。あなたのところに置いておけばおよろしかったのに」

そう言いながらも、夫人はそれをすぐ受取った。そうして籐椅子（とういす）に腰かけながら、しずかにそれを一枚一枚めくっていった……と思うと、突然、それを荒あらしい動作で自分の顔のところに持ち上げた。そしてその本のにおいでも嗅いでいるらしい。

「なんだか莨（たばこ）のにおいがいたしますわ」

扁理は驚いて夫人を見上げた。咄嗟（とっさ）に九鬼が非常に莨好きだったことを思い出しながら。そうして彼は夫人の顔が気味悪いくらいに蒼ざめているのに気づいた。

「この人の様子にはどこかしら罪人と云った風があるな」と扁理は考えた。

その時、庭の中から絹子が彼に声をかけた。

「庭をごらんになりません？」

彼は夫人をそのまま一人きりにさせて置く方が彼女の気に入るだろうと考えながら、ひっそりとした庭のなかへ絹子のあとについて行った。

少女は、扁理を自分のうしろに従えながら、庭の奥の方へはいって行けば行くほど、へんに歩きにくくなり出した。彼女はそれを自分のうしろにいる扁理のためだとは気づかなかった。そして少女のみが思いつき得るような単純な理由を発見した。彼女は扁理をふりかえりながら言った。

「このへんに野薔薇がありますから、踏むと危のうございますわ」

野薔薇に花が咲いているには季節があまり早すぎた。そして扁理には、どれが野薔薇だか、その葉だけでは見わけられないのだ。彼もまた、いつのまにか不器用に歩き出していた。

絹子は、自分では少しも気づかなかったが、扁理に初めて会った時分から、少しずつ心が動揺しだしていた。——扁理に初めて会った時分からではすこし正確ではない。それはむしろ九鬼の死んだ時分からと言い直すべきかも知れない。

それまで絹子はもう十七であるのに、いまだに死んだ父の影響の下に生きることを好んでいた。そして彼女は自分の母のダイアモンド属の美しさを所有しようとはせずに、それを眺め、そしてそれを愛する側にばかりなっていた。

ところが、九鬼の死によって自分の母があんまり悲しそうにしているのを、最初はただ思いがけなく思っていたに過ぎなかったが、いつかその母の女らしい感情が彼女の中にまだ眠っていた或る層を目ざめさせた。その時から彼女は一つの秘密を持つようになった。しかし、それが何であるかを知ろうとはせずに。——そして、それからというもの、彼女は知(し)らず識(し)らず自分の母の眼を通して物事を見るような傾向に傾いて行きつつあった。

そして彼女はいつしか自分の母の眼を通して扁理を見つめだした。もっと正確に言うならば、彼の中に、母が見ているように、裏がえしにした九鬼を。

しかし彼女自身は、そういうすべてを殆ど意識していなかったと言っていい。

そのうち一度、扁理が彼女の母の留守に訪ねて来たことがある。

扁理はちょっと困ったような顔をしていたが、それでも絹子にすすめられるまま、客間に腰を下してしまった。

あいにく雨が降っていた。それでこの前のように庭へ出ることもできないのだ。

二人は向い合って坐っていたが、別に話すこともなかったし、それに二人はお互に、相手が退屈しているだろうと想像することによって、自分自身までも退屈しているかのように感じていた。

そうして二人は長い間、へんに息苦しい沈黙のなかに坐っていた。

しかし二人は室内の暗くなったことにも気のつかないくらいだった。——そんなに暗くなっていることに初めて気がつくと、驚いて扁理は帰って行った。

絹子はそのあとで、何だか頭痛がするような気がした。彼女はそれを扁理との退屈な時間のせいにした。だが、実は、それは薔薇のそばにあんまり長く居過ぎたための頭痛のようなものだったのだ。

❄ ❄ ❄

そういう愛の最初の徴候は、絹子と同じように、扁理にも現われだした。

自分の乱雑な生き方のおかげで、扁理はその徴候をば単なる倦怠(けんたい)のそれと間違えながら、それを女達の硬い性質と自分の弱い性質との差異のせいにした。そして「ダイアモンドは硝子を傷ける」という原理を思い出して、自分もまた九鬼のように傷つけられないうちに、彼女たちから早く遠ざかってしまった方がいいと考えた。そして彼は彼独特の言い方で自分に向って言った。——自分を彼女たちに近づけさせたところの九鬼の死そのものが、今度は逆に自分を彼女たちから遠ざけさせるのだと。

そしてそういう驚くほど簡単な考え方で彼女たちから遠ざかりながら、扁理は再び自分の散らかった部屋のなかに閉じこもって、自分一人きりで生きようとした。すると今度は、その閉じ切った部屋の中から、本当の倦怠が生れ出した。しかし扁理自身はその本物も贋物(にせもの)もごっちゃにしながら、ただ、そういうものから自分を救い出してくれるような一つの合図しか待っていなかった。

一つの合図。それはカジノ①の踊り子たちに夢中になっている彼の友人たちから来た。

或る晩、扁理は友人たちと一しょにコック場のような臭いのするカジノの楽屋廊下に立ちながら、踊り子たちを待っていた。

彼はすぐ一人の踊り子を知った。

その踊り子は小さくて、そんなに美しくなかった。そして一日十幾回の踊りにすっかり疲れていた。だが、その自棄気味(やけぎみ)で、陽気そうなところが、扁理の心をひきつけた。彼はその踊り子に気に入るために出来るだけ自分も陽気になろうとした。

しかし踊り子の陽気そうなのは、彼女の悪い技巧にすぎなかった。彼女もまた彼と

---

① カジノ：明治時代に、ダンスなどの設備のある娯楽場、或いは賭博や舞踏が行われる場所。

同じくらいに臆病だった。が、彼女の臆病は、人に欺かれまいとするあまりに人を欺こうとする種類のそれだった。

彼女は扁理の心を奪おうとして、他のすべての男たちとふざけ合った。そして彼を自分から離すまいとして、彼と約束して置きながら、わざと彼を待ち呆けさせた。

一度、扁理が踊り子の肩に手をかけようとしたことがある。すると踊り子はすばやくその手から自分の肩を引いてしまった。そして彼女は、扁理が顔を赤らめているのを見ながら、彼の心を奪いつつあると信じた。

こういう二人の気の小さな恋人同志がどうして何時までもうまくやって行けるだろうか？

或る日、彼は公園の噴水のほとりで踊り子を待っていた。彼女はなかなかやって来ない。それには慣れているから彼はそれをそれほど苦痛には感じない。が、そのうちふと、踊り子とは別の少女——絹子のことを彼は考え出した。そして若しいま自分の待っているのがその踊り子ではなくて、あの絹子だったらどんなだろうと空想した。……が、その莫迦げた空想にすぐ自分で気がついて、彼はそれを踊り子のための現在の苦痛から回避しようとしている自分自身のせいにした。

扁理の乱雑な生活のなかに埋もれながら、なお絶えず成長しつつあった一つの純潔な愛が、こうしてひょっくりその表面に顔を出したのだ。だが、それは彼に気づかれずに再び引込んで行った……

絹子はといえば、扁理が自分たちから遠ざかって行くのを、最初のうちは何かほっとした気持で見送っていた。が、それが或る限度を越え出すと、今度は逆にそれが彼女を苦しめ出した。しかし、それが扁理に対する愛からであることを認めるには、少女の心はあまりに硬過ぎた。

細木夫人の方は、扁理がこうして遠ざかって行くのを、むしろ、彼に訪問の機会を与えてやらない自分自身の過失のように考えていた。しかし夫人には扁理を見ることは楽しいことよりも、むしろ苦しいことの方が多かった。そうして月日が九鬼の死を遠ざければ遠ざけるほど、彼女に欲しいのは平静さだけであった。だから、彼女は扁理がだんだん遠ざかって行くのを見ても、それをそのままにして置いたのだ。

或る朝、二人は公園のなかに自動車をドライヴさせていた。

噴水のほとりに、扁理が一人の小さい女と歩いているのを、彼女たちが見つけたのはほとんど同時だった。その小さい女は黄と黒の縞の外套をきていて、何か快活そうに笑っていた。それと並んで扁理は考え深そうにうつむきながら歩いていた。

「あら！」と絹子が車の中でかすかに声を立てた。

と同時に彼女は、彼女の母がもしかしたら扁理たちに気づかなかったかも知れないと思った。そうして彼女自身もそれに気づかなかったような風をしようとした。

「なんだか目の中にゴミがはいっちゃったわ……」

夫人は夫人でまた、絹子が扁理たちを見なかったことを、ひそかに欲していた。そうして、ほんとうに目の中にゴミかなんか入って彼等を見なかったのかも知れないと思った。

「びっくりしたじゃないの……」

そう言って、夫人は自分の心持蒼くなっている顔をごまかした。

❄ ❄ ❄

その沈黙はしかし、二人の間にながく尾をひいた。

それからというもの、絹子はよく一人で町へ散歩に出かけた。彼女は心の中のうっとうしさを運動不足のせいにしていたのだ。そうして母からも離れて一人きりになりたい気持や、こうして歩いているうちにまたひょっとしたら扁理に会えるかも知れないという考えなどの彼女にあったことは、少しも自分で認めようとはしなかった。

彼女は扁理とその恋人らしいものの姿を、下手な写真師のように修整していた。その写真のなかでは、例の小さい踊り子は彼女と同じような上流社会の立派な令嬢に仕上げられていた。

彼女はそういう扁理たちに対して何とも云えないにがさを味った。しかし、それが扁理のための嫉妬であることには、勿論、彼女は気づかなかった。何故なら、彼女は扁理たちのような年輩のどういう二人づれを見てもその同じようなにがさを味ったからだ。そして彼女はそれを世間一般の恋人たちに対するにがさであると信じた。——実は、彼女はどういう二人づれを見ても知らず知らず扁理たちを思い出していたのだが……

彼女は歩きながら、飾窓（ショウウィンドウ）に映る自分の姿を見つめた。そうして彼女は、いますれちがったばかりの二人づれに自分を比較した。ときどき硝子の中の彼女は妙に顔をゆがめていた。彼女はそれを悪い硝子のせいにした。

或る日、そういう散歩から帰ってくると、絹子は玄関にどこか見おぼえのある男の帽子と靴とを見出した。

そうしてそれが誰のだかはっきり思い出せないことが、彼女をちょっと不安にさせた。

「誰かしら」

と思いながら、彼女が客間に近づいて行ってみると、その中から、こわれたギタアのような声が聞えてきた。

それは斯波（しば）という男の声であった。

斯波という男は、——「あいつはまるで壁の花みたいな奴ですよ。そら、舞踏会で踊れないもんだから、壁にばかりくっついている奴がよくあるでしょう。そういう奴のことを英語で Wall Flower というんだそうだけれど……斯波の人生における立場なんか全くそれですね」——そんなことをいつか扁理が言っていたのを思い出しながら、それから、彼女はふと扁理のことを考えた。……

彼女が客間に入って行くと、斯波は急に話すのをやめた。

が、すぐ、斯波は、例のこわれたギタアのような声で、彼女に向って言いだした。

「いま、扁理の悪口を言っていたところなんですよ。あいつはこの頃全く手がつけられなくなったんです。くだらない踊り子かなんかに引っかかっていて……」

「あら、そうですの」

絹子はそれを聞くと同時ににっこりと笑った。いかにも朗らかそうに。そして自分でも笑いながら、こんな風に笑ったのは実にひさしぶりであるような気がした。

このながく眠っていた薔薇を開かせるためには、たった一つの言葉で充分だったのだ。それは踊り子の一語だ。扁理と一しょにいた人はそんな人だったのか、と彼女は考え出した。私はそれを私と同じような身分の人とばかり考えていたのに。そしてそういう人だけしか扁理の相手にはなれないと思っていたのに。……そうだわ、きっと扁理はそんな人なんか愛していないのかも知れない。もしかすると、あの人の愛しているのはやっぱし私なのかも知れない。それだのに私があの人を愛していないと思っているので、私から遠ざかろうとしているのではないかしら。そうして自分をごまかすためにきっとそんな踊り子などと一しょに暮らしているのだ。そんな人なんかあの人には似合わないのに……

それは少女らしい驕慢な論理だった。しかし、大抵の場合、少女は自分自身の感情はその計算の中に入れないものだ。そして絹子の場合もそうだった。

❄　❄　❄

ときどき鳴りもしないのにベルの音を聞いたような気がして自分で玄関に出て行ったり、器械がこわれていてベルが鳴らないのかしらと始終思ったりしながら、絹子はたえず何かを待っていた。

「扁理を待っているのかしら？」ふと彼女はそんなことを考えることもあったが、そんな考えはすぐ彼女の不浸透性の心の表面を滑って行った。

或る晩、ベルが鳴った。——その訪問者が扁理であることを知っても、絹子は容易に自分の部屋から出て行こうとしなかった。

やっと彼女が客間にはいって行くと、扁理は、帽子もかぶらずに歩いていたらしく、毛髪をくしゃくしゃにさせながら、青い顔をして、ちらりと彼女の方をにらんだ。それきり彼は彼女の方をふりむきもしなかった。

細木夫人は、そういう扁理を前にしながら、手にしている葡萄の皿から、その小さい実を丹念に口の中へ滑り込ましていた。夫人は目の前の扁理のだらしのない様子から、ふと、九鬼の告別式の日に途中で彼に出会った時のことを思い出し、それからそれへと様々なことが考えられてならないのだが、彼女はそれから出来るだけ心をそらそうとして、一そう丹念に自分の指を動かしていた。

突然、扁理が言った——

「僕、しばらく旅行して来ようと思います」

「どちらへ？」夫人は葡萄の皿から眼を上げた。

「まだはっきり決めてないんですが……」

「ながくですの？」

「ええ、一年ぐらい……」

夫人はふと、扁理が、例の踊り子と一しょにそんなところへ行くのではないかと疑いながら、

「淋しくはありませんか」と訊いた。

「さあ……」

扁理はいかにも気のない返事をしたきりだった。

絹子はといえば、その間黙ったまま、彼の肖像でも描こうとするかのように、熱心に彼を見つめていた。

そうして彼女の母が、扁理の、梳(くしけず)らない毛髪や不恰好に結んだネクタイや悪い顔色などのなかに、踊り子の感化を見出している間、絹子はその同じものの中に彼女自身のために苦しんでいる青年の痛々しさだけしか見出さなかった。

扁理が帰った後、絹子は自分の部屋にはいるなり、思わず眼をつぶった。さっきあんまり扁理の赤い縞のあるネクタイを見つめ過ぎたので、眼が痛むのだ。するとその閉じた眼の中には、いつまでも赤い縞のようなものがチラチラしていた……

❄　❄　❄

扁理は出発した。

都会が遠ざかり、そしてそれが小さくなるのを見れば見るほど、彼には出発前に見てきた一つの顔だけが次第に大きくなって行くように思われた。

一つの少女の顔。ラファエロの描いた天使のように聖(きよ)らかな顔。実物よりも十倍位の大きさの一つの神秘的な顔。そしていま、それだけがあらゆるものから孤立し、膨大し、そしてその他のすべてのものを彼の目から覆い隠そうとしている……

「おれのほんとうに愛しているのはこの人かしら？」

扁理は目をつぶった。

「……だが、もうどうでもいいんだ……」

そんなにまで彼は疲れ、傷つき、絶望していた。

扁理。——この乱雑の犠牲者には今まで自分の本当の心が少しも見分けられなかったのだ。そして何の考えもなしに自分のほんとうに愛しているものから遠ざかるために、別の女と生きようとし、しかもその女のために、もうどうしていいか分らないくらい、疲れさせられてしまっているのだ。

そうして彼はいま何処へ到着しようとしているのか？

何処へ？……

彼は突然、汽車が一つの停車場に停まると同時に、慌ててそこへ飛び降りてしまった。

それは何かの薬品の名を思い出させるような名前の、小さな海辺の町であった。

そしてこの一個のトランクすら持たぬ悲しげな旅行者は、停車場を出ると、すぐその見知らない町の中へ何の目的もなしに足を運んで行った。

彼はしかし歩いてゆくうちに、ふと変な気がしだした。……通行人の顔、風が気味わるく持ち上げている何かのビラ、何とも言えず不快な感じのする壁の上の落書、電線にひっかかっている紙屑のようなもの、——そういうものが彼になにかしら不吉な思い出を強請するのだ。扁理は或る小さなホテルにはいり、それから見知らない一つの部屋にはいった。あらゆるホテルの部屋に似ている一つの部屋。しかし、それすら彼に何かを思い出させようとし、彼を苦しめ出すのだ。彼は疲れていて非常に眠かった。そして彼はそのすべてを自分の疲れと眠たさのせいにしょうとした。彼はすこし眠った。……目をさますと、もう暗くなっていた。窓から入ってくる、湿っぽい風が扁理に、自分が見知らない町に来ていることを知らせた。彼は起き上り、それから再びホテルを出た。

そうしてまた、さっき一度歩いたことのある道を歩きながら、あの時から少しも失われていない自分のなかの不可解な感じを、犬のように追いかけて行った。

突然、或る考えが扁理にすべてを理解させ出したように見える。さっきから自分をこうして苦しめているもの、それは死の暗号ではないのか。通行人の顔、ビラ、落書、紙屑のようなもの、それらは死が彼のために記して行った暗号ではないのか。どこへ行ってもこの町にこびりついている死の印。——それは彼には同時に九鬼の影であった。そうして彼にはどうしてだか、九鬼が数年前に一度この町へやってきて、今の自分と同じように誰にも知られずに歩きながら、やはり今の自分と同じような苦痛を感じていたような気がされてならないのだ……

そうして扁理はようやく理解し出した、死んだ九鬼が自分の裏側にたえず生きていて、いまだに自分を力強く支配していることを、そしてそれに気づかなかったことが自分の生の乱雑さの原因であったことを。

そうしてこんな風に、すべてのものから遠ざかりながら、そしてただ一つの死を自分の生の裏側にいきいきと、非常に近くしかも非常に遠く感じながら、この見知らない町の中を何の目的もなしに歩いていることが、扁理にはいつか何とも言えず快い休息のように思われ出した。

——そのうちに扁理は、強い香りのする、夥(おびただ)しい漂流物に取りかこまれながら、うす暗い海岸に愚かそうに突立っている自分自身を発見した。そうして自分の足もとに散らばっている貝殻や海草や死んだ魚などが、彼に、彼自身の生の乱雑さを思い出させていた。——その漂流物のなかには、一ぴきの小さな犬の死骸が混っていた。そうしてそれが意地のわるい波にときどき白い歯で噛まれたり、裏がえしにされたりするのを、扁理はじっと見入りながら、次第にいきいきと自分の心臓の鼓動するのを感じ出していた……

❄ ❄ ❄

扁理の出発後、絹子は病気になった。

そうして或る日、彼女はとうとう始めて扁理への愛を自白した。彼女は寝台の上で、シイツのように青ざめた顔をしながら、こんなことを繰り返えし繰り返えし考えていた。

——何故私はああだったのかしら。何故私はあの人の前で意地のわるい顔ばかりしていたのかしら。それがきっとあの人を苦しめていたのだわ。そうしてこんな風に私たちから遠ざからせてしまったのにちがいない。それに、あの人は始終自分の貧乏なことを気にしていたようだけれど……（そんな考えがさっと少女の頬を赤らめた）……それで、あの人は私のお母さんに誘惑者のように思われたくなかったのかも知れない。あの人が私のお母さんを怖れていたことはそれは本当だわ。こんな風にあの人を遠ざからせてしまったのはお母さんだって悪いんだ。私のせいばかりではない。ひょっとしたら何もかもお母さんのせいかも知れない……

そんな風にこんぐらかった独語が、娘の顔の上にいつのまにか、十七の少女に似つかわしくないような、にがにがしげな表情を彫（ほ）りつけていた。それは実に彼女自身への意地であったのだけれども、彼女には、それを彼女の母への意地であるかのように誤って信じさせながら……

「はいってもよくって？」

そのとき部屋の外で母の声がした。

「いいわ」

絹子は、彼女の母がはいって来るのを見ると、いきなり自分の狂暴な顔を壁の方にねじむけた。細木夫人はそれを彼女が涙をかくすためにしたのだとしか思わなかった。

「河野さんから絵はがきが来たのよ」と夫人はおどおどしながら言った。

その言葉が絹子の顔を夫人の方にねじむけさせた。今度は夫人がそれから自分の顔をそむかせる番だった。

——この頃、細木夫人はすっかり若さを失っていた。そして彼女には、自分の娘が何んだか自分から遠くに離れてしまったように思われてならないのだった。彼女はときどき自分の娘を、まるで見知らない少女のようにさえ思うことがあった。そして今も、そうだった……

絹子は、海の絵はがきの裏に、鉛筆で書かれた扁理の神経質な字を読んだ。彼は、その海岸が気に入ったからしばらく滞在するつもりだ、と書いて寄こしたきりだった。

絹子はその絵はがきから、彼女の狂暴な顔をいきなり夫人の方にむけながら、

「河野さんは死ぬんじゃなくって？」と出しぬけに質問した。

細木夫人はその瞬間、自分の方を睨(にら)んでいる、一人の見知らぬ少女の、そんなにも恐(こわ)い眼つきに驚いたようだった。が、その少女のそんな眼つきは突然、夫人に、彼女がその少女と同じくらいの年齢であった時分、彼女の愛していた人に見せつけずにはいられなかった自分の恐い眼つきを思い出させた。そうして夫人は、その見知らない少女がその頃の自分にひどく肖(に)ていることに、そして、その少女が実は自分の娘であることに、なんだか始めて気づいたかのように見えた。夫人は溜息(ためいき)をしずかに洩らした。——娘は誰かを愛している。自分が、昔、あの人を愛していたように愛している。そしてそれはきっと扁理にちがいない……

細木夫人は、しかし次の瞬間、自分のなかに長いこと眠っていた女らしい感情が、再び目ざめだしたように感じた。九鬼の死後、彼女の苦しんでいた様子が、絹子の中にそれまで眠っていた女らしい感情を喚び起したのとまったく同じの心理作用が、今度は、その反作用ででもあるかのように起ったのだ。そしてそれは、夫人もまた絹子と同じように扁理を愛しているかのように、彼女に信じさせたくらいの新鮮さで。——

二人はそのまましばらく黙っていた。そしてその沈黙が、絹子の今しがた言った恐しい言葉を、そっくりそのまま肯定しているかのように思われそうになった時、細木夫人はようやく自分の母としての義務を取り戻した。

そうして夫人はいかにも自信ありげな微笑を浮べながら、答えたのである。

「……そんなことはないことよ……それはあの方には九鬼さんが憑(つ)いていなさるかも知れないわ。けれども、そのために反ってあの方は救われるのじゃなくって？」

河野扁理にはじめて会った時から、夫人に、彼の生のなかには九鬼の死が緯(よこいと)のように織りまざっていることを、そしてそれが彼をして死に見入ることによって生がようやく分るような不幸な青年にさせていることを見抜かせたところの、一種の鋭い直

覚が、いま再び彼女のなかに蘇って来ながら、そういう扁理の不幸を絹子に理解させるためには、いま言ったようなごく簡単な逆説（パラドックス）だけで充分であることを彼女に知らせたのだ。

「そうかしら……」

絹子はそう答えながら、始めはまだ何処かしら苦痛をおびた表情で、彼女の母の顔を見あげていたけれども、そのうちにじっとその母の古びた神々しい顔に見入りだしたその少女の眼ざしは、だんだんと古画のなかで聖母を見あげている幼児のそれに似てゆくように思われた。

## 【作家紹介】

堀辰雄（1904—1953）、小説家。

東京生まれ。父堀濱之介と母志気の長男として生まれたが、母は正妻ではなったため、幼時母とともに堀家を去った。東京府立三中、第一高等学校を経て東京大学国文科に入学。第一高等学校の同期に、小林秀雄、深田久弥がいた。生涯の親友となる神西清に出会い、彼の勧めで、詩に興味を持つようになり、文学開眼された。1923年、室生犀星と芥川龍之介の知遇を得て終生師事した。一方、9月に関東大震災の際に母を失った。これらの経験はその文学形成に大きく影響した。

1925年東京大学に入学。このごろからスタンダール、メリメ、ジイドなどを愛読、ついでコクトオ、アポリネール、ラディゲなどに親しみ、みずから翻訳を試みている。その文学的出発にはこれらの作家たち、とくにラディゲやコクトオとのふれあいが決定的な影響を与えた。彼らを通じて学んだ西欧心理主義文学の手法を自己の資質や感受性と融和させ、小説造型の新しい次元を開拓することに、まず彼の努力は向けられた。

1926年、中野重治らと『驢馬』を創刊。詩、エッセイのほか、短編小説や、仏文学の翻訳などを発表し、自分の作風を見せた。個人の体験から取材しながらも、自然主義のように事実をそのまま書くのではなく、文学的に昇華させて書く、その特徴的な手法が、この頃すでに見られる。1927 年芥川の死に大きなショックを受け、肋膜が悪化し、休学。このごろから肺結核の症状が出始める。芥川の死から自身の生き方を模索し、その体験を材にとって『聖家族』を発表し、人間の心理そのものを描写しようとした新心理主義の手法を用いたこの作品は、小林秀雄や横光利一に激賞され、出世作となった。翌年処女作品集『不器用な天使』を改造社より出版。

『聖家族』脱稿後喀血、向島の自宅で病床につき、越えて6 年 4 月から夏まで信州富士見のサナトリウムに入った。退院後軽井沢・東京を往復し、軽井沢を舞台にして小品風の印象的な作品を多く残した。療養中にマルセル・プルーストやジェイムズ・ジョイスなどの当時ヨーロッパの先端的な文学に触れ、バッハの遁走(フウ)曲に形式上のヒントを得て『美しい村』を創作した。

1934 年、自分の婚約者矢野綾子も肺をやんでいたため、翌年、自分よりも病状の重い綾子に付き添って八ヶ岳山麓の富士見高原療養所に二人で入院する。その冬綾子がなくなる。この経験で書いた『風たちぬ』は堀の代表作となり、「生・死・愛」という彼の文学主題を追究した。

1938 年、加藤多恵子と結婚する。このごろから日本的なものに傾倒し、日本の王朝文学に取材した『かげろふの日記』『姨捨』『曠野』、紀行文『大和路・信濃路』を書き始める。また、現代の女性の姿を描くことに挑戦し、既婚女性の家庭の中での自立を描く小説『菜穗子』は完成度の最も高い作品とされている。そこには西欧文学の影響から日本の伝統への回帰が見られる。

1944 年から持病の肺結核が悪化し、作品の発表はほとんどできず、闘病生活を送っていた。1953 年、48 歳で病死した。

堀辰雄は一貫して、現実の時空を越えたところに作品の場を設定し、そのことで自己の世界を純粋と美の詩的な世界に昇華しつつ、新しい生と精神のありかたを描いているが、西欧近代作家との出会いを通して吸収したヨーロッパ風なエスプリとスタイルが、日本の古典的な伝統と融和して、独自な作風を切り開いていった。そのような作風は雑誌『四季』にも反映し、昭和 10 年代の詩運動の中心的位置を占めていた。立原道造、津村信夫、中村信一郎、福永武彦らの若い文学者に大きな影響を与えた。

## 【作品解説】

短編小説。1930年11月『改造』に発表。堀辰雄の出世作であり、初期の代表作としてはじめて文壇に認められる。

粗筋は以下のとおりである。

九鬼の告別式に向かう車で道が混雑する中、一人の夫人が車から降りた。扁理は、彼女が細木夫人だと気づき、声を掛けます。夫人も扁理のことをしばらくして思い出し、成長した扁理を、「まるで九鬼を裏がえしにしたような青年だ」と感じた。

九鬼の蔵書の整理していた扁理は、女の筆跡の手紙の切れを見つけた。そこには、「どちらが相手をより多く苦しますことが出来るか、私たちは試して見ましょう」という挑戦的な言葉が並んでいた。

扁理は細木夫人の家に向かう。そこには、細木夫人の娘の絹子がいた。扁理は、九鬼からもらったラファエロの画集を、お金がなかったので売ってしまったと素直に告げた。

ある晩、扁理の夢の中に九鬼が出て来た。九鬼はラファエロの画集を扁理に渡し、「聖家族」という絵を見せます。不思議と、その絵の中の聖母の顔は細木夫人のようで、聖母の子供は絹子のようでした。目を覚ますと、枕元に細木夫人からの封筒が落ちていた。そこには、「ラファエロの画集を買い戻しなさい」という文言があり、1枚の為替が入っていた。

細木夫人は、扁理が買い戻した画集の匂いを嗅ぎ、煙草の匂いがしていると言った。扁理と絹子はお互いを強く意識するようになる。二人は自分の気持ちに正直になれないまま過ごしていた。

踊り子との偽りの関係に疲れた扁理は旅に出た。海辺の町を歩きながら、扁理は自分の裏側にたえず死んだ九鬼が生き、いまだに彼を支配していることに気づかされた。

扁理の出発後、絹子は病気になってしまう。扁理の絵はがきが来た。絹子は母に、扁理が死ぬのではないかと聞いた。夫人は「自分が、昔、あの人を愛していたように絹子は扁理を愛している」と確信した。細木夫人を見つめる絹子の眼差しは、だんだんラファエロの聖家族の幼児に似ていくように思われた。

「死があたかも一つの季節を開いたかのようだった」という書き出しに象徴されているように、九鬼という小説家の死から、この小説は始まる。一人の作家の死の影を背負って生きていく男女が織り成す、愛の心理状態を描いた心理小説である。主人公河野扁理は堀辰雄自身、作家九鬼は芥川龍之介、細木夫人は歌人であり、北欧文学の翻訳者片山広子がモデルとなる。堀は若い時代から芥川を師事し、芥川から多大な影響を受けていた。1927 年、芥川の自殺事件から受けた強い衝撃が創作の動機と見られる。小説は堀の混乱の心理状態を歴々と表した。堀は芥川の死後、自らの小説理念として、「現実よりもつと現実なもの」が「どれだけ確実に、しつかりと捕まへられてゐるか」により、芸術の作品価値が決定されるとする。その「現実を超えたもの」は小説のフィクションにあり、「さういふ少しの告白もない、すべてが虚構に属する小説こそ、僕は純粋の小説であると言ひたい」①と述べている。堀は『小説のことなど』で「私の興味は何といっても、その作家自分を棄てるのにどれだけ独特の苦痛をかけたか、といふ点に専らかかっているようだ。(中略) 私の作品は——といって悪ければ、それらの作品を書いた感興の多くは、——フィクションを組み立てることにあった。私は一度も私の経験したとほりに小説を書いたことはない。(そうかと言ってまた、自分の感じもしなかったことは、ペンも書いたことはないが…) 」と言った。つまり、堀は切実な人生体験が、次第に文学的体験に転化して行くと考えられる。だが、その小説は「私小説」を感じさせない。この点について、福水明人は堀が「告白だけの悲劇」を芥川の死の中に見て、自己の最も求心的問題——つまり「死・生・愛」を核としながらも、芥川文学の特色であった「小説の構想性」や「虚構」をそこに付加して復活させたと解釈ている。②

横光利一は「聖家族は内部が外部と同様にあたかも肉眼で見られる対象であるかの

① 堀辰雄「レエモン ラジィゲ」『文學』5、1930 年 2 月。

② 福水明人「芥川龍之介研究—堀辰雄へのつながり—」『国語教育研究』5、広島大学教育学部光葉会、1962 : 115—118。

如く明瞭にわたくし達に現実の内部を示してくれた最初の新しい作品の一つである。それは譬えば海底が典雅な未知の世界に溢れているのと等しく聖家族の構造も端整妍美馨香時に溢るともいふべき雍容をもって姿勢の妙を尽くしている。確かにこれは堀氏の一時代の頂点を示す作品であって、堅密非常、暗移漸轉、綿密廻環、まことに得難い逸品である。」とこの作品を高く評価した。①

## 【読解鑑賞】

### ☞ 新心理主義

20世紀の始め、イギリスを中心に起こった文芸思潮。フロイトの精神分析学をもとにして、潜在意識を重んじ、精神の内面意識の変化それ自体をストーリーの流れとして描出していくことである。ジェームズ・ジョイス、ジョイス・プルーストなどがその先駆者である。

日本では昭和初期、新心理主義の旗手といわれる伊藤整がジョイス・プルーストを日本に紹介し、1932年には第一評論集『新心理主義文学』を刊行し、日本の新心理主義文学の活動を促進することに役立つ。作品として、伊藤整『感情細胞の断面』（1930）、横光利一『機械』（1930）、川端康成『水晶幻想』（1931）などがあげられる。

### ☞ 堀辰雄と芥川龍之介

堀辰雄は芥川龍之介の影響を最大に受けた人である。堀の卒業論文テーマは『芥川龍之介論——芸術家としての彼を論ず』（1929・1）にて、芥川の死について次のように述べる。

芥川龍之介の死は僕の眼を「死人の眼を閉ぢる」やうに静かに開けてくれました。(中略) 実は、僕も最初、彼の晩年の作品の痩せ細つた姿を唯痛々しさうに見てゐた

① 初出：横光利一「序文」『聖家族』、江川書房、1932年。『定本横光利一全集第16巻』、河出書房新社、1987年、第384頁。

一人でありました。しかし彼は最後に、彼の死そのものをもつて、僕の眼を最もよく開けてくれたのでした。僕はもはや彼の痩せ細つた姿だけを見るやうな事はしなくなり、彼をしてそのやうに痩せ細らせたものに眼を向けはじめました。そして、その彼の中のそのものが僕を感動させ、僕を根こそぎにしました。で、その苛烈なるものをはつきりさせ、それに新しい価値を与へること、それが僕にとつて最も重大な事となります。

福水は『聖家族』を論じる際、二人の関係性について次のように語る。①

堀は、芥川が自己の弱さを世間に隠しながら、そうすることでかえってその気弱さにたえられなくなる性格であった故に、芥川の悲劇があったとする。こうした気弱さの点で芥川と性格的類似を自覚した堀にとって、芥川の死は自己の危機であった。この危機を乗り越えるためには、堀は芥川の弱さを隠そうとする人生態度とは別の態度を取らねばならない。「そこで彼とは反対に、さういふ気弱さを出来るだけ自分の表面に持ち出さう」という、芥川の裏面を表面とした堀の人生態度が決定されるのである。

## 【研究情報】

堀辰雄研究は伝記を中心に出発している。まず堀との交友を基に伝記を展開する丸岡明『堀辰雄——人と作品』（四季社、1953・11）があげられる。谷田昌平『堀辰雄——その生涯と文学』（青木書店、1955・12）には、堀辰雄の幼年時代の問題、文学生涯の出発、文学観の確立などの問題点を論じ、作家論の原形を見せた。その後、小川和佑『評伝堀辰雄』（六興出版、1978・6）、田中清光『堀辰雄——魂の旅』（文京書房、1978・9）は実証的な研究を展開し、本格的な評伝と見られるが、その問題点はほぼ谷田に踏襲し、まだ乗り越えていない。吉田精一『堀辰雄と王朝文学（一）（二）』（『解釈と鑑賞』1958・6）が古典文学との関係を実証的に研究した論著で、

① 福水明人「芥川龍之介研究—堀辰雄へのつながり—」『国語教育研究』5、広島大学教育学部光葉会、1962：115—118。

三好行雄『堀辰雄における「美学」』(『國文学』1963・7)は比較文学的視野から論じたものである。

1970 年代後半、作家論から作品論に移り、代表的な作品を論じた研究書が刊行された。大森郁之助『論考　堀辰雄』(有朋堂、1980・1)は主要モチーフ「幼年時代」「軽井沢」「結核」と結び『聖家族』から始めて主要作品を論じた。竹内清己『堀辰雄の文学』(桜楓社、1984・3)には『聖家族』をはじめ、七本の論文を収録した。この時期の研究は多く作品をてがかりに、芥川龍之介や片山広子母娘と作者自身の人間関係を確認するものが多く、作品に対する分析が物足りないように思われる。そうした可能性を試みたのは中村真一郎「堀辰雄——その前期の可能性について」(『ユリイカ』1978・9)である。新しい表現、複雑な心理の表現など、堀辰雄独特な表現の特徴を呈した。また、『菜穗子』についての研究もこの時期から進められている。大森郁之助『堀辰雄・菜穗子の涯』(風信社、1979・12)、西原千博「『菜穗子』試論——他者への意識」(『静岡近代文学』一、1986・9)などは堀のロマン観を論じ、示唆の多い論著である。

2000 年以前の研究の軌跡を把捉するツールとしては、池内輝雄「堀辰雄研究案内」(『鑑賞日本現代文学』18、角川書店、1981・11)、猪熊雄治、岡崎直也、渡部麻実による「研究動向」(『昭和文学研究』4、1982 年 1 月)、池内輝雄「堀辰雄」(『現代文学研究　情報と資料』至文堂、1986・11)は堀辰雄研究の必携書である。参考文献目録として小久保実「堀辰雄参考文献目録」(『帝塚山学院大学日本文学研究』18、1987・2)、竹内清己「堀辰雄参考文献目録」(『堀辰雄の文学』桜楓社、1984・3)があげられる。

2000 年前後には、堀辰雄研究は多様性を呈した。まず、中島国彦「「生の充足」の構図——ゲーテ・ブラームス・堀辰雄——」(『解釈と鑑賞』、1996・9)、井上二葉『日本近代文学と西洋音楽』は、音楽や絵画との関係を論じたもので、従来の受容論と一線を画する。2003 年に、堀辰雄没後 50 年、2004 年には生誕 100をきっかけに、堀研究は画期的な時代を迎えた。堀辰雄研究を総合的に捕らえなおす著作として竹内清己編『堀辰雄事典』(勉誠出版、2001・11)、堀研究の現代的課題を提示した池内輝雄編『解釈と鑑賞別冊　堀辰雄とモダニズム』（2004・2）は堀研究に大きな刺激を与えた。浅草を都市の表象としてとらえ、初期小説の再評価を盛んに行われる。その代表は池内輝雄「堀辰雄と東京・浅草」（『学士会会報』853、2005・7）である。軽井沢を好むバタくさい小説というイメージと一線を画し、堀像に新しい意味を与えた。また、竹内清己「堀辰雄における西欧文学——プルースト受容」（『文学論藻』80、2006・12）、渡部麻実「堀辰雄〈プルーストに関するノート〉」（『昭和文学研究』44、2002・3）などは堀の西洋文学受容を遺稿ノートや手沢本を読み直し、初期小説を読み替える作業を試みた。これに対して、堀辰雄の蔵書を注目し、古典文学の影響から堀の〈古典回帰〉を再論考する大石紗都子「堀辰雄『姨捨』『姨捨記』と更級日記」（『日本近代文学』86、2012・5）は堀研究の新しい可能性を提供した。

## 【参考文献】


小久保実「堀辰雄における"悪"の不在」『解釈と鑑賞』、1974年2月

佐多稲子ほか「座談会　堀辰雄（昭和の文学）」『群像』、1975年4月

中村真一郎『芥川・堀・立原の文学と生』新潮社、1980年3月

小久保実「堀辰雄のトポス」『帝塚山学院大学日本文学研究』20、1989年1月

島村輝「仮想の浅草——大衆文化と堀辰雄」池内輝雄編『堀辰雄とモダニズム』、至文堂、2004年2月

竹内清己「愛と死生の妙諦・堀辰雄におけるリルケ受容—誤解と雑記—」『東洋学研究』45、2008年3月

戸塚学「堀辰雄「不器用な天使」論——翻訳から小説へ」『日本近代文学』81、2009年11月

渡部麻実「科学で芸術をする『死の素描』——堀辰雄の初期小説におけるコクトーとポアンカレ」『国語と国文学』87—5、2010年5月

池内輝雄『鑑賞日本現代文学18堀辰雄』角川書店、1981年11月

兪在真「堀辰雄初期文学の〈遊戯性〉——「手のつけられない子供」と「羽掃

き」」『稿本近代文学』29、2004 年 12 月

中島昭『堀辰雄——昭和十年代の文学』リーベル出版、1992 年 10 月

影山恒男『芥川龍之介と堀辰雄：信と認識のはざま』有精堂出版、1994 年 11 月

西原千博『堀辰雄試解』蒼丘書林、2000 年 10 月

渡部麻実『流動するテクスト　堀辰雄』翰林書房、2008 年 11 月

竹内清己『村上春樹・横光利一・中野重治と堀辰雄：現代文学生成の水脈』鼎書房、2009 年 11 月

# 十一　故郷を失つた文学

小林秀雄

「現代の日本には大人の読む文学、或は老人の読む文学と云ふものが殆んどないと云つてよい。日本の政治家は概して文芸の素養に乏しく、文壇の情勢に暗いと云ふ誹（そし）りを受けるが、それは文壇の方にも幾分の罪がありはしないか。といふのは、彼等と雖（いえど）も必ずしも文芸に冷淡なのではない、（中略）ただ彼等の嗜（たしな）むものは多く漢文学、でなければ日本の古典類であつて、毫（ごう）も①現代の文学に及ばない。日本の現代文学——殊に所謂純文学を読むのは十八九から三十前後に至る間の文学青年共であつて、極端に云へば作家もしくは作家志望の人たちのみである。（中略）文壇と云ふものが全く若い者相手の特別な世界であることは、自然主義の昔から今日に至る迄変りがない。政治組織や社会状態に関心を持つている筈のプロ作家と雖も、一とたび『文士』として『文壇』の仲間入りをして、『月評』に取り上げられるやうになると、彼等の読者は純文学のそれとあまり違はない狭い範囲に限られてしまひ、広く天下の労働者や農民をファンに持つと云ふ人はめつたにない。これは日本の芸術のうちで，文学だけが特にそう云ふセセコマシイ②天地に跼蹐（きょくせき）③しているのであつて、演劇は勿論のこと、音楽や絵画などでも、ずつと広汎な愛好者を持つていることは人のよく知

---

① 豪も：わずかも、すこしも。

② セセコマシイ：ゆとりがない、窮屈である。

③ 跼蹐：「跼天蹐地」の略。身の置き所もないと思って肩身も狭く世の中に暮らすこと。

る通りである。但し、大衆文学だけは文壇の月評から疎外されている代りに、却つて社会の各方面に読者層を有するらしいが、此れとても恐らくファンの大部分は三十歳ぐらい迄の男女であらう。（中略）私のやうに五十近くにもなつて、自分の書くものが若い人たちだけにしか読んで貰へないかと思ふと、淋しい気持ちがしないでもない。又、自分を読者の側に置いてみて、古典より外に読むに堪へるものがないと云ふことは、何かしら現代の文学に缺陥があるやうに思へてならない。なぜなら、青年期から老年期に至るまで、ときどき燈下に繙（ひもと）いて①は慰安を求め、一生の伴侶として飽きないやうな書物こそ、真の文学と云へるからである」

谷崎潤一郎氏の「『芸』について」（『改造』四月号）を読んでいて右の矢うな文章にぶつかり、考へ込んで了つた。氏に抗言するつもりで考へ込んだわけでもなし、別に名案を思ひ着かうと思案したわけでもない。たゝ氏の所謂「セセコマシイ天地に跼蹐」する一人として芸もなく考へ込んで了ひ、重苦しい気持ちになつた。

「『芸』について」前号掲載の部分から通読すると、筆致はおだやかだが氏の自信はずいぶん烈しいものの様に思はれる、文章の字面は曖昧だが語つた処はきつぱりしたものだと思ふ。さういふ氏の烈しい自信、きつぱりした意見を抽象して、氏の呼ぶ処の「「坊ちやん爺ちやん」バアナアド・ショウが、九段能楽堂で、次の様に翻訳する。

Ladies and Gentlemen : Humanity is hopeless ! Many of those who are artists, however bad, declare that they cultivate art for the sake of humanity. This is not so. Let us leave to the Philistines of the outside world the pretense that everything they do is for the good of humanity.
（『改造』四月号）

これだけの言葉を聞くのなら別に何んでもない、今日のやうな時代に、作家の情熱が、かういふ風にひねくれて現れるのは不思議な事ではない。けれども谷崎氏の実際経験に即した綿々たる感慨には、もつとまるで違つた解きほぐし難いものがあつて重苦しい気持ちを強ひるのである。氏は結ぶ、「私の固陋さを嗤ふ若い人達も，私と同じ歳頃になれば恐らく思ひ当つてくれる所があるだらう」と。私の歳頃で思ひ当る所

① 繙く：書物を開いて読む。

がないとしても、又一体何処を嗤(わら)ひ去る事が出来るのかと思ひまどつた。

私は人から江戸つ児だといはれるごとにいつも苦笑ひする。何故かといふと、さういふ人が江戸つ児といふ言葉で言ひ度い処と、私が理解している江戸つ児といふ言葉との間にあんまり開きがありすぎるからだ。東京に生れた私ぐらいの歳頃の大多数の人々は、私ぐらいの歳頃で東京に生れたといふ事がどのくらい奇つ怪①なことかよく知つている。それは到底江戸つ児などといふ言葉で言ひ表はせるものではない。傍人にはなかなかのことでは解つて貰へない想ひがある。たとへ東京生れの人達でも、一と廻りも年が上ならもう通じ難いのぢやないかと思はれるものがある。

私は自分を江戸つ児だと思つた事もなし、江戸趣味などといふものも全く持ち合はせていないが、自分でも気のつかない処に、やはり江戸つ児気質とでもいふやうなものが宿つているのかも知れない。だが、さういふ事情は私にはどうでもいゝ事で、嘗てさういふ事情が私を悩ましたことはない。私の心にはいつももつと奇妙な感情がつき纏つていて離れないでいる。言つてみれば東京に生れながら東京に生れたといふ事がどうしても合点出来ない、又言つてみれば自分には故郷といふものがない、といふやうな一種不安な感情である。この感情には、ロマンティックな要素は微塵(みじん)②もない、といふ事は容易に解つて貰へさうに思はれるが、それと同時に、この感情には、ほんたうにリアリスティックな要素も少しもない、といふ事はさう容易に解つて貰へさうにも思はれない。

いつだつたか京都からの帰途瀧井孝作(たきいこうさく)氏③と同車した折だつたが、何処かのトンネルを出たころ、窓越しにチラリと見えた山際の小径を眺めて瀧井氏が突然ひどく感動したので驚いた。あゝいふ山道をみると子供の頃の思ひ出が油然と湧いて来て胸一杯になる、云々と語るのを聞き乍ら、自分には田舎がわからぬと強く感じた。自分には田舎がわからぬと感じたのではない、自分には第一の故郷も、第二の故郷も、いやそ

---

① 奇っ怪：「奇怪」の強調の言い方。

② 微塵：きわめて細かいもの。

③ 瀧井孝作：1894—1984。小説家、俳人。志賀直哉に師事し、『無限抱擁』などの心境小説を発表する。

もそも故郷といふ意味がわからぬと深く感じたのだ、思ひ出のない処に故郷はない。確乎たる環境が齎す確乎たる印象の数々が，つもりつもつて作りあげた強い思ひ出を持つた人でなければ、故郷といふ言葉の孕む健康な感動はわかないのであらう。さういふものも私の何処を捜しても見つからない。振り返つてみると、私の心なぞは年少の頃から、物事の限りない雑多と早すぎる変化のうちにいぢめられて来たので、確乎たる事物に即して後年の強い思ひ出の内容をはぐくむ暇がなかつたと言へる。思ひ出はあるが現実的な内容がない。殆ど架空の味ひさへ感ずるのである。上述のやうな誇張した場合を考へないでも、母親の子供の頃の話を聞いている時でもよく感ずる事だが、別に何んの感動もなくごく普通な話をして、それでいて何かしらしつかりとした感情が自ら流れている。何気ない思ひ出話しが、恰も物語の態を備へている。羨しい事だ、私には努力しても到底つかめない何かしらがある、と思ふ。何等かの粉飾、粉飾と言つて悪ければ意見とか批評とかいふ主観上の細工をほどこさなければ、自分の思ひ出が一貫した物語の体をなさない、どう考へても正道とは言ひ難い、といふ風に考へ込んで了ふ。

故郷のない精神といふものに気がつき出すと、事ごとにその現れがみつかる。極端な場合を考へると特に妙である。歩くのが好きだからよく山へ行く。深い処へ危険な処へと行きたがる。これなんかずい分をかしい、とこの頃合点しはじめた。自然の美しさに感動しに行くのは健全なことだと当人考へてゐるが、実はそれは日常観念的な焦燥の一種の現れに過ぎないのではないかと思へばまさしくさう思はれて来る。どうも自然を愛するなどといふ現実的なおだやかな筋合ひのものではないらしい。自然美に対する私の感動に、一体どんな確たる現実的な根拠があるか、いよいよ疑はしい。注意してみると山の美しさに酔ふ事と抽象的な観念の美に酔ふ事と実によく似ている。故郷を失つた精神の両面を眺めるやうな思ひである。さう思ふと近頃の登山の流行などには容易に信用が置けない。年々病人の数が増える、そんな気がする。

自分の生活を省みて、そこに何かしら具体性といふ物が大変欠如している事に気づく。しつかりと足を地につけた人間、社会人の面貌を見つける事が容易ではない。一と口に言へば東京に生れた東京人といふものを見附けるよりも、実際何処に生れたのでもない都会人といふ抽象人の顔の方が見附けやすい。この抽象人に就いてあれこれと思案するのは確かに一種の文学には違ひなからうが、さういふ文学には実質ある裏づけがない。疲労した心は社会から逃れて自然に接しようなどといふ奇妙に抽象的な願ひを起す。社会と絶縁した自然の美しさは確かに実質ある世界には違ひなからうが、又そんなものから文学が生れる筈はない。

谷崎氏は「心の故郷を見出す文学」といふ言葉を書いていたが、文学どころではない、私には実際上の故郷といふものすら自明ではない。

先日米川正夫氏の訳でドストエフスキイの『未成年』①を再読し、以前読んだ時には考へてもみなかつた色々な事に気が附いたが、とりわけ作者が「未成年」と題をつけた意味がはつきり解つた様に思つた。作者は一青年の眺めた世間を、一青年の口を通じて語り、これによつて凡そ青年といふものの正体、その美しさと醜さ、その過敏性と鈍感性、彼の狂気も情熱も滑稽も、青年の属性一切をぶちまけている。青年といふものは、人間と呼ぶには決してふさはしいものではなく、何か別の名で呼ばねばならない一種の動物に違ひない、といふやうな一種無気味なくらいな感銘を得た。ことに描かれた青年が，西洋の影響で頭が混乱して，知的な焦燥のうちに完全に故郷を見失つているといふ点で，私達に酷似しているのを見て、他人事ではない気がした。まるで自分が手玉に取られている様な思ひのする場面に方々でぶつかつた。

「文壇と云ふものが全く若い者相手の特別な世界であることは、自然主義の昔から変りはない」と。併しこの事情は、自然主義の昔から今日に至るまで次第に露骨になつて来たのではないかと思ふ。自然主義の昔から、社会の秩序と無秩序の問題が今日くらい明瞭に表れて来た事はなかつた。従つて当然今日は回顧的な心は未来への念願の為に、思想は行動の為に、情感は思想の為に、事実は理論の為に、平凡は冒険の為に、圧倒される。一と口に言へば青年的性格が社会の表面に現れて、円熟した精神の

① 『未成年』：1932—1933 年にかけて春陽堂より米川正夫訳の『未成年』が、世界名作文庫の一つとして刊行されている。小林の手にしたテキストはこれか。

価値が低下してみえて来る、と言へるであらう。さういふ事情の下で文壇が益々若い者相手の特別な世界となるのは当然だし、又この事が文学の価値を疑ふ理由ともならない。たゞ、私は元来文学が社会に齎（もたら）す利益は、それが社会に流す害毒と同じくらゐ大きいと思つてゐるが、今日のやうな時代では害毒の方が少々大きくならざるを得ないのぢやないかと考へる。

成熟した心が必ずしも青年の書に興味を感じないとは言へない。例えば「ウェルテル」①の様に青春の書であつて万人の心を誘ふに足るものもある。今日のわが国の新文学はたゞ青年の文学だといふだけではないやうだ。青年の文学、而も青春を失つた青年の文学だと言へやしないかと思ふ。その特徴は、企図はどうあらうとも出来上つた処は等しく観念的であり、即物的な味ひが自然主義以来益々欠如して来た処にあるのではないか。無論、企図をみないで結果ばかりをみるのはよくない事であらうが、又、そこには喧ましく議論される今日の社会経済問題の他に、急激な西洋思想の影響裡に伝統精神を失つたわが国の青年達に特殊な事情、必至な運命を読む事も出来ると考へる。

大衆作家達が、所謂文壇小説の狭隘を攻めてその滅亡を宣告したげな顔をする。けれども大衆小説にも亦わが国特有な光景がある。文壇小説がどんなに若い者相手であらうともこれを理解するには文学的教養を要する、単に世情に通達した大人が読んでも容易に理解出来ないやうな名作だつて少くはない。だが通俗現代小説を世間の成人達が読むとは私には考へられない。もうわかり切つた事が故意に面白さうに書いてあつて、それ以上発見が語られてないものを成人達が読む筈がないからだ。そこで彼等はどうするかと云ふと髷物（まげもの）②を読む。凡そ大衆小説通俗小説といふもので、現代物によらず髷物によつて大人の世界と交渉しているといふさういふ事実が外国にあると私には考へられない、わが国に特殊な事情だといふ他はないであらう。映画を見ればもつとはつきりする。傑作は依然として旧劇の側にある、いゝ俳優もいゝ監督も。文学に較べれば映画は遙かに直接な芸術だ、一般ファンが現代ものの傑作を一番望んでい

① ウェルテル：ゲーテ著『若きウェルテルの悩み』のこと。
② 髷物：ちょんまげを結っていた時代を題材として扱った小説・芝居・映画など。時代物。

ることは論をまたない。然るに実情は依然として上述のやうな有様なのだ。かういふ奇怪な事実は日本の映画界でなくては今日みられないとは皆も断言する事が出来るであらう。

髷もの小説やチャンバラ映画①が大衆の間に非常な勢力をもつている、かういふ変則な状態が長つゞきするとも思へぬが、容易にはほろびないだけのしつかりした根拠はもつている事も争はれない②。或る人はこれを確定した思想を持たぬ崩壊期の社会人に、感覚的な刺戟や昂奮への強い欲望があるからだといふ風に論ずるけれども、私はそれだけだとは考へない。それだけであゝも成功する筈はない。単に奔放な構想や怪奇な筋立だけでは、大衆の文学的教養がいかに低いにせよ彼等の心を魅する事は出来ない。ほんたうに彼等の心をつかんでいるものは、もつと地道なものなので、作品に盛られた現実的な生活感情の流れに知らず識らずのうちに身を託すか託さないかという処が、面白いつまらないの別れ道だと、私は信ずる。髷ものやチャンバラ映画にはこの流れがあるのだ、現代ものにはこの流れがないのだ。私はよく母親と一緒に活動を見に行くが、婆さん言ふまでもなく旧劇が好きで、現代ものはちつとも面白くないと言っている、たまたま無駄だと思ひ乍ら「モロッコ」③を見せると、意外にもひどく感動した。以来しきりと西洋ものを鑑賞している。今日の日本の芸術界の紛糾は私の母親の様な婆さんさへもその犠牲者とせずには置かないのである。

「モロッコ」などといふ映画は、最近の傑作だと言はれてゐるが、その内容は実に浅薄なものだ、内容から言へば日本の現代ものでももつと高級なものを取扱つているのが少ない。処が「モロッコ」が日本の現代ものに較べて殆ど比較にならない或る魅力がある。内容がどうかうなどてんで言はせないで観客の心を引きずつて行くその魅力である。現代ものの日本映画や、通俗現代小説に一番欠けているものはこの理窟の

---

① チャンバラ映画：ちゃんばらは、刀で斬り合うこと、剣劇とも称される。刀で斬り合う音、および様子を表す擬音に由来する副詞的語句ちゃんちゃんばらばらの略であり、剣戟シーンをクライマックスに置いた作劇をする日本の演劇・映画・テレビドラマ等を指す。

② 争われない：「れ」は可能の助動詞「れる」の未然形。争えない。やや古めかしい言い方。

③ モロッコ：1930 年、ジョセフ・フォン・スタンバークの監督で、パラマウント映画が製作したトーキー。1931 年 2 月、日本で上映され、「今日迄のトオキイが生んだ最大の傑作である」と評された。

ない魅力なのだ。では何故かういふ魅力のない作品を見たり読んだりするファンがいるかと云ふと、さういふ人達の大多数は作品の内容ばかりを見たり読んだりして満足している人達だからだ。映画を通じて世間を眺め、小説を通じて生活を知る歳頃、作品に内容を超えた魅力ある生活感情の流れがあるかないかなぞは問題ではあるまい。さういふ人達が成熟して来ればもう内容なぞは馬鹿々々しくなつて来る、そこでこの馬鹿々々しさを糊塗してくれる何かしらの魅力を知らず識らず求めて来る。この要求を映画では旧劇と西洋ものが、文学では髷もの大衆小説が充たしているのである。チャンバラ映画や髷物小説に現れる風俗習慣は、西洋映画に現れる風俗習慣と同じくらい既に私達から遠いものだ。併しさういふ社会的書割にしつくりあて嵌つた人間の感情や心理の動きがある。さういふ齟齬のない人間生活の動きが何んとはしれぬ強い魅力となつて現れる。この魅力が銀座風景よりも、見た事もないモロッコの沙漠の方に親しみを起させるものだ。

世界に共通な今日の社会的危機といふ事が言はれるが、かういふ事を考へていると日本の今の社会は余程格別な壊れ方をしているのだとつくづく思はざるを得ない。

何事につけ近代的といふ言葉と西洋的といふ言葉が同じ意味を持つているわが国の近代文学が西洋の影響なしに生きて来られなかつたのは言ふまでもないが、重要な事は私達はもう西洋の影響を受けるのになれて、それが西洋の影響だかどうか判然しなくなつている所まで来ているといふ事だ。私達が文学に頭をつつこんだ時にはもう西洋の翻訳文学は読み切れない程あつたので，二葉亭の『うき草』や鴎外の『即興詩人』などが当時の青年に与へた感情や驚愕は、到底私達には想像が出来ないのではないだらうか。私達は生れた国の性格的なものを失ひ個性的なものを失ひ、もうこれ以上何を奪はれる心配があらう。一時代前には西洋的なものと東洋的なものとの争ひが作家制作上重要な関心事となつていた、彼等がまだ失ひ損つたものを持つていたと思へば、私達はいつそさつぱりしたものではないか。私達が故郷を失つた文学を抱いた、青春を失つた青年達である事に間違ひはないが、又私達はかういふ代償を払つて、今日やつと西洋文学の伝統的性格を歪曲（わいきょく）する事なく理解しはじめたのだ。西洋文学は私達の手によつてはじめて正当に忠実に輸入されはじめたのだ、と言へると思ふ。かういふ時に、徒らに日本精神だとか東洋精神だとか言つてみても始りはしない。何処を眺めてもそんなものは見附かりはしないであらう、又見附かる様なものならばはじめから捜す価値もないものだらう。谷崎氏の東洋古典に還れといふ意見も、人手から人手に渡る事の出来る種類の意見ではあるまい。氏はたゞ私はかういふ道を辿つてかういふ風に成熟したと語つているだけだ。歴史はいつも否応なく伝統を壊す様に動く。個人はつねに否応なく伝統のほんたうの発見に近づくやうに成熟する。

## 【作家紹介】

小林秀雄（1902—1983）、日本の文芸評論家、編集者、作家。

東京芝区白金里町にうまれた。一高を経て、1925 年に東京帝国大学文学部仏蘭西文学科入学。同級生に今日出海、中島健蔵、三好達治らがいた。富永兄弟を通じて中原中也、大岡昇平を知る。この時期にはランボーなどについての評論を書いていて、卒業論文も「アルチュル・ランボー」論で、その訳詩集「地獄の季節」は1930 年 11 月に上梓された。1929 年に『改造』の懸賞文芸評論に「様々なる意匠」が第二入選作として発表され、これが彼の評論家としての出世作となった。当時は、プロレタリア文学の繁盛期と新興芸術派の結成期で、小林はその文壇現象を「様々なる意匠」となづけた。自分はその意匠と対置し、古典的な志賀直哉の文学世界をもってした。

1930 年から、雑誌『文芸春秋』に文芸評論を連載し、批評家の地位を確立した。その批評は自我解体の危機感を言語表現の象徴性に関連させて論じるとともに、西欧の強い影響下に置かれた日本人の伝統的な感受性のありかたに注目した。1932 年 4 月、明治大学に文芸科が創設され、講師に就任し、日本文化史、ドストエフスキー作品論などを講じた。1933 年、文化公論社より宇野浩二、林房雄、武田麟太郎と同人雑誌『文学界』を創刊。この時期、プロレタリア文学の崩壊と戦争の切迫の事実は小林に社会との接触を促す契機となった。1935 年には『私小説論』を発表し、日本の近代文学、特に大きな位置を占める私小説における「社会化された私」という概念の欠如を論じた。実生活のうちに「私」が死に、作品のうちに「私」がよみがえるフローベルの孤独な姿に文学者の「社会的自我」を発見しようとしたのである。正宗白鳥と「思想と実生活」論争を行い、思想の現実性を説いた。その理知的な批評活動は高い評価を受けた。『ドストエフスキイの生活』もこの時期の代表作である。

戦争中は時事的発言を控え、根源的なものを求めて日本の伝統への自覚を深め、古典世界に沈潜した一方、戦争による精神の荒廃を直覚して、太平洋戦争勃発の年から骨董に熱中し、のちに『無常といふ事』（1946年）にまとめられた歴史や古典の世界に閉じこもった。戦後は、戦争責任を問われたこともあり、一年あまり沈黙。その後は、現代文学への発言は減り、芸術批評が主流となり、音楽や哲学にも批評対象を広めた。『モオツアルト』を発表し、『「罪と罰」についてⅡ』などで戦前からのドストエフスキー論を深め、『ゴッホの手紙』『近代絵画』を世に送った。芸術史上の天才に対し、言語を超えた芸術の世界に根源的な人間精神の劇と調和とを見出そうとする試みである。1965年6月から—1976年まで『本居信長』を『新潮』に連載した。12年をかけて完成したこの大作は宣長の評伝を通じて自身の思想の集大成とも言える。1959年からエッセイを書きはじめ、あとに『考へるヒント』にまとめた。1978年、『本居宣長』により日本文学大賞受賞。1983年に、尿毒症と呼吸循環不全のため死去。

小林秀雄は日本文学に近代批評を植えつけた画期的な批評家と言える。その評論は、対象の本質に迫り、創造的批評を実践し、批評そのものが自らの主観を表現する独立した世界を作っている点に特色がある。その活動により、批評は一文学としての確立となった。

## 【作品解説】

評論。『文藝春秋』1933五月号に発表。評論集『続続文芸評論』（1934・2、芝書店〉に収録の際、文字表記の若干の訂正がなされ、創元社版『小林秀雄全集』第一巻〈1950・11〉に収められた。新潮社版『小林秀雄全集』第二巻〈1956・11）収録時に読点等の若干の訂正と最終部の四十字分が削除。生前の著者の検閲を経た新潮社全集

（1969・11）を底本にした。

『故郷を失つた文学』は、まず丸岡明の「文芸時評」（『三田文学』1931・6）の「二三ケ月ですたれてしまう様々な流行が、次々と無秩序に東京を支配する。この都会には——この国には、歴史も伝統もないやうに思へた。」「余りに膨脹した自由の中で、私達は自分を見失つたと思つた。〉といった若い文学者達に内在する危機意識を鋭く突いたものとして注目され始める。その危機意識とは明治以後の近代化、西欧化、都市化の波が急激な曲り角に差し掛かり、彼等がおのれの方向性を何処に定めるべきかという問題に直面したこととかかわっていたのだが、とくに日露戦争後の近代化の世相に育ち、大正末期以降の世界との共時性を体現しつつ文学表現に立ち向かった小林等の世代にとって、その危機感が強かった。丸岡のように「保存的な精神」、つまり日本的なものに回帰していこうという潮流が醸成されていくこの状況下で、西洋を「故郷」として生きようという批評が執筆されたのである。

『故郷を失つた文学』は小林の批評活動という文脈に据えられ、昭和十年代のそれの原点として捉えられてきた。昭和八年（1933）は文芸復興が叫ばれ、プロレタリア文学とモダニズムと私小説の三派鼎立と交流の時期であり、近代小説の反省期であったわけであるが、小林は「今日やつと西洋文学の伝統的性格を歪曲する事なく理解し始めた」という自負に立って、「思想の干渉を受けた人間の情熱といふわが国の文学に開かれた一つの新しい利リアテイの問題」（『文芸時評』・『改造』1934・10）という当代文壇に課せられたテーマの検出へ、さらに「私小説論」の執筆という道程をたどったといわれている。ここに登場する〈社会化した私〉は、小林の自意識の敗北の証明（橋川文三「社会化した私」をめぐって」『文学』1958・11〉、近代の条件を明らかにする課題を背負い込んだ高次の理念〈亀井秀雄『小林秀雄論』1972・11〉、西欧文学との対比から日本的リアリズムを分析しマルクス主義をも包摂する理念〈吉田熙生『近代文学鑑賞講座　小林秀雄』1966・12〉等の定義付けがなされているが、小林は十九世紀西欧文学の象徴主義の派生が実証主義に埋没することで死に瀕した「私」の蘇生、つまり「社会化した私」からの脱却の試みだったことを読み取り、マルクス主義移入後の私小説リアリズムの破壊とプロレタリア文学の描く「社会化した私」という当代文壇の混乱の間に立って、西欧流の個人主義文学を待望していた。「素朴な日本の自然主義と、フランスの十九世紀の自然主義といふものゝ混血児でやつて来た日本の文学の伝統が、急にマルクスの思想が這入って来て、本当に科学的実証的な思想を青年達が持つやうになつて来た。その混乱をもう少し批評家や作家が研究して見ると云うことが今のリアリズムの一番根本的なものだ〉（「リアリズムに関する座談会」・『文学界』1934・9）という小林自身の発言と照らし合わせると、世界的な共時性に立脚し、世界文学の中の日本文学を俯瞰しようとしていた批評的営為が鮮明になろう。

だが、昭和十年代の文学状況は、「機械」「紋章」から「旅愁」に至り着いた横光利一、「雪国」以後日本的な伝統美の世界に没入して言った川端康成等の群像や、「日本浪曼派」創刊という事実が示すように、小林の思惑とは異なった力学が文壇を覆うようになる。そうした日本文学の現況を背景に、「氏の文学に対して求めるところに、同時代の小説より、古典の方がずっと直接に応えてくれたから、氏はその世界に這入っていった」（大岡昇平「解説」・新潮社版『小林秀雄全集第三巻』1968・1〉と跡付けられる伝統回帰がなされていくわけであるが、その小林の伝統回帰を解析する文脈においてしばしば引用されるのが、『故郷を失つた文学』の「歴史はいつも否応なく伝統を壊す様に働く。個人は常に否応なく伝統のほんたうの発見に近づくやうに成熟する。」という一文である。ところで、小林は「リアリズムに関する座談会」で、「万葉集の精神」の衰弱が今日の文学に顕在化していると発言しており、江藤淳はそれを捉えて、自分には故郷がないという小林の「一種の不安な感情」が当代の社会不安によって増幅され、転向作家がムラという「故郷」に回帰していく状況を横目にしながら、「万葉集の精神」を求め始めたという。つまり、伝統の本統の発見が日本的なものをめぐってなされたというのだが、先の大岡や中村光夫は之とは異なった位層でそれを定義付ける。大岡は輸入した文化を同化させ固有する日本文化の創造的営為として、中村は「モオツアルト」や「近代絵画」の執筆につながるコスモポリタンな人間の発見（「小林秀雄」『中村光夫作家論集4』1968・8）ととらえ、昭和十年代の日本回帰の潮流と断絶した地点に立って、古典を論じることで当代文学を批判する評論家小林秀雄を想定している。

さて、明治期の首都建設と震災によって「故郷」を喪失し、「抽象人」という都市生活者として屹立せねばならなかった小林はこの批評で、車窓風景に共同体的な幻想である「故郷」を見出す瀧井孝作とは異質な自己の感性を実感するエピソードを記しているのだが、個々の眺めを「故郷」という共同体的幻想に還元して読み解くのではなく、それに自立した意味を付与する技術をランボウに学んだ孤独な自意識のあり様を、ここに折出したのは前田愛であるが〈「小林秀雄における東京」『国文学解釈と教材の研究』）、こうした孤独な自意識の持主にとって、「伝統」もまた醒めた個的体験を通じて再発見されなければならない。

小林は日本という特殊な近代化の道を歩んだ国家の岐路にあって、「伝統」更には「西洋」をも相対化せねばならぬ地点に、立たねばならなかったわけだが、こうしてみると『故郷を失つた文学』は昭和十年代における日本文学の広範な問題を孕んだエッセイであり、震災及び高度成長による第三、四の「故郷」喪失を体験している今日の文化状況への問いかけでもある。①

## 【読解鑑賞】

### ☞ 小林秀雄賞

小林秀雄賞は、財団法人新潮文芸振興会が主催する学術賞である。元々は新潮学芸賞だったが、2002年にノンフィクションをメインとする新潮ドキュメント賞と分離して創設された。

日本を代表する文芸評論家・批評家の小林秀雄の生誕100年を記念として新たに創設された学術賞である。日本語表現豊かな著書（評論・エッセイ）に毎年贈られる。ただし、小説・詩・フィクションは対象外である。

---

① この部分は主に曽根博義、日高昭二、鈴木貞美編『大学で読む現代の文学』（双文社出版）を参照。

## ☞ 小林秀雄名言

僕等の発明した時間は生き物だ。僕等はこれを殺す事も出来、生かす事も出来る。

——『ドストエフスキイの生活』1939 年

自己嫌悪とは自分への一種の甘え方だ。最も逆説的な自己陶酔の形式だ。

——『現代文学の不安』1932 年

自惚れだって学んで得るのだ。絶望するのにも才能を要し、その才能も学んで得なくてはならぬ……

——『分科の学生諸君へ』1937 年

眼の前に一歩を踏み出す工夫に精神を集中している人が、馬鹿と言われ、卑怯と言われながら終いには勝つであろう。

——『文芸雑誌の行方』1938 年

美しい「花」がある、「花」の美しさという様なものはない。

——『当麻』1942 年

現在の行動にばかりかまけていては、生きるという意味が逃げて了う。

——『プルターク英雄伝』1960 年

考えるとは、物に対する単に知的な働きではなく、物と親身に交わる事だ。

——『考えるということ』1962 年

喜びを新たにするには悲しみが要り、信を新たにするには疑いが要る。

——『好色文学』1950 年

## 【研究情報】

本格的な作家論、作品論は戦後から始まり、そのスタートを切ったのは『近代文学』同人である。本多秋五「小林秀雄論」（『近代文学』1946・4）は小林の総体を位置づけた最初の論として重要視され、「民衆の絶対化」といった小林の限界を指摘した。中村光夫、河上徹太郎、大岡昇平らは伝記資料を提供し、小林批評を「詩の代替」としての近代批評と位置づけ、小林の批評テクストに対する以降の文学的評価の型を作った。特に注目されるのは仏文学者寺田透の一連の小林論である。「小林秀雄論」（『群像』1954・9）では禅の角度からその言語を検討し、深い読みと透徹した理解を示した。

戦後から60年代にかけて、主に『私小説論』に集中して論議する。橋川文三「『社会化した私』をめぐって」（『文学』1958・10）は「社会化した私」が実現不可能なことと指摘し、新しい読み方を提示した。丸山静「民族と文学」（『岩波講座日本文学史』15、1959・8）は現象学によって論じられ、小林の言語論のもっとも早い文献となった。

60年代以降、小林論は一段と進化した。まず江戸淳『小林秀雄』（講談社、1961・11）では、評伝の方法で批評家小林の誕生を論じ、小林の宿命を描いた。吉本隆明「小林秀雄の方法」（『解釈と鑑賞』1961・11）は批判的に小林の歴史や自由観を論じた。秋山駿「小林秀雄の戦後」（『群像』1967・11）は小林研究の力点を戦後に移った。ほかに、堀内達夫ら編『論集・小林秀雄Ⅰ』（麦書房、1966・）が基礎資料文献が整備され、研究に欠かせない資料となっている。

70年代前後から研究は多様化、専門化になり、文学理論による把握も試みられる。比較文学・思想史・構造主義からなどの角度から小林秀雄研究に新しい角度を提供している。亀井秀雄『小林秀雄論』（塙書房、1972・11）は小林へのマルクスの影響を論じ、無視できない論説である。吉田凞生『近代文学鑑賞講座17　小林秀雄』（角川書店、1966・12）は以後の研究の礎石となっている。

80年代から90年代にかけて、小林秀雄論は大量に増えきた。高橋英夫『小林秀雄歩行と思索』（小沢書店、1980・8）は身体論の展開、北川透『詩神と宿命』（小沢書店、1982・10）は近代詩と批評の関連、饗庭孝男『小林秀雄とその時代』（文芸春秋、1986・5）はテクストと時代とのかかわりを解明した論考で見逃せない。山本七平『小林秀雄の流儀』（新潮社、1986・5）、前田英樹『小林秀雄』（河出書房新社、1998・1）らは外在批評と内在批評の止揚への可能性を見出した。

2000年代の小林研究は小林秀雄の全体像を視野に入れようと試みた。生誕百年を契機に第五次『小林秀雄全集』（2001・4−2015・1）、『小林秀雄全作品』（2002・

10—2005・4）は刊行され、新たな脚注つきを工夫し、七回の雑誌特集号も刊行した。

橋本治『小林秀雄の恵み』（新潮社、2007・12）は独自の源氏物語理解から小林の宣長論の特質と盲点を剔决した。第二次世界大戦戦争期から占領期にかけての論考は充実している。ヴァレリー研究者の森本淳生『小林秀雄の論理　美と戦争』（人文書院、2002・7）が出発当初から戦中までの小林の批評論理と言説を統合的に分析し、小林の戦争態度を指摘した。井上賢一郎「中国における小林秀雄　新資料瞥見」（杉野要吉『交争する中国文学と日本文学』三元社、2000・6）が中国側の資料を提供し、戦時下の小林の研究に新たな方向を示し、ほかに林淑美や石川則夫、水谷真人、岡崎乾二郎、倉数茂らの論著もあげられる。長沼光彦、綾目広治、大木志門らは同時代の作家との交錯から小林像を考え、佐藤泰正や樫原修らはドストエフスキー論を再検討した研究を展開した。

## 【参考文献】


本多秋五『小林秀雄論』河出書房、1949 年 1 月

佐古純一郎『小林秀雄ノート』古堂書店、1955 年 11 月

中村光夫「小林秀雄論」『文学界』、1958 年 5 月—7 月

清水孝純「小林秀雄とドストエフスキー」『比較文学』六、1963 年 11 月

入江隆則「小林秀雄論」『創衛』1-4、1968 年 4 月—1969 年 11 月

野島秀勝『「誠実」の逆説』冬樹社、1973 年 2 月

柳父章『文体の論理　小林秀雄の思考の構造』法政大学出版局、1976 年 1 月

大久保典夫「『故郷』についての断想」『心』、1979 年 8 月

北川透『詩神と宿命　小林秀雄論』小沢書店、1982 年 10 月

響庭孝男『小林秀雄とその時代』文芸春秋、1986 年 5 月

樫原修『小林秀雄　批評という方法』洋々社、2002 年 10 月

山本芳明「〈文学的資産〉としての小林秀雄」『文学』、2004 年 11 月

大杉重男「小林秀雄の経済的自立と精神的自立」『早稲田文学』、2004 年 11 月

林淑美『昭和イデオロギー　思想としての文学』平凡社、2005 年 8 月

細谷博『小林秀雄　人と文学』勉誠出版、2005 年 3 月

佐藤泰正「戦後の小林秀雄——その〈宗教性〉の推移をめぐって」『日本文学研究』、2009 年 1 月

神山睦美『小林秀雄の昭和』思潮社、2010 年 10 月

# 一二　山　月　記

中島敦

隴西（ろうさい）①の李徴は博学（はくがく）才穎（さいえい）、天宝②の末年、若くして名を虎榜（こぼう）に連ね、ついで江南尉（こうなんい）に補せられたが、性、狷介（けんかい）③、自ら恃（たの）むところ頗（すこぶ）る厚く、賤吏（せんり）に甘んずるを潔（いさぎよ）しとしなかった④。いくばくもなく官を退いた後は、故山、虢略（かくりゃく）⑤に帰臥（きが）し、人と交を絶って、ひたすら詩作に耽った。下吏となって長く膝を俗悪な大官の前に屈するよりは、詩家としての名を死後百年に遺（のこ）そうとしたのである。しかし、文名は容易に揚らず、生活は日を逐（お）うて苦しくなる。李徴は漸く焦躁に駆られて来た。この頃からその容貌も峭刻（しょうこく）となり、肉落ち骨秀（ひい）で⑥、眼光のみ徒（いたず）らに炯々（けいけい）として、曾（かつ）て進士に登第した頃の豊頬（ほうきょう）の美少年の俤（おもかげ）は、何処に求めようもない。数年の後、貧窮に堪えず、妻子⑦の衣食のために遂に節を屈して、再び東へ赴き、一地方官吏の職を奉ずることになった。一方、これは、己の詩業に半ば絶望したためでもある。曾て

---

① 隴西：中国甘粛省東南部にある地名。

② 天宝：唐の玄宗じだいの年号。742—755年。

③ 狷介：頑固で自分の信じるところを固く守り、他人に心を開こうとしないこと。

④ 賤吏に甘んずるを潔しとしなかった：身分の低い官吏の地位に満足することができなかった。

⑤ 虢略：河南省の地名。

⑥ 秀でる：すばらしい。この小説では「前に出ている、目立っている」という意味を指す。

⑦ 妻子：妻と子供。

の同輩は既に遥か高位に進み、彼が昔、鈍物（どんぶつ）として歯牙（しが）にもかけなかった①その連中の下命を拝さねばならぬことが、往年の儁才（しゅんさい）李徴の自尊心を如何に傷けたかは、想像に難くない。彼は怏々（おうおう）として楽しまず、狂悖（きょうはい）②の性は愈々抑え難くなった。一年の後、公用で旅に出、汝水（じょすい）③のほとりに宿った時、遂に発狂した。或る夜半、急に顔色を変えて寝床から起上ると、何か訳の分らぬことを叫びつつそのまま下にとび下りて、闇の中へ駈出した。彼は二度と戻って来なかった。附近の山野を捜索しても、何の手掛りもない。その後李徴がどうなったかを知る者は、誰もなかった。

翌年、監察御史（かんさつぎょし）④、陳郡⑤の袁傪という者、勅命（ちょくめい）を奉じて嶺南に使（つかい）し、途（みち）に商於（しょうお）⑥の地に宿った。次の朝未だ暗い中に出発しようとしたところ、駅吏⑦が言うことに、これから先の道に人喰虎（ひとくいどら）が出る故、旅人は白昼でなければ、通れない。今はまだ朝が早いから、今少し待たれたが宜しいでしょうと。袁傪は、しかし、供廻（ともまわ）りの多勢（たぜい）なのを恃み、駅吏の言葉を斥（しりぞ）けて、出発した。残月の光をたよりに林中の草地を通って行った時、果して一匹の猛虎が叢の中から躍り出た。虎は、あわや⑧袁傪に躍りかかるかと見えたが、忽ち身を飜（ひるがえ）して、元の叢に隠れた。叢の中から人間の声で「あぶないところだった」と繰返し呟くのが聞えた。その声に袁傪は聞き憶えがあった。驚懼（きょうく）の中にも、彼は咄嗟（とっさ）に思いあたって、叫んだ。「その声は、我が友、李徴子⑨ではないか？」袁傪は李徴と同年に進士の第に登り、友人の少かった李徴にと

---

① 歯牙にもかけない：問題としない。無視して、相手にしない。
② 狂悖：わがままで、非常識。
③ 汝水：河南省に源を発し、淮河に注ぐ川。
④ 観察御吏：隋代以降、官吏の行状の検察や地方官庁の巡視を行なった官。
⑤ 陳郡：河南省東部にある地名。
⑥ 商於：河南省淅川の西部にあった地名。
⑦ 駅吏：宿駅の役人。
⑧ あわや：危険などがその身に及ぶ寸前であるさま。あやうく。
⑨ 子：古代、男性に対する尊称。

っては、最も親しい友であった。温和な袁傪の性格が、峻峭（しゅんしょう）な李徴の性情と衝突しなかったためであろう。

叢の中からは、暫く返辞が無かった。しのび泣きかと思われる微かな声が時々洩れるばかりである。ややあって、低い声が答えた。「如何にも自分は隴西の李徴である」と。

袁傪は恐怖を忘れ、馬から下りて叢に近づき、懐かしげに久闊（きゅうかつ）を叙（じょ）した。そして、何故叢から出て来ないのかと問うた。李徴の声が答えて言う。自分は今や異類の身となっている。どうして、おめおめ①と故人（とも）の前にあさましい姿をさらせようか。かつ又、自分が姿を現せば、必ず君に畏怖嫌厭（いふけんえん）の情を起させるに決っているからだ。しかし、今、図らずも故人に遇うことを得て、愧赧（きたん）②の念をも忘れる程に懐かしい。どうか、ほんの暫くでいいから、我が醜悪な今の外形を厭（いと）わず、曾て君の友李徴であったこの自分と話を交してくれないだろうか。

後で考えれば不思議だったが、その時、袁傪は、この超自然の怪異を、実に素直に受容れて、少しも怪（あや）もうとしなかった。彼は部下に命じて行列の進行を停め、自分は叢の傍に立って、見えざる声と対談した。都の噂、旧友の消息、袁傪が現在の地位、それに対する李徴の祝辞。青年時代に親しかった者同志の、あの隔てのない語調で、それ等（ら）が語られた後、袁傪は、李徴がどうして今の身となるに至ったかを訊ねた。草中の声は次のように語った。

今から一年程前、自分が旅に出て汝水のほとりに泊った夜のこと、一睡してから、ふと眼（め）を覚ますと、戸外で誰かが我が名を呼んでいる。声に応じて外へ出て見ると、声は闇の中から頻（しき）りに自分を招く。覚えず、自分は声を追うて走り出した。無我夢中（むがむちゅう）

---

①　おめおめ：恥ずべきことと知りながら、そのままでいるさま。また、恥とも思わないで平気でいるさま。

②　愧赧：恥じて顔を赤くすること。

で駆けて行く中に、何時(いつ)しか途(みち)は山林に入り、しかも、知らぬ間に自分は左右の手で地を攫(つか)んで走っていた。何か身体中に力が充(み)ち満(み)ちたような感じで、軽々と岩石を跳び越えて行った。気が付くと、手先や肱(ひじ)のあたりに毛を生じているらしい。少し明るくなってから、谷川(たにがわ)に臨んで姿を映して見ると、既に虎となっていた。自分は初め眼を信じなかった。次に、これは夢に違いないと考えた。夢の中で、これは夢だぞと知っているような夢を、自分はそれまでに見たことがあったから。どうしても夢でないと悟らねばならなかった時、自分は茫然とした。そうして懼れた。全く、どんな事でも起り得るのだと思うて、深く懼れた。しかし、何故こんな事になったのだろう。分らぬ。全く何事も我々には判らぬ。理由も分らずに押付けられたものを大人しく受取って、理由も分らずに生きて行くのが、我々生きもののさだめだ。自分は直ぐに死を想うた。しかし、その時、眼の前を一匹の兎が駆け過ぎるのを見た途端に、自分の中の人間は忽ち姿を消した。再び自分の中の人間が目を覚ました時、自分の口は兎の血に塗(まみ)れ、あたりには兎の毛が散らばっていた。これが虎としての最初の経験であった。それ以来今までにどんな所行をし続けて来たか、それは到底語るに忍びない。ただ、一日の中に必ず数時間は、人間の心が還(かえ)って来る。そういう時には、曾ての日と同じく、人語も操(あやつ)れれば、複雑な思考にも堪え得るし、経書(けいしょ)①の章句を誦(そら)んずる②ことも出来る。その人間の心で、虎としての己(おのれ)の残虐(ざんぎゃく)な行(おこない)のあとを見、己の運命をふりかえる時が、最も情なく、恐しく、憤(いきどお)ろしい。しかし、その、人間にかえる数時間も、日を経るに従って次第に短くなって行く。今までは、どうして虎などになったかと怪しんでいたのに、この間ひょいと気が付いて見たら、己(おれ)はどうして以前、人間だったのかと考えていた。これは恐しいことだ。今少し経てば、己の中の宮

---

① 経書：儒教の経典。四書、五経などを言う。

② 誦んずる：書物などを見ないでもそのとおりに言えるように覚えこむ。「諳んじる」も言う。

殿の礎（いしずえ）が次第に土砂に埋没するように。そうすれば、しまいに己は自分の過去を忘れ果て、一匹の虎として狂い廻り、今日のように途で君と出会っても故人と認めることなく、君を裂き喰（くろ）うて何の悔も感じないだろう。一体、獣でも人間でも、もとは何か他のものだったんだろう。初めはそれを憶えているが、次第に忘れて了い、初めから今の形のものだったと思い込んでいるのではないか？いや、そんな事はどうでもいい。己の中の人間の心がすっかり消えて了えば、恐らく、その方が、己はしあわせになれるだろう。だのに、己の中の人間は、その事を、この上なく恐しく感じているのだ。ああ、全く、どんなに、恐しく、哀しく、切なく思っているだろう！己が人間だった記憶のなくなることを。この気持は誰にも分らない。誰にも分らない。己と同じ身の上に成った者でなければ。ところで、そうだ。己がすっかり人間でなくなって了う前に、一つ頼んで置きたいことがある。

袁傪はじめ一行は、息をのんで、叢中（そうちゅう）の声の語る不思議に聞入っていた。声は続けて言う。

他でもない。自分は元来詩人として名を成す積りでいた。しかも、業（ぎょう）未（いま）だ成らざるに、この運命に立至った。曾て作るところの詩数百篇（ぺん）、固（もと）より、まだ世に行われておらぬ。遺稿の所在も最早（もはや）判らなくなっていよう。ところで、その中、今も尚（なお）記誦（きしょう）せる①ものが数十ある。これを我が為に伝録して戴きたいのだ。何も、これに仍って一人前の詩人面（づら）をしたいのではない。作の巧拙（こうせつ）は知らず、とにかく、産を破り心を狂わせてまで自分が生涯それに執着したところのものを、一部なりとも後代に伝えないでは、死んでも死に切れないのだ。

袁傪は部下に命じ、筆を執って叢中の声に随って書きとらせた。李徴の声は叢の中から朗々と響いた。長短凡そ三十篇、格調高雅、意趣卓逸、一読して作者の才の非凡

---

① 記誦せる：記誦している。「る」は完了を表す助動詞「り」の連体形。四段活用の動詞の已然形、サ行変格活用の動詞の未然形に接続する。動作・作用がすでに終わって、その結果が存続していることを表す。~た、~ている。

を思わせるものばかりである。しかし、袁傪は感嘆しながらも漠然と次のように感じていた。成程、作者の素質が第一流に属するものであることは疑いない。しかし、このままでは、第一流の作品となるのには、何処か（非常に微妙な点に於て）欠けるところがあるのではないか、と。

旧詩を吐き終った李徴の声は、突然調子を変え、自らを嘲（あざけ）るか如くに言った。

羞しいことだが、今でも、こんなあさましい身と成り果てた今でも、己は、己の詩集が長安風流人士の机の上に置かれている様を、夢に見ることがあるのだ。岩窟の中に横たわって見る夢にだよ。嗤（わら）ってくれ。詩人に成りそこなって虎になった哀れな男を。（袁傪は昔の青年李徴の自嘲癖（じちょうへき）を思出しながら、哀しく聞いていた。）そうだ。お笑い草ついでに、今の懐（おもい）を即席の詩に述べて見ようか。この虎の中に、まだ、曾ての李徴が生きているしるしに。

袁は又下吏に命じてこれを書きとらせた。その詩に言う。

偶因狂疾①成殊類　災患相仍②不可逃
今日爪牙誰敢敵　当時声跡③共相高
我為異物蓬茅④下　君已乗軺気勢豪
此夕渓山対明月　不成長嘯但成嗥

時に、残月、光（ひかり）冷（ひや）やかに、白露は地に滋（しげ）く、樹間を渡る冷風は既に暁の近きを告げていた。人々は最早、事の奇異を忘れ、粛然として、この詩人の薄倖を嘆じた。李徴の声は再び続ける。

何故こんな運命になったか判らぬと、先刻は言ったが、しかし、考えように依れ

---

① 狂疾：常軌を逸した性格。
② 相仍：重なって
③ 声跡：世間の名声、評判。
④ 蓬茅：蓬は蓬、茅は蚊帳を指す。雑草の意味。

ば、思い当ることが全然ないでもない。人間であった時、己は努めて人との交を避けた。人々は己を倨傲（きょごう）だ、尊大だといった。実は、それが殆（ほとん）ど羞恥心（しゅうちしん）に近いものであることを、人々は知らなかった。勿論、曾（かつ）ての郷党（きょうとう）の鬼才①といわれた自分に、自尊心が無かったとは云わない。しかし、それは臆病な自尊心とでもいうべきものであった。己は詩によって名を成そうと思いながら、進んで師に就いたり、求めて詩友と交って切磋琢磨（せっさたくま）に努めたりすることをしなかった。かといって、又、己は俗物の間に伍することも潔（いさぎよ）しとしなかった。共に、我が臆病な自尊心と、尊大な羞恥心との所為（せい）である。己の珠に非ざることを惧れるが故に、敢て刻苦して磨こうともせず、又、己の珠なるべきを半ば信ずるが故に、碌々として瓦に伍することも出来なかった。己は次第に世と離れ、人と遠ざかり、憤悶（ふんもん）と慙恚（ざんい）②とによって益々己（おのれ）の内なる臆病な自尊心を飼いふとらせる結果になった。人間は誰でも猛獣使であり、その猛獣に当るのが、各人の性情だという。己（おれ）の場合、この尊大な羞恥心が猛獣だった。虎だったのだ。これが己を損い、妻子を苦しめ、友人を傷つけ、果ては、己の外形をかくの如く、内心にふさわしいものに変えて了ったのだ。今思えば、全く、己は、己の有（も）っていた僅（わず）かばかりの才能を空費して了った訳だ。人生は何事をも為（な）さぬには余りに長いが、何事かを為すには余りに短いなどと口先ばかりの警句を弄（ろう）しながら、事実は、才能の不足を暴露するかも知れないとの卑怯（ひきょう）な危惧（きぐ）と、刻苦を厭（いと）う怠惰（たいだ）とが己の凡てだったのだ。己よりも遥かに乏しい才能でありながら、それを専一に磨いたがために、堂々たる詩家となった者が幾らでもいるのだ。虎と成り果てた今、己は漸くそれに気が付いた。それを思うと、己は今も胸を灼かれるような悔を感じる。己には最早（もはや）人間としての生活は出来ない。たとえ、今、己が頭の中で、どんな優れた詩を作

① 郷党の鬼才：郷里の仲間のうちで特に才能の優れた人。

② 慙恚：恥じて怒る。

ったにしたところで、どういう手段で発表できよう。まして、己の頭は日毎に虎に近づいて行く。どうすればいいのだ。己の空費された過去は？己は堪らなくなる。そういう時、己は、向うの山の頂の巖に上り、空谷（くうこく）に向って吼（ほ）える。この胸を灼く悲しみを誰かに訴えたいのだ。己は昨夕（ゆうべ）も、彼処（あそこ）で月に向って咆えた。誰かにこの苦しみが分って貰えないかと。しかし、獣どもは己の声を聞いて、唯、懼れ、ひれ伏すばかり。山も樹も月も露も、一匹の虎が怒り狂って、哮（たけ）っているとしか考えない。天に躍り地に伏して嘆いても、誰一人己の気持を分ってくれる者はない。ちょうど、人間だった頃、己の傷つき易い内心を誰も理解してくれなかったように。己の毛皮（けがわ）の濡れたのは、夜露（よつゆ）のためばかりではない。

漸く四辺の暗さが薄らいで来た。木の間を伝って、何処からか、暁角（ぎょうかく）①が哀しげに響き始めた。

最早、別れを告げねばならぬ。酔わねばならぬ時が、（虎に還らねばならぬ時が）近づいたから、と、李徴の声が言った。だが、お別れする前にもう一つ頼みがある。それは我が妻子のことだ。彼等は未だ虢略にいる。固より、己の運命に就いては知る筈がない。君が南から帰ったら、己は既に死んだと彼等に告げて貰えないだろうか。決して今日のことだけは明かさないで欲しい。厚かましいお願だが、彼等の孤弱を憐れんで、今後とも道塗（どうと）に飢凍（きとう）することのないように計らって戴けるならば、自分にとって、恩倖（おんこう）、これに過ぎたるはない。

言終って、叢中から慟哭（どうこく）の声が聞えた。袁傪もまた涙を泛べ、欣（よろこ）んで李徴の意に副（そ）いたい旨（むね）を答えた。李徴の声はしかし忽ち又先刻の自嘲的な調子に戻って、言った。

本当は、先ず、この事の方を先にお願いすべきだったのだ、己が人間だったなら。飢え凍え（うえこごえ）ようとする妻子のことよりも、己の乏しい詩業の方を気にかけているような

---

① 暁角：夜明けを告げる角笛。

男だから、こんな獣に身を堕（おと）すのだ。

そうして、附加（つけくわ）えて言うことに、袁傪が嶺南からの帰途には決してこの途を通らないで欲しい、その時には自分が酔っていて故人を認めずに襲いかかるかも知れないから。又、今別れてから、前方（ぜんぽう）百歩の所にある、あの丘に上ったら、此方（こちら）を振りかえって見て貰いたい。自分は今の姿をもう一度お目に掛けよう。勇（いさみ）に誇ろうとしてではない。我が醜悪な姿を示して、以（もっ）て、再び此処を過ぎて自分に会おうとの気持を君に起させない為であると。

袁傪は叢に向って、懇（ねんご）ろに別れの言葉を述べ、馬に上った。叢の中からは、又、堪え得ざるが如き悲泣（ひきゅう）の声が洩れた。袁傪も幾度か叢を振返りながら、涙の中に出発した。

一行が丘の上についた時、彼等は、言われた通りに振返って、先程の林間の草地を眺めた。忽ち、一匹の虎が草の茂みから道の上に躍り出たのを彼等は見た。虎は、既に白く光を失った月を仰いで、二声三声咆哮（ほうこう）したかと思うと、又、元の叢に躍り入って、再びその姿を見なかった。

## 【作家紹介】

中島敦（1909—1942）、小説家。

東京四ツ谷区うまれ。中学校教員の父中島田人と小学校教員の母千代子の長男として生まれた。儒学者中島撫山の孫であり、撫山の代から学問を志し、従祖父、伯叔父、父と、みな漢学に生きた。中島敦の深い漢学の素養はこの家系に由来する。生母は敦の誕生後十ヶ月にもならない時に父田人と離婚し、翌年、結核で没した。その後、二人の継母とは折り合いが悪かったらしく、母性的なるものにめぐまれぬままに成人した。幼少年期に住所の転々としたことや、相次いで肉親との死別の体験が創作に深く影響している。1926 年、第一高等学校文科甲類に入学。中学時代から小説を書いたが、孤独をよしとする生活を貫いたため、世に知られる機会を得られなかった。1930年、東京帝国大学国文科に入学。在学中、永井荷風、谷崎潤一郎、森鴎外などを読む。1932年、中国の東北地方を旅行。この年伯父に取材した『斗南先生』を書いた。1933年、大学を卒業し、大学院に進むとともに、私立横浜高等女学校に就職。この頃喘息の発作が始まる。

1934年、「中央公論」の懸賞に応募し『虎狩』が選外佳作となる。1936年『狼疾記』『かめれおん日記』、1939年『西遊記』をもじった『悟浄歎異』を執筆。1941年南洋庁の教科書編集書記としてパラオへ赴任、持病の喘息のため苦しめられ、1942年に帰国。同年2月、深田久弥の推挙により、『文学界』に『古譚』の総題でデビュー作『山月記』と『文字禍』を発表し、文壇の注目を浴びた。ついでサモア島を舞台とする『風と光と夢』などを発表し、芥川賞候補にのぼった。このごろ作家と志し、『弟子』、『悟浄出世』を執筆、7月に第一作品集『風と光と夢』などを筑摩書房により刊行。が、喘息の発作で34歳の若さで没した。多磨墓地に葬られる。死後、遺稿『弟子』『名人伝』『李陵』などが刊行。

作品は三つの系列に分けられる。第一は中国古典の歴史世界に取材した作品で、中島文学で最も重要な部分を占め、『山月記』『李陵』『名人伝』などがこれに属する。第二は南島から材を得た作品で、『光と風と夢』『環礁』などがある。第三は身辺に取材したもので、『かめれおん日記』『斗南先生』などがあげられる。ほかに古代伝説の体裁をとった奇譚・寓意物もある。漢文学の造詣のみならず、ギリシア・ラテンの古典から現代にいたる西欧の文学・思想も広くあさった博大な教養を持っている中島文学は戦後に入って、改めて再評価されてきた。単行本の刊行が続くとともに、1948年に刊行した『中島敦全集』全三巻（筑摩書房）が毎日出版文化賞を受賞した。

中島敦の文学は漢文調に基づき、文体が格調高く、漢語を巧みに用い、硬質な文章の中に美しく響く叙情詩的な一節が印象的で、冷厳な自己解析や存在の哲学的な懐疑に裏打ちされた芸術性の高い作品として評価されている。中村光夫は中島文学を「物語と人間的真実との結婚を目指す近代小説の正道を歩む試み」として称賛している①。

---

① 中村光夫『中島敦研究』筑摩書房、1986年、第13頁。

## 【作品解説】

短編小説。1942 年に『文学界』2 月号に掲載、同 7 月に第一創作集『光と風と夢』（筑摩書房）に収録。中島敦のデビュー作である。粗筋は以下のとおりである。

隴西の李徴はかつて郷里の秀才であって、若くて科挙の試験をに合格し、進士まで登第し、江南尉の職を得たが、性格が狷介で、平凡な官吏に飽き足らず、詩人として名を成そうと念願し、退官してしまう。しかし、名声が上がらなず、官職を退いたため生活に窮した。家族を養うために再び地方官吏に職を奉じ、自尊心の高さゆえ屈辱的な思いをしたすえ、出張した際に発狂し、行方を知らなかった。翌年、旧友袁傪が公用の旅の途中、人食い虎がとなった李徴と邂逅する。その声が旧友の李徴であったと気づき、李徴に確認したが、虎は忍び泣きだったが、やがて自分は李徴だと承知する。すると、自分が虎になった経緯を語り、己の詩業への執着および虎になった自分の苦しい心情を友に叙懐する。心を狂わせてまで執着した詩の記録と家族の後事を頼んで姿を消す。

『山月記』は中国唐代の伝奇小説『人虎伝』から素材をとっている。『山月記』の題名は虎になった李徴が吟じる詩の一節「此夕渓山対明月」から取られている。原典としての『人虎伝』が寡婦の一家を焚殺したということで虎に変身するという変身譚・因果応報譚であるのに対して、『山月記』は隴西の秀才李徴が自己意識過剰の故、ついに虎になってしまったという完全に作者の問題意識から成立し、変身の理由が主人公の内面に求め、近代小説という形で完成されている。人間存在の不条理を追求して、芸術家としての苦悩を表現した作品である。

原典と比べ、主に六点において変更した。一点目は李徴の性格と周辺の人物の変更。二点目は李徴に詩人としての執念を与えたこと。三点目は李徴の心理描写の詳細化。四点目は変身の理由。五点目は袁傪への依頼の順序変更。六点目は後日談の削除。その中で、特に二点目と四点目が重要である。詩人への執着のこと、自己の内なる性情を「飼い太らせる」ことによって変身の原因としたことの二点は、原典と比較して明らかになるところの作品造型のモチーフと言えよう。①

中島が李徴像に自分自身を投影しているとよく言われている。「我が臆病な自尊心と、尊大な羞恥心の所為である」とは、中島本人の心情の吐露とも言えよう。幼くして学問の家系に流れる漢学の素養を受けて自らの才能への自負と文学界に認められない自分の才能への懐疑が、この作品を書かせたと言えよう。『人虎伝』の改変を通じてより深い自己探求と自己の文学の創造を行った。李徴の詩に「欠ける所」を附加したことは、その自己探求と文学創造の過程において生じた必然であったに違いない。「欠ける所」の探究は、中島のその営みの中で彼が最も思いを込めたであろう。

中島はその生涯が不遇で、特に喘息の持病に苦しみぬいたが、苦境の中でも不断に文学的努力は怠らず、自分の才能を磨いた。その作品の多くは、人間存在の疑惑と戦う自分、近代人の持つ自意識と不安の心情を明確な手法、確実な表現、豊かな想像力を駆使し追求している。同時にその作品の底には、東西の深い教養が沈着し、知識人の孤独と憂鬱が漂っている。第二次世界大戦日本敗戦後以来、『山月記』は国語教科書に採録され、より多くの人に鑑賞されてきた。

## 【読解鑑賞】

### 人　虎　传②

陇西李征，皇族子。家于虢略。征少博学，善属文，弱冠从州府贡焉，时号名士。天宝十五载春，于尚书右丞杨某榜下登进士第。后数年，调选补尉江南。征性疏逸，恃才倨傲，不能屈迹卑僚，尝郁郁不乐。每同舍会，既酣，顾谓其群官曰：“生乃与君等为伍邪!”其僚友咸侧目之。及谢秩，则退归闲适，不与人通者岁余。后迫以食且缺，乃东游吴楚间，期敛于郡国长吏，吴楚人闻其声固久矣。及至皆开馆以俟之，留宴游极欢。将去，悉厚赆以实其囊橐。征在吴楚且周岁，所获馈遗甚多。西归虢略。未至，舍

① 吉村久夫：中島敦「山月記」論——「欠ける所」についての考察，兵庫教育大学近代文学雑誌・13，2002 年，35-46 頁。

② 唐代の伝奇小説。『太平広記』巻四百二十七に掲載、当初の作品名は『李徴』である。『古今説海』に収録する際、『人虎伝』に改めた。

于汝坟逆旅中，忽被疾发狂，鞭捶仆者，不胜其苦。如是旬余，疾益甚，无何。夜狂走，莫知其适。家僮迹其去而伺之，尽一月而征竟不回。于是仆者驱其乘马，挈其囊橐而远遁去。至明年，陈郡李俨以监察御史奉诏使岭南，乘传至商于界。晨将去，其驿吏白曰："道有虎，暴而食人，故途于此者非昼莫敢进。今尚早，愿且驻车，固不可前。"俨怒曰："我天子使，从骑极多，山泽之兽能为害邪？"遂命驾而行。去未尽一里，果有虎自草中突而出，俨惊甚。俄而虎匿身草中，人声而言曰："异乎哉，几伤我故人也！"俨聆其音似李征者。俨昔与征同登进士第，分极深，别有年矣。忽闻其语，既惊且异，而莫测焉。遂问曰："子为谁？岂非故人陇西子乎？"虎呼吟数声，若嗟泣之状。已而谓俨曰："我李征也。"俨乃下马曰："君何由至此？且俨始与君同场屋十余年，情好欢甚，愈于他友，不意吾先登仕路，君亦继捷科选。睽间言笑，历时颇久，倾风结想，如渴待饮。幸因出使，得此遇君，而乃自匿草中，岂故人畴昔之意也？"虎曰："吾已为异类，使君见吾形，则且畏怖而恶之矣。何暇畴昔之念邪？立？虽然，君无遽去，得少尽款曲，乃我之幸也。"俨曰："我素以兄事故人，愿展拜礼。"乃再拜，虎曰："我自与足下别，音容旷阻且久矣，仆夫得无恙乎？宦途不致淹留乎？今又何适？向者见君有二吏驱而前，驿隶挈印囊以导，庸非为御史而出使乎？"俨曰："近者幸得备御史之列，今奉使岭南。"虎曰："君子以文学立身，位登朝序，可谓盛矣。况宪台清要，分纠百揆，圣明慎择，尤异于人。心喜故人居此地，甚可贺。"俨曰："往者吾与执事同年成名，交契深密，异于常友。自声容间阻，去日如流，想望风仪，心目俱断。不意今日获君念旧之言，虽然，执事何为不见我而自匿于草木中，故人之分岂当如是邪？"虎曰："我今不为人矣，安得见君乎？"俨曰："愿详其事。"虎曰："我前身客吴楚，去岁方还。道次汝坟，忽婴疾发狂。夜闻户外有呼吾名者，遂应声而出，走山谷间，不觉以左右手攫地而步。自是觉心愈狠，力愈倍，及视其肱髀，则有斑毛生焉，心甚异之。既而临溪照影，已成虎矣。悲恸良久，然尚不忍攫生物食也。既久，饥不可忍，遂取山中鹿豕獐兔充食。又久，诸兽皆远避，无所得，饥益盛。一日有妇人从山下过，时正馁迫，徘徊数四，不能自禁，遂取而食，殊觉甘美。今其首饰尤在岩石之下也。自是见冕衣而乘者，徒而行者，负而趋者，翼而翔者，毳而驰者，力之所及，悉擒而咀之立尽，率以为常，非不念妻孥，思朋友，直以行负神祇，一旦化为异兽，有腼于人，故分不见矣。嗟夫，我与君同年登第，交契素厚。君今日执天宪，耀亲友，而我匿身林薮，永谢人世。跃而呼天，俛而泣地，身毁不用，是果命乎？"因呼吟咨嗟，殆不自胜，遂泣。俨且问曰："君今既为异类，何尚能人言邪？"虎曰："我今形变而心甚悟耳。自居此地不知岁月多少，但见草木荣枯耳。近日绝无无过客，久饥难堪，不幸搪突故人，惭惶殊甚。"俨曰："君久饥，某有余马一匹，留以为赠如何？"虎曰："食吾故人之俊乘，何异伤吾故人乎？愿无及此。"俨曰："食蓝中有羊肉数斤，留以为赠，可乎？"曰："吾方与故人道旧，未暇食也。君去则留之。"又曰："我与君真忘形之友也，而我将有所托，其可乎？"俨曰："平昔故人，安有不可哉？恨未知何如事，愿尽教之。"虎曰："君不许我，我何敢言？今既许我，岂我望邪？初我于逆旅中为疾发狂，既入荒山，而仆者驱我乘马衣囊悉逃去。吾妻孥尚在虢略，岂知我化为异类乎？君自南回，为赍书访吾妻子，但云我已死，无言今日事。志之。"乃曰："吾于人世且无资业，有子尚稚，固难自谋。君位列周行，素秉风义，昔日之分，岂他人能右哉？必望念其孤弱，时赈其乏，无使殍死于道途，亦恩之大者。"言已，又悲泣。俨亦泣曰："俨与足下休戚同焉。然则足下子，亦俨子也。当力副厚命，又何虞其不至哉？"虎曰："我有旧文数十篇，未行于代。虽有遗稿，当尽散落。君为我传录，诚不能列文人之户阈，然亦贵传于子孙也。"俨即呼仆命笔，随其口书，近二十章，文甚高，理甚远，阅而叹者至于再三。虎曰："此吾平生之业也，又安得寝而不传欤？"既又曰："吾欲为诗一篇，盖欲表吾外虽异而中无所异，亦欲以道吾怀而摅吾愤也。"俨复命吏以笔授之。诗曰："偶因狂疾成殊类，灾患相仍不可逃。今日爪牙谁敢敌，当时声迹共相高。我为异物蓬茅下，君已乘轺气势豪。此夕溪山对明月，不成长啸但成嗥。"俨览之惊曰："君之才行我知之久矣，而君至于此者，君平生得无有自恨乎？"虎曰："二仪造物，固无亲疏厚薄之间，若其所遇之时，所遭之数，吾又不知也。噫。颜子之不幸，冉有斯疾，尼父常深叹之矣。若反求其所自恨，则吾亦有之矣。不知定因此乎？吾遇故人，则无所自匿也。吾常记之于南阳郊外，尝私一孀妇，其家窃知之，常有害我心。孀妇由是不得再合。吾因乘风纵火，一家数人，尽焚杀之而去。此为恨尔。"虎曰："使回日幸取道他郡，无再游此途。吾今日尚悟，一日都醉，则君过此，吾既不省，将碎足下于齿牙间，终成士林之笑焉，此吾之切祝也。君前去百余步，上小山，下视尽见此，将令君见我焉。非欲矜勇，令君见而不复再过此，则知吾待故人之不薄也。"

复日："君还都，见吾友人妻子，慎无言今日之事。吾恐久留使旆，稽滞王程，愿与子诀。"叙别甚久，俨乃再拜上马。回视草茅中，悲泣所不忍闻，俨亦大恸。行数里，登岭再视，则虎自林中跃出咆哮，岩谷皆震。后回自南中，乃取他道，不复由此。遣使持书及，赗赠之礼讣于征子。月余，征子自虢略人京，诣俨求先人之柩。俨不得已，具疏其事，遂以己俸均给征妻子，免饥冻焉。俨后官至兵部侍郎。

## 【研究情報】

戦前、中島敦の伯楽と言える深田久弥は「故中島敦君」（『文学界』1943・7）において中島敦についての印象、原稿を託された経緯などを明らかにして、中島敦文学研究にとって貴重な資料を提供している。伝記はまず郡司勝義「年譜」（第二次筑摩書房版全集第三巻、1975・9）を出発点としている。村山吉宏「中島敦とその家学」（『中国古典研究』22、1977・4）、佐々木充「中島敦の出自について」（『方位』二、1981・4）ははじめて家系の実態を明らかにする。

1948年10月、筑摩書房により『中島敦全集』3巻が出版された。中島敦文学研究史の一大転機として注目すべきことである。戦後、作家・作品研究史において、トップにくるのは武田泰淳「作家の狼疾——中島敦『わが西遊記』をよむ」（『中国文学』1948・1—2合併号）で、「彼以外の何者も書けなった新しき文学」である所以を論じた画期的な論となり、これは「物語と人間的真実との結婚を目指す近代小説の正道を歩む試み」と高く評価した戦中の中村光夫「青春と教養——中島敦について」（『批評』1944・3—4合併号）とともに中島敦の評価を根付かせた双璧となった。臼井吉見「中島敦の文学」（『展望』1948・12）、福井武彦「中島敦——その世界の見取図」（『近代文学鑑賞講座』18、角川書店、1959・12）などがゆきとどいた理解と評価を示す好論である。

戦後、『山月記』は国語教科書に採録されることとあいまって、研究と国語教育の両面での人口が増加していく。主に「自意識の過剰」と「存在の不確かさ」との二点に収斂されている。優れた研究論文は例えば岩田一男の典拠と創作を腑分けした

「『光と風と夢』と　Vailima Letters」（『一橋大学研究年報人文科学研究』一、1959・5）や成田孝昭「中島敦論　上・下」（『解釈』1959・8・9）、鷺只雄「中島敦の『古譚』について」（『言語と文芸』1967・1）、勝又浩「『李陵』の構図」（『日本文学』1971・3）が列挙できる。

1960年代後半に入り、専門研究者が出現し、本格的な研究基礎が築かれ、研究著書が出現する。刊行順で整理すると、佐々木充『中島敦』（桜楓社、1968・3）浜川勝彦『中島敦の作品研究』（明治書院、1979・9）、鷺只雄『中島敦』（文泉堂出版、1977・4）、奥野正元『中島敦論考』（桜楓社、1985・4）、木村一信『中島敦論』（双文社、1986・2）、新藤純孝『山月記の叫び』（六興出版、1992・1）、小沢秋広『中島敦と問い』（河出書房新社、1995・6）、藤村猛『中島敦研究』（渓水社、1998・12）などがある。また、中島敦研究に必携とする資料は、文治堂版『中島敦全集』（全4巻　補巻1巻　1959・6—1961・4）、中村光夫など編集『中島敦研究』（筑摩書房、1978・12）、斎藤勝『中島敦書誌』（和泉書院、1997・6）など、貴重な存在である。第二次筑摩書房版全集以後の特徴は全集付載のヴァリアントも景気となって直接に生原稿やそのマイクロフィルムによって調査研究した論考が出現することになったことで、研究はいっそう精密化するとともに成立論・典拠論・影響論・系譜論・表現論・環境論などさまざまの分野へ開拓が進められる。①

1990年代から川村湊を草分けとするコロニアリズムの視点から中島敦文学へのアプローチは一時ブームになった。中島敦の南洋経験の意味が大いに検討されてきた。川村湊「中島敦と朝鮮」（『アジア遊学』2003・5）、ロバート・ティアニー「南洋を「西洋眼鏡」で見る——中島敦の『マリヤン』をめぐって」（『〈翻訳〉の圏域』2004・2）、陳愛華「南方憧憬の行方——中島敦におけるアンチ〈近代〉の思考」（『広島大学大学院教育研究科紀要』第2部53号、2004）などがある。

2000年以後、中島敦についての研究はより全面的に展開されてきた。その観点は先行研究と基本的に大差ないものの、新しい資料に基づき、論述はより厳密になっており、中島敦研究のための基礎文献も充実してきた。勝又浩・山内洋編『中島敦「山

① 竹盛天雄、吉田凞生、野山嘉正『新・現代文学研究必携』学燈社、1993年、第187頁。

月記」作品論集』（クレス出版、2001・10）、村山吉廣『評伝・中島敦——家学からの視点』（中央公論新社、2002・9）、川村湊編『中島敦　父から子への南洋だより』（集英社、2002・11）などは貴重な存在である。

## 【参考文献】

松村明敏「中島敦の『山月記』」『国文学』、1958 年 8 月

佐々木充『中島敦』桜楓社、1968 年 1 月

中村光夫等編『中島敦研究』筑摩書房、1978 年 12 月

大西忠治編『山月記』民衆社、1988 年 12 月

蓼沼正美「『山月記』論——自己劇化としての語り」『国語国文研究』、1990 年 12 月

万田務『心の棲み家　昭和の作家群像』双文社、1998 年 11 月

馬場重行「文学という〈毒の力〉——『山月記』に触れて〈読むことの論理〉を考える——」『社会文学』16 集、1999 年

李俄憲「李陵と李徴と——中島敦文学の特質に触れて」『解釈』、2001 年 2 月

平林文雄『中島敦　注釈　鑑賞　研究』和泉書院、2003 年 3 月

木村瑞夫『論考中島敦』和泉書院、2003 年 10 月

榎浪俊博「李徴はなぜ虎になったか——中島敦『山月記』を読む」『日本文学誌要』、2004 年 7 月

奴田原諭「無月の叢——中島敦『山月記』論」『文教大学国文』、2006 年 3 月

中島敦『生誕 100 年永遠に越境する文学』河出書房新社、2009 年 1 月

山下真史『中島敦とその時代』双文出版社、2009 年 12 月

島内景二『中島敦「山月記伝説」の真実』文芸春秋、2009 年 10 月

# 十三　堕　落　論

坂口安吾

半年のうちに世相は変った。醜(しこ)の御楯(みたて)といでたつ我は。①大君のへにこそ死なめかへりみはせじ②。若者達は花と散ったが、同じ彼等が生き残って闇屋(やみや)③となる。ももとせの命ねがはじいつの日か御楯とゆかん君とちぎりて④。けなげ⑤な心情で男を送った女達も半年の月日のうちに夫君の位牌(いはい)にぬかずくことも事務的になるばかりであろうし、やがて新たな面影を胸に宿すのも遠い日のことではない。人間が変ったのではない。人間は元来そういうものであり、変ったのは世相の上皮だけのことだ。

昔、四十七士⑥の助命を排して処刑を断行した理由の一つは、彼等が生きながらえて生き恥をさらし折角(せっかく)の名を汚す者が現れてはいけないという老婆心であったそうな。現代の法律にこんな人情は存在しない。けれども人の心情には多分にこの傾向が

---

① 醜の御楯といでたつ我は：『万葉集』巻20、防人の歌の一首「今日よりは顧みなくて大君の醜の御楯と出で立つわれは」の下の句。

② 大君のへにこそ死なめかへりみはせじ：『万葉集』巻18、大伴家持の長歌の一部で、「海行ば水浸く屍山行かば草生す屍大君の辺にそこ死なめ顧みはせじ」の形で「海行かば」の歌として有名。

③ 闇屋：戦中から戦後にかけて、生活必須品の多くは配給制になっていたのですが、配給だけではとても生活していけず、人々は非合法の物品を購入せざるを得ない状況に追い込まれることになった。そういう物品を扱う人々のことを、「闇屋」と言う。

④ ももとせの命ねがはじいつの日か御楯とゆかん君とちぎりて：未詳。戦中に詠まれた歌か。

⑤ けなげ：年少ながら、こころがけや態度がしっかりしているさま。

⑥ 四十七士：赤穂浪士のこと。

残っており、美しいものを美しいままで終らせたいということは一般的な心情の一つのようだ。十数年前だかに童貞処女のまま愛の一生を終らせようと大磯のどこかで心中した学生と娘があったが①世人の同情は大きかったし、私自身も、数年前に私と極めて親しかった姪の一人が二十一の年に自殺したとき、美しいうちに死んでくれて良かったような気がした②。一見清楚な娘であったが、壊れそうな危なさがあり真逆様に地獄へ堕ちる不安を感じさせるところがあって、その一生を正視するに堪えないような気がしていたからであった。

この戦争中、文士は未亡人の恋愛を書くことを禁じられていた。戦争未亡人を挑発堕落させてはいけないという軍人政治家の魂胆で彼女達に使徒の余生を送らせようと欲していたのであろう。軍人達の悪徳に対する理解力は敏感であって、彼等は女心の変り易さを知らなかったわけではなく、知りすぎていたので、こういう禁止項目を案出に及んだまでであった。

いったいが日本の武人は古来婦女子の心情を知らないと言われているが、之(これ)は皮相の見解で、彼等の案出した武士道という武骨千万な法則は人間の弱点に対する防壁がその最大の意味であった。

武士は仇討のために草の根を分け乞食となっても足跡を追いまくらねばならないというのであるが、真に復讐の情熱をもって仇敵の足跡を追いつめた忠臣孝子があったであろうか。彼等の知っていたのは仇討の法則と法則に規定された名誉だけで、元来日本人は最も憎悪心の少い又永続しない国民であり、昨日の敵は今日の友という楽天性が実際の偽らぬ心情であろう。昨日の敵と妥協否肝胆(かんたん)相照すのは日常茶飯事であり、仇敵なるが故に一そう肝胆相照らし、忽ち二君に仕えたがるし、昨日の敵にも仕えたがる。生きて捕虜の恥を受けるべからず、というが、こういう規定がないと日本人を戦闘にかりたてるのは不可能なので、我々は規約に従順であるが、我々の偽らぬ心情は規約と逆なものである。日本戦史は武士道の戦史よりも権謀術数の戦史であ

① 当時大きな話題をよび、すぐに「天国に結ぶ恋」として映画化されている。

② この姪は村山喜久のこと。松之山の村山真雄に嫁いでいた安吾の姉セキの長女で、安吾のお気に入りの姪。

り、歴史の証明にまつよりも自我の本心を見つめることによって歴史のカラクリを知り得るであろう。今日の軍人政治家が未亡人の恋愛に就（つ）いて執筆を禁じた如く、古（いにしえ）の武人は武士道によって自らの又部下達の弱点を抑える必要があった。

小林秀雄は政治家のタイプを、独創をもたずただ管理し支配する人種と称しているが、必ずしもそうではないようだ。政治家の大多数は常にそうであるけれども、少数の天才は管理や支配の方法に独創をもち、それが凡庸（ぼんよう）な政治家の規範となって個々の時代、個々の政治を貫く一つの歴史の形で巨大な生き者の意志を示している。政治の場合に於て、歴史は個をつなぎ合せたものでなく、個を没入せしめた別個の巨大な生物となって誕生し、歴史の姿に於て政治も亦（また）巨大な独創を行っているのである。この戦争をやった者は誰であるか、東条①であり軍部であるか。そうでもあるが、然し又、日本を貫く巨大な生物、歴史のぬきさしならぬ意志であったに相違ない。日本人は歴史の前ではただ運命に従順な子供であったにすぎない。政治家によし独創はなくとも、政治は歴史の姿に於て独創をもち、意慾をもち、やむべからざる歩調をもって大海の波の如くに歩いて行く。何人が武士道を案出したか。之も亦歴史の独創、又は嗅覚であったであろう。歴史は常に人間を嗅ぎだしている。そして武士道は人性や本能に対する禁止条項である為に非人間的反人性的なものであるが、その人性や本能に対する洞察の結果である点に於ては全く人間的なものである。

私は天皇制に就ても、極めて日本的な（従って或いは独創的な）政治的作品を見るのである。天皇制は天皇によって生みだされたものではない。天皇は時に自ら陰謀を起したこともあるけれども、概して何もしておらず、その陰謀は常に成功のためしがなく、島流しとなったり、山奥へ逃げたり、そして結局常に政治的理由によってその存立を認められてきた。社会的に忘れた時にすら政治的に担（かつ）ぎだされてくるのであって、その存立の政治的理由はいわば政治家達の嗅覚によるもので、彼等は日本人の性癖を洞察し、その性癖の中に天皇制を発見していた。それは天皇家に限るものではな

---

① 東条：東条英機のこと。軍人、政治家。中国侵略戦争のときの総理大臣で、敗戦後、A 級戦犯として絞首刑に処された。

い。代り得るものならば、孔子家でも釈迦(しゃか)家でもレーニン家でも構わなかった。ただ代り得なかっただけである。

すくなくとも日本の政治家達（貴族や武士）は自己の永遠の隆盛（それは永遠ではなかったが、彼等は永遠を夢みたであろう）を約束する手段として絶対君主の必要を嗅ぎつけていた。平安時代の藤原氏は天皇の擁立を自分勝手にやりながら、自分が天皇の下位であるのを疑りもしなかったし、迷惑にも思っていなかった。天皇の存在によって御家騒動の処理をやり、弟は兄をやりこめ、兄は父をやっつける。彼等は本能的な実質主義者であり、自分の一生が愉しければ良かったし、そのくせ朝儀を盛大にして天皇を拝賀する奇妙な形式が大好きで、満足していた。天皇を拝むことが、自分自身の威厳を示し、又、自ら威厳を感じる手段でもあったのである。

我々にとっては実際馬鹿げたことだ。我々は靖国神社の下を電車が曲るたびに頭を下げさせられる馬鹿らしさには閉口したが、或種の人々にとっては、そうすることによってしか自分を感じることが出来ないので、我々は靖国神社に就てはその馬鹿らしさを笑うけれども、外の事柄に就て、同じような馬鹿げたことを自分自身でやっている。そして自分の馬鹿らしさには気づかないだけのことだ。宮本武蔵①は一乗寺下り松の果し場へ急ぐ途中、八幡様の前を通りかかって思わず拝みかけて思いとどまったというが、吾神仏をたのまずという彼の教訓は、この自らの性癖に発し、又向けられた悔恨深い言葉であり、我々は自発的にはずいぶん馬鹿げたものを拝み、ただそれを意識しないというだけのことだ。道学先生は教壇で先ず書物をおしいただくが、彼はそのことに自分の威厳と自分自身の存在すらも感じているのであろう。そして我々も何かにつけて似たことをやっている。

日本人の如く権謀術数を事とする国民には権謀術数のためにも大義名分のためにも天皇が必要で、個々の政治家は必ずしもその必要を感じていなくとも、歴史的な嗅覚に於て彼等はその必要を感じるよりも自らの居る現実を疑ることがなかったのだ。秀吉は聚楽(じゅらく)に行幸を仰いで自ら盛儀に泣いていたが、自分の威厳をそれによって感じる

---

①　宮本武蔵：江戸初期の剣豪。

と同時に、宇宙の神をそこに見ていた。これは秀吉の場合であって、他の政治家の場合ではないが、権謀術数がたとえば悪魔の手段にしても、悪魔が幼児の如くに神を拝むことも必ずしも不思議ではない。どのような矛盾も有り得るのである。

要するに天皇制というものも武士道と同種のもので、女心は変り易いから「節婦は二夫に見（まみ）えず」という、禁止自体は非人間的、反人性的であるけれども、洞察の真理に於て人間的であることと同様に、天皇制自体は真理ではなく、又自然でもないが、そこに至る歴史的な発見や洞察に於て軽々しく否定しがたい深刻な意味を含んでおり、ただ表面的な真理や自然法則だけでは割り切れない。

まったく美しいものを美しいままで終らせたいなどと希（ねが）うことは小さな人情で、私の姪の場合にしたところで、自殺などせず生きぬきそして地獄に堕（お）ちて暗黒の曠野（こうや）をさまようことを希うべきであるかも知れぬ。現に私自身が自分に課した文学の道とはかかる曠野の流浪であるが、それにも拘（かかわ）らず美しいものを美しいままで終らせたいという小さな希いを消し去るわけにも行かぬ。未完の美は美ではない。その当然堕ちるべき地獄での遍歴に淪落（りんらく）自体が美でありうる時に始めて美とよびうるのかも知れないが、二十の処女をわざわざ六十の老醜の姿の上で常に見つめなければならぬのか。これは私には分らない。私は二十の美女を好む。

死んでしまえば身も蓋（ふた）もないというが、果してどういうものであろうか。敗戦して、結局気の毒なのは戦歿した英霊達だ、という考え方も私は素直に肯定することができない。けれども、六十すぎた将軍達が尚（なお）生に恋々として法廷にひかれることを思うと、何が人生の魅力であるか、私には皆目分らず、然し恐らく私自身も、もしも私が六十の将軍であったなら矢張り生に恋々として法廷にひかれるであろうと想像せざるを得ないので、私は生という奇怪な力にただ茫然たるばかりである。私は二十の美女を好むが、老将軍も亦二十の美女を好んでいるのか。そして戦歿の英霊が気の毒なのも二十の美女を好む意味に於てであるか。そのように姿の明確なものなら、私は安心することもできるし、そこから一途（いちず）に二十の美女を追っかける信念すらも持ちうるのだが、生きることは、もっとわけの分らぬものだ。

私は血を見ることが非常に嫌いで、いつか私の眼前で自動車が衝突したとき、私はクルリと振向いて逃げだしていた。けれども、私は偉大な破壊が好きであった。私は爆弾や焼夷弾に戦きながら、狂暴な破壊に劇しく亢奮していたが、それにも拘らず、このときほど人間を愛しなつかしんでいた時はないような思いがする。

私は疎開をすすめ又すすんで田舎の住宅を提供しようと申出てくれた数人の親切をしりぞけて東京にふみとどまっていた。大井広介①の焼跡の防空壕を、最後の拠点にするつもりで、そして九州へ疎開する大井広介と別れたときは東京からあらゆる友達を失った時でもあったが、やがて米軍が上陸し四辺に重砲弾の炸裂するさなかにその防空壕に息をひそめている私自身を想像して、私はその運命を甘受し待ち構える気持になっていたのである。私は死ぬかも知れぬと思っていたが、より多く生きることを確信していたに相違ない。然し廃墟に生き残り、何か抱負を持っていたかと云えば、私はただ生き残ること以外の何の目算もなかったのだ。予想し得ぬ新世界への不思議な再生。その好奇心は私の一生の最も新鮮なものであり、その奇怪な鮮度に対する代償としても東京にとどまることを賭ける必要があるという奇妙な呪文に憑かれていたというだけであった。そのくせ私は臆病で、昭和二十年の四月四日という日、私は始めて四周に二時間にわたる爆撃を経験したのだが、頭上の照明弾で昼のように明るくなった、そのとき丁度上京していた次兄②が防空壕の中から焼夷弾かと訊いた、いや照明弾が落ちてくるのだと答えようとした私は一応腹に力を入れた上でないと声が全然でないという状態を知った。又、当時日本映画社の嘱託だった私は銀座が爆撃された直後、編隊の来襲を銀座の日映の屋上で迎えたが、五階の建物の上に塔があり、この上に三台のカメラが据えてある。空襲警報になると路上、窓、屋上、銀座からあらゆる人の姿が消え、屋上の高射砲陣地すらも掩壕に隠れて人影はなく、ただ天地に露出する人の姿は日映屋上の十名程の一団のみであった。先ず石川島に焼夷弾の雨が

① 大井広介：安吾の友人の評論家。同人誌『現代文学』の主要人物。
② 次兄：坂口上枝のこと。

ふり、次の編隊が真上へくる。私は足の力が抜け去ることを意識した。煙草をくわえてカメラを編隊に向けている憎々しいほど落着いたカメラマンの姿に驚嘆したのであった。

けれども私は偉大な破壊を愛していた。運命に従順な人間の姿は奇妙に美しいものである。麹町（こうじまち）のあらゆる大邸宅が嘘のように消え失せて余燼（よじん）をたてており、上品な父と娘がたった一つの赤皮のトランクをはさんで濠端の緑草の上に坐っている。片側に余燼をあげる茫々たる廃墟がなければ、平和なピクニックと全く変るところがない。ここも消え失せて茫々ただ余燼をたてている道玄坂（どうげんざか）では、坂の中途にどうやら爆撃のものではなく自動車にひき殺されたと思われる死体が倒れており、一枚のトタンがかぶせてある。かたわらに銃剣の兵隊が立っていた。行く者、帰る者、罹災者（りさいしゃ）達の蜿蜒（えんえん）たる流れがまことにただ無心の流れの如くに死体をすりぬけて行き交い、路上の鮮血にも気づく者すら居らず、たまさか気づく者があっても、捨てられた紙屑を見るほどの関心しか示さない。米人達は終戦直後の日本人は虚脱し放心していると言ったが、爆撃直後の罹災者達の行進は虚脱や放心と種類の違った驚くべき充満と重量をもつ無心であり、素直な運命の子供であった。笑っているのは常に十五六、十六七の娘達であった。彼女達の笑顔は爽やかだった。焼跡をほじくりかえして焼けたバケツへ掘りだした瀬戸物を入れていたり、わずかばかりの荷物の張番をして路上に日向ぼっこをしていたり、この年頃の娘達は未来の夢でいっぱいで現実などは苦にならないのであろうか、それとも高い虚栄心のためであろうか。私は焼野原に娘達の笑顔を探すのがたのしみであった。

あの偉大な破壊の下では、運命はあったが、堕落はなかった。無心であったが、充満していた。猛火をくぐって逃げのびてきた人達は、燃えかけている家のそばに群がって寒さの煖をとっており、同じ火に必死に消火につとめている人々から一尺離れているだけで全然別の世界にいるのであった。偉大な破壊、その驚くべき愛情。偉大な運命、その驚くべき愛情。それに比べれば、敗戦の表情はただの堕落にすぎない。

だが、堕落ということの驚くべき平凡さや平凡な当然さに比べると、あのすさまじい偉大な破壊の愛情や運命に従順な人間達の美しさも、泡沫のような虚しい幻影にすぎないという気持がする。

徳川幕府の思想は四十七士を殺すことによって永遠の義士たらしめようとしたのだが、四十七名の堕落のみは防ぎ得たにしたところで、人間自体が常に義士から凡俗へ又地獄へ転落しつづけていることを防ぎうるよしもない。節婦は二夫に見えず、忠臣は二君に仕えず、と規約を制定してみても人間の転落は防ぎ得ず、よしんば処女を刺し殺してその純潔を保たしめることに成功しても、堕落の平凡な跫音（あしおと）、ただ打ちよせる波のようなその当然な跫音に気づくとき、人為の卑小さ、人為によって保ち得た処女の純潔の卑小さなどは泡沫の如き虚しい幻像にすぎないことを見出さずにいられない。

特攻隊の勇士はただ幻影であるにすぎず、人間の歴史は闇屋となるところから始まるのではないのか。未亡人が使徒たることも幻影にすぎず、新たな面影を宿すところから人間の歴史が始まるのではないのか。そして或は天皇もただ幻影であるにすぎず、ただの人間になるところから真実の天皇の歴史が始まるのかも知れない。

歴史という生き物の巨大さと同様に人間自体も驚くほど巨大だ。生きるという事は実に唯一の不思議である。六十七十の将軍達が切腹もせず轡（くつわ）を並べて法廷にひかれるなどとは終戦によって発見された壮観な人間図であり、日本は負け、そして武士道は亡びたが、堕落という真実の母胎によって始めて人間が誕生したのだ。生きよ堕ちよ、その正当な手順の外に、真に人間を救い得る便利な近道が有りうるだろうか。私はハラキリを好まない。昔、松永弾正①という老獪（ろうかい）陰鬱な陰謀家は信長に追いつめられて仕方なく城を枕に討死したが、死ぬ直前に毎日の習慣通り延命の灸（きゅう）をすえ、それから鉄砲を顔に押し当て顔を打ち砕いて死んだ。そのときは七十をすぎていたが、人前で平気で女と戯れる悪どい男であった。この男の死に方には同感するが、私はハラキリは好きではない。

---

① 松永弾正：松永久秀。室町末期の武将。織田信長入京の際降伏したが、のち叛いて敗死。

私は戦(おのの)きながら、然し、惚れ惚れとその美しさに見とれていたのだ。私は考える必要がなかった。そこには美しいものがあるばかりで、人間がなかったからだ。実際、泥棒すらもいなかった。近頃の東京は暗いというが、戦争中は真の闇で、そのくせどんな深夜でもオイハギなどの心配はなく、暗闇の深夜を歩き、戸締なしで眠っていたのだ。戦争中の日本は嘘のような理想郷で、ただ虚しい美しさが咲きあふれていた。それは人間の真実の美しさではない。そしてもし我々が考えることを忘れるなら、これほど気楽なそして壮観な見世物はないだろう。たとえ爆弾の絶えざる恐怖があるにしても、考えることがない限り、人は常に気楽であり、ただ惚れ惚れと見とれておれば良かったのだ。私は一人の馬鹿であった。最も無邪気に戦争と遊び戯れていた。

終戦後、我々はあらゆる自由を許されたが、人はあらゆる自由を許されたとき、自らの不可解な限定とその不自由さに気づくであろう。人間は永遠に自由では有り得ない。なぜなら人間は生きており、又死なねばならず、そして人間は考えるからだ。政治上の改革は一日にして行われるが、人間の変化はそうは行かない。遠くギリシャに発見され確立の一歩を踏みだした人性が、今日、どれほどの変化を示しているであろうか。

人間。戦争がどんなすさまじい破壊と運命をもって向うにしても人間自体をどう為しうるものでもない。戦争は終った。特攻隊の勇士はすでに闇屋となり、未亡人はすでに新たな面影によって胸をふくらませているではないか。人間は変りはしない。ただ人間へ戻ってきたのだ。人間は堕落する。義士も聖女も堕落する。それを防ぐことはできないし、防ぐことによって人を救うことはできない。人間は生き、人間は堕ちる。そのこと以外の中に人間を救う便利な近道はない。

戦争に負けたから堕ちるのではないのだ。人間だから堕ちるのであり、生きているから堕ちるだけだ。だが人間は永遠に堕ちぬくことはできないだろう。なぜなら人間の心は苦難に対して鋼鉄の如くでは有り得ない。人間は可憐であり脆弱(ぜいじゃく)であり、それ故愚かなものであるが、堕ちぬくためには弱すぎる。人間は結局処女を刺殺せずにはいられず、武士道をあみださずにはいられず、天皇を担ぎださずにはいられなくなるであろう。だが他人の処女でなしに自分自身の処女を刺殺し、自分自身の武士道、自分自身の天皇をあみだすためには、人は正しく堕ちる道を堕ちきることが必要なのだ。そして人の如くに日本も亦堕ちることが必要であろう。堕ちる道を堕ちきることによって、自分自身を発見し、救わなければならない。政治による救いなどは上皮だけの愚にもつかない物である。

## 【作家紹介】

坂口安吾（1906—1955）、本名坂口炳五。小説家、評論家、随筆家。

新潟県新潟市出身。生後七日目に丙午年生まれの五男に因んで炳五と命名される。漢文学の先生がその腕白ぶりに業を煮やし、「お前なんか炳五という名は勿体ない。自己に暗い奴だからアンゴと名乗れ」と黒板に「暗吾」と大書き。これが「安吾」の由来とされる。小学校時代は立川文庫の「猿飛佐助」を愛読して忍術に興味を持ったという。文学作品は、兄・献吉の影響もあり早くから読んでおり、私立豊山中学校で知り合った先輩や同級生山口修三、沢部辰雄らの影響を受け、文学好きになり、安吾の作家出発期に重要な役割を果たしている。谷崎潤一郎、芥川龍之介、バルザック、エドガー・アラン・ポー、シャルル・ボードレール、アントン・チェーホフなどを愛読した。中学卒業と同時に小学校の代用教員になった。文学への野心がありながら、自信のなさから、あえて文学を捨てようとした身の処し方であった。

1926年から仏教の本格研究を志すため代用教員を辞め、4月に東洋大学倫理学科第二科（現・インド哲学科）に入学。一日睡眠時間を四時間にして苦行僧のような生活を持続し肉体が疲弊していて、神経衰弱に陥いる。自分の妄想を抑えるためにアテネ・フランセに入学（1928年4月）、印度哲学の演習に必要なパーリ語、梵語に力を入れる。

1930年、東洋大学を卒業。牧野信一主宰する雑誌「文科」に参加、本格的な文学活動を始める。『風博士』によって文壇に認められた。その後特異な作風を持つ『黒谷村』『吹雪物語』を書いたが、観念的すぎる作風から一般の理解に達せず、戦前は比較的不遇であった。戦争中は佳作『真珠』『日本文化私観』『青春論』などを発表し、好評を得た。その基調となるものは、独特の角度からする美の探求、淪落のうちにこそ青春の美を見出し得るとする逆説に富む論理にある。戦後の1946年4月『新潮』に発表したエッセイ『堕落論』と同年6月に発表した短編小説『白痴』の二作によって脚光を浴び、一躍戦後文壇の寵児となり、太宰治、石川淳、織田作之助などと並び、デカダンス派或いは新戯作派の代表者となった。その後も旺盛な筆力を示し、多作時代に入った。『外套と青空』『女体』『欲望について』、自伝小説『いづこへ』『魔の退屈』『デカダン文学論』などを次々と発表。

1947年に、歴史小説『道鏡』等の歴史小説から推理小説『不連続殺人事件』にまで多方面への才能を発揮したが、ついに健康を害して1949年末精神病院に入院した。恢復後は野心的長編『火』の第一部を完成、また『安吾巷談』と題する独自の飛躍的発想法による文明批評的エッセイを書き続けた。1955年に『新日本風土記』を創作するために富山、新潟に赴いて取材する。2月15日に桐生の自宅に戻るが翌朝突如脳出血で急逝した。享年48歳。

作家佐藤春夫は坂口安吾を「安吾は世俗的などんな先入観念にも煩はされるところなくぢかに人間を見た。そのため人間の心理は彼は可なり深く知るところである。それ故、彼の文学は、創作とばかりは限らず、雑感随筆のたぐいまで、その囚はれないものの見方、濶達な人がらがよく出てゐて、おもしろい。太宰のものが現代青年のものであるのに対比して坂口の文学は将来のおとなの文学だとも思へる。」と高く評価した。

## 【作品解説】

評論。1946年4月に『新潮』に発表。あらすじは以下のとおりである。

戦争が終わり、世相は変わった。しかし、人間が変わったのではない。人間は元来そういうものであり、変わったのは世相の上皮だけのことだ。

戦中の日本のモラルを支えた武士道や天皇制は、人性や本能に対する禁止条項であるという意味では非人間的反人性的なものであるが、人性や本能に対する洞察に根ざしているという点においては軽々しく否定しがたい意味を含んでもいる。それはちょうど、美しいものを美しいままで終わらせたいという素朴な心情が、消し去りがたいのと同様である。

しかし、美しいものを美しいままで終わらせようとする人為的な努力は、堕落の平凡な足音のまえではあまりにも卑小である。人間は堕落する。それを防ぐことはできないし、防ぐことによって人を救うことはできない。人間は生き、人間は堕ちる。そのこと以外の中には人間を救う便利な近道はない。

しかし人間は、堕ちぬくためには弱すぎる。人間は、結局武士道を編み出さずにはいられず、天皇を担ぎださずにはいられなくなるだろう。しかし、自分自身の天皇を編み出すためには、人は正しく堕ちる道を堕ちきることが必要なのだ。

昭和 21 年に発表された作品で、文明批評とも言うべきすぐれたエッセイである。「大日本帝国」の夢を実現しようと人々をかりたてた、太平洋戦争が敗戦に終わったとき、戦争のあやまちを反省し、新しい日本の建設の道を説くさまざまの議論が生まれた。それは、日本人ひとりひとりの過去を問い直し、新しい生き方を問うべき課題でもあった。戦争の重圧から解き放たれたとき、早く忌まわしい過去から脱して、新しい理想をかかげて前進したいと願うのが人情だろうが、つい最近まで信じていた生き方を急に変えようと言われても困る、どうしてよいかわからないと虚脱感の中を漂うのも、心の自然のなりゆきだろう。そうした当時の青年たちの心情に安吾の『堕落論』は衝撃を与えた。

安吾は堕落せよと説く。それが人間のごくあたりまえの姿だからだ。人間が道徳や規律をもうけるのは、人間が弱く堕落しやすい存在であるからだ。政治も同じだ。天皇制も何かを崇拝したいという日本人の性情を利用した政治の道具にすぎない。

戦争中の日本は美しかった。人々は堕落しやすい心をいましめ、自己犠牲の精神を発揮した。空襲を受けた街が破壊されつくす、偉大な転びの美もあった。だがそれらはすべて虚妄の美にすぎない。虚妄の美を捨て、人間が人間らしくなるためには、もっとも人間らしい堕落の道を進むことだ。その中から真実をつかむことだ。

このエッセイは在来の政治観、道徳観に鋭利な批判を加え、形式にとらわれた伝統的な美的感情を排し、破壊的な・逆説的な論理を展開することで喝采を博した。その論旨は誤謬に満ちたこれまでの道徳観を排除し「義士」や「聖女」の虚名にたよらず、「堕ちるところまで堕ちて自分自身の力で救われるべきである」というにある。その大胆直截な表現と、文明批評家的発想は、戦後の混乱と退廃の中に彷徨する人々の胸に強く訴えかける力となって、戦後の混乱のなかに支柱を失った人々に一つの指標を示した論策である。①

## 【読解鑑賞】

### ☞ 坂口安吾『日本文化私観』抜粋

伝統とか、国民性とよばれるものにも、時として、このような欺瞞（ぎまん）が隠されている。凡そ自分の性情にうらはらな習慣や伝統を、恰（あたか）も生来の希願のように背負わなければならないのである。だから、昔日本に行われていたことが、昔行われていたために、日本本来のものだということは成立たない。外国に於て行われ、日本には行われていなかった習慣が、実は日本人に最もふさわしいことも有り得るし、日本に於て行われて、外国には行われなかった習慣が、実は外国人にふさわしいことも有り得るのだ。模倣ではなく、発見だ。ゲーテがシェクスピアの作品に暗示を受けて自分の傑作を書きあげたように、個性を尊重する芸術に於てすら、模倣から発見への過程は最も屡々（しばしば）行われる。インスピレーションは、多く模倣の精神から出発して、発見によって結実する。

キモノとは何ぞや？洋服との交流が千年ばかり遅かっただけだ。そうして、限られた手法以外に、新らたな発明を暗示する別の手法が与えられなかっただけである。日本人の貧弱な体躯が特にキモノを生みだしたのではない。日本人にはキモノのみが美

① この部分は主に久松潜一・吉田精一編『近代日本文学辞典』（東京堂出版、1975 年）を参照。

しいわけでもない。外国の恰幅（かっぷく）のよい男達の和服姿が、我々よりも立派に見えるに極っている。

（中略）

俗なる人は俗に、小なる人は小に、俗なるまま小なるままの各々の悲願を、まっとうに生きる姿がなつかしい。芸術も亦そうである。まっとうでなければならぬ。寺があって、後に、坊主があるのではなく、坊主があって、寺があるのだ。寺がなくとも、良寛は存在する。若し、我々に仏教が必要ならば、それは坊主が必要なので、寺が必要なのではないのである。京都や奈良の古い寺がみんな焼けても、日本の伝統は微動もしない。日本の建築すら、微動もしない。必要ならば、新らたに造ればいいのである。バラックで、結構だ。

京都や奈良の寺々は大同小異、深く記憶にも残らないが、今も尚、車折神社の石の冷めたさは僕の手に残り、伏見稲荷の俗悪極まる赤い鳥居の一里に余るトンネルを忘れることが出来ない。見るからに醜悪で、てんで美しくはないのだが、人の悲願と結びつくとき、まっとうに胸を打つものがあるのである。これは、「無きに如かざる」ものではなく、その在り方が卑小俗悪であるにしても、なければならぬ物であった。そうして、龍安寺の石庭で休息したいとは思わないが、嵐山劇場のインチキ・レビューを眺めながら物思いに耽（ふけ）りたいとは時に思う。人間は、ただ、人間をのみ恋す。人間のない芸術など、有る筈がない。郷愁のない木立の下で休息しようとは思わないのだ。

## ☞ 坂口安吾『文学のふるさと』抜粋

シャルル・ペロオの童話に「赤頭巾（あかずきん）」という名高い話があります。既に御存じとは思いますが、荒筋を申上げますと、赤い頭巾をかぶっているので赤頭巾と呼ばれていた可愛い少女が、いつものように森のお婆さんを訪ねて行くと、狼がお婆さんに化けていて、赤頭巾をムシャムシャ食べてしまった、という話であります。まったく、ただ、それだけの話であります。

童話というものには大概教訓、モラル、というものが有るものですが、この童話には、それが全く欠けております。それで、その意味から、アモラルであるということで、仏蘭西（フランス）では甚だ有名な童話であり、そういう引例の場合に、屡々（しばしば）引合いに出されるので知られております。

童話のみではありません。小説全体として見ても、いったい、モラルのない小説というのがあるでしょうか。小説家の立場としても、なにか、モラル、そういうものの意図がなくて、小説を書きつづける——そういうことが有り得ようとは、ちょっと、想像ができません。

ところが、ここに、凡（およ）そモラルというものが有って始めて成立つような童話の中に、全然モラルのない作品が存在する。しかも三百年もひきつづいてその生命を持ち、多くの子供や多くの大人の心の中に生きている——これは厳たる事実であります。

シャルル・ペロオといえば「サンドリヨン」とか「青髯（あおひげ）」とか「眠りの森の少女」というような名高い童話を残していますが、私はまったくそれらの代表作と同様に、「赤頭巾」を愛読しました。

否（いな）、むしろ、「サンドリヨン」とか「青髯」を童話の世界で愛したとすれば、私はなにか大人の寒々とした心で「赤頭巾」のむごたらしい美しさを感じ、それに打たれたようでした。

愛くるしくて、心が優しくて、すべて美徳ばかりで悪さというものが何もない可憐な少女が、森のお婆さんの病気を見舞に行って、お婆さんに化けている狼にムシャムシャ食べられてしまう。

私達はいきなりそこで突き放されて、何か約束が違ったような感じで戸惑いしながら、然し、思わず目を打たれて、プツンとちょん切られた空しい余白に、非常に静かな、しかも透明な、ひとつの切ない「ふるさと」を見ないでしょうか。

その余白の中にくりひろげられ、私の目に沁みる風景は、可憐な少女がただ狼にムシャムシャ食べられているという残酷ないやらしいような風景ですが、然し、それが私の心を打つ打ち方は、若干やりきれなくて切ないものではあるにしても、決して、不潔とか、不透明というものではありません。何か、氷を抱きしめたような、切ない悲しさ、美しさ、であります。

（中略）

作家というものが、芥川の場合のように突き放される生活を知らなければ、「赤頭巾」だの、さっきの狂言のようなものを創（つく）りだすことはないでしょう。

モラルがないこと、突き放すこと、私はこれを文学の否定的な態度だとは思いません。むしろ、文学の建設的なもの、モラルとか社会性というようなものは、この「ふるさと」の上に立たなければならないものだと思うものです。

もう一つ、もうすこし分り易い例として『伊勢物語』の一つの話を引きましょう。

昔、ある男が女に懸想（けそう）して頻（しき）りに口説いてみるのですが、女がうんと言いません。ようやく三年目に、それでは一緒になってもいいと女が言うようになったので、男は飛びたつばかりに喜び、さっそく、駈落（かけおち）することになって二人は都を逃げだしたのです。芥の渡しという所をすぎて野原へかかった頃には夜も更け、そのうえ雷が鳴り雨が降りだしました。男は女の手をひいて野原を一散に駈けだしたのですが、稲妻にてらされた草の葉の露をみて、女は手をひかれて走りながら、あれはなに？と尋ねました。然し、男はあせっていて、返事をするひまもありません。ようやく一軒の荒れ果てた家を見つけたので、飛びこんで、女を押入の中へ入れ、鬼が来たら一刺しにしてくれようと槍をもって押入れの前にがんばっていたのですが、それにも拘らず鬼が来て、押入の中の女を食べてしまったのです。生憎（あいにく）そのとき、荒々しい雷が鳴りひびいたので、女の悲鳴もきこえなかったのでした。夜が明けて、男は始めて女がすでに鬼に殺されてしまったことに気付いたのです。そこで、ぬばたまのなにかと人の問いしとき露と答えてけなましものを――つまり、草の葉の露を見てあれはなにと女がきいたとき、露だと答えて、一緒に消えてしまえばよかった――という歌をよんで、泣いたという話です。

この物語には男が断腸の歌をよんで泣いたという感情の附加があって、読者は突き放された思いをせずに済むのですが、然し、これも、モラルを超えたところにある話のひとつでありましょう。

この物語では、三年も口説いてやっと思いがかなったところでまんまと鬼にさらわれてしまうという対照の巧妙さや、暗夜の曠野を手をひいて走りながら、草の葉の露をみて女があれは何ときくけれども男は一途に走ろうとして返事すらできない——この美しい情景を持ってきて、男の悲嘆と結び合せる綾（あや）とし、この物語を宝石の美しさにまで仕上げています。

つまり、女を思う男の情熱が激しければ激しいほど、女が鬼に食わるというむごたらしさが生きるのだし、男と女の駈落のさまが美しくせまるものであればあるほど、同様に、むごたらしさが生きるのであります。女が毒婦であったり、男の情熱がいい加減なものであれば、このむごたらしさは有り得ません。又、草の葉の露をさしてあれは何と女がきくけれども男は返事のひまずらもないという一挿話がなければ、この物語の値打の大半は消えるものと思われます。

つまり、ただモラルがない、ただ突き放す、ということだけで簡単にこの凄然（せいぜん）たる静かな美しさが生れるものではないでしょう。ただモラルがない、突き放すというだけならば、我々は鬼や悪玉をのさばらせて、いくつの物語でも簡単に書くことができます。そういうものではありません。

この三つの物語が私達に伝えてくれる宝石の冷めたさのようなものは、なにか、絶対の孤独——生存それ自体が孕（はら）んでいる絶対の孤独、そのようなものではないでしょうか。

この三つの物語には、どうにも、救いようがなく、慰めようがありません。鬼瓦を見て泣いている大名に、あなたの奥さんばかりじゃないのだからと言って慰めても石を空中に浮かそうとしているように空しい努力にすぎないでしょうし、又、皆さんの奥さんが美人であるにしても、そのためにこの狂言が理解できないという性質のものでもありません。

それならば、生存の孤独とか、我々のふるさとというものは、このようにむごたらしく、救いのないものでありましょうか。私は、いかにも、そのように、むごたらしく、救いのないものだと思います。この暗黒の孤独には、どうしても救いがない。我々の現身（うつしみ）は、道に迷えば、救いの家を予期して歩くことができる。けれども、この孤独は、いつも曠野を迷うだけで、救いの家を予期すらもできない。そうして、最後に、むごたらしいこと、救いがないということ、それだけが、唯一の救いなのであります。モラルがないということ自体がモラルであると同じように、救いがないということ自体が救いであります。

私は文学のふるさと、或いは人間のふるさとを、ここに見ます。文学はここから始まる——私は、そうも思います。

アモラルな、この突き放した物語だけが文学だというのではありません。否、私はむしろ、このような物語を、それほど高く評価しません。なぜなら、ふるさとは我々のゆりかごではあるけれども、大人の仕事は、決してふるさとへ帰ることではないから。……

だが、このふるさとの意識・自覚のないところに文学があろうとは思われない。文学のモラルも、その社会性も、このふるさとの上に生育したものでなければ、私は決して信用しない。そして、文学の批評も。私はそのように信じています。

## 【研究情報】

作家・作品研究史は銀座出版社選集の福田恒存「解説」が「観念のために実生活を実験に供する」と坂口安吾の精神の二元性をとらえ、佐々木基一「坂口安吾論」（『群像』1951・11）がファルスの根源的なものを追求した。加藤秀俊「坂口安吾——Human Naturenの発見」（『思想の科学』1961・5）が安吾合理精神に触れた。

安吾没後の60年代に本格的な安吾研究が始まり、その成果は冬樹社版全集の解題および別巻『坂口安吾研究』（冬樹社、1972・12）にまとめられている。『日本文学研究資料叢書　石川淳・坂口安吾』（有精堂、1978・7）はこれを補足している。伝記研究について関井光男「伝記的年譜」（『定本坂口安吾全集』13、冬樹社、1972・

12）があり、村上護『安吾風来記=ファルスの求道者』（新書館、1986・3）、坂口三千代『クラクラ日記』（ちくま文庫、1989・10）、野原一夫『人間坂口安吾』（新潮社、1991・9）、花田俊典「安吾・姪・松之山」（『近代文学論集』11、1985・12）がある。七北数人『評伝　坂口安吾——魂の事件簿』（集英社、2002・6）が作者としての安吾の生成のほか、作品誕生の舞台をも考察してみた。

最初に作品を追って安吾の全体像を提出したのは奥野健男『坂口安吾』（文芸春秋、1972・9）である。ほかに兵藤正之助『坂口安吾論』（冬樹社、1972・12）、森安理文、高野良知『坂口安吾研究』（南窓社、1973・6）、佐橋文寿『坂口安吾　その生と死』（春秋社、1974・4）、神谷忠孝編『鑑賞日本現代文学22坂口安吾』（角川書店、1981・1）などは作者と作品を同時代の思潮にどう位置づけるのかの試みである。

70年代の作品論として戦時下の言説に焦点をあてた島田昭男「『真珠』論」（『日本文学』1972・8）、説話にモダン・メルヘンの発見を示した由良君美「『桜の森の満開の下』論」（『国文学』1975・5）は示唆ある論文である。柄谷行人「『日本文学私観』論」（『文芸』1975・5、7）によって新しい方向を切り開いた論説で、その安吾論はあと『坂口安吾と中上健次』（太田出版、1996・2）に収められた。井口時男は「物語が壊れるとき——坂口安吾と小林秀雄」（『群像』1986・11）で従来の安吾の実態をもとめる論考を批判した。80年代の代表的な論著として、花田俊典『坂口安吾生成：笑劇・悲願・脱構築』（白地社、2005・6）、浅子逸男『坂口安吾私論—虚空に舞う花—』（有精堂、1985年5月）、室井尚「『逃走』としての文学——坂口安吾『白痴』と近代・日本・文学」（『文学理論のポリフィーク』勁草書房、1985・6）などがあげられる。川村湊が「安吾日本史の可能性」（『安吾　日本史』東洋書院、1988・5）が安吾の現代性を掘り出したもので興味深い論調である。『坂口安吾研究講座Ⅰ～Ⅲ』（三弥井書店、1984・7、1985・11、1987・12）がこれまでのすぐれた論文を収め、安吾研究に欠かせない文献となっている。

1990年代に入ると、筑摩書房版全集の刊行でいままで未収録の作品が増補され、関井光男によって新たな解題がつけられ、2000年代以降の安吾研究の基礎となる。関井光男『坂口安吾と日本文化』(『国文学解釈と鑑賞』別冊、1999・9)はテーマを立てて研究する論著である。2001年に刊行した『坂口安吾事典』(『解釈と鑑賞』別冊、2001・9)は作品編と事項編の二冊からなり、安吾作品の解説のほかに、キーワード事典と引用事典の項目も充実しており、安吾研究に大きな意義を持っている。

2000年に安吾研究会が成立され、毎年研究集会を開催して、その成果は『坂口安吾論集1-3』(ゆまに書房、2002・9、2004・11、2007・10)および「坂口安吾　復興期の精神」(双文社、2013・5)としてまとめられている。そのキーワードの代表的な言葉ファルスについて、宮澤隆義「ファルスは証言する——坂口安吾『風博士』論」(『国文学研究』2005・3)は言語学の面における研究を行い、小林真二「ファルスとしての『風博士』——『莫迦々々しさ』を歌ひ初めてもいい時期だ」(『国語と国文学』2005・10)は語り手「私」の態度を「笑劇」としての構造を抽出する。安吾の失敗作と看做されてきた『吹雪物語』に新たな発見を見せたのは、加瀬健治「『吹雪物語』とファルス——道化としての大寺他巳吉」(『武蔵野大学人文学会雑誌』1999・11)、「坂口安吾『吹雪物語』の方法——「分裂」と、「説明」の欠如」(『武蔵野大学人文学会雑誌』2005・1)、加藤達彦「1930年代の恋愛——坂口安吾『吹雪物語』論」(文学・思想懇話会編『近代の夢と知性　文学・思想の昭和一〇年前後(1925—1945)』翰林書房、2000・10)などが評価される。十二月八日小説「真珠」について五味渕典嗣「それぞれの遠足——坂口安吾『真珠』論」(『三田文学』2000・1)は作品の断面から作者の歴史観を探ったものである。ほかに宮澤隆義、押野武志も社会、歴史の面から確かな論述を展開した。

安吾を一躍流行作家に導いた作品『堕落論』『白痴』『桜の森の満開の下』について、まず林淑美「坂口安吾と戸坂潤——『堕落論』と『道徳論』の間」(『文学』2002・3)「〈モラル〉と呼ぶ新しい概念の創造——『白痴』と安吾の戦後」がその代表的な論説である。山根龍一、時野谷ゆりの『堕落論』論も緻密に分析し、中畑邦夫「「観念」と「肉体」:坂口安吾「白痴」の執筆背景」(『麗澤大学紀要』2012・4)、吉元一真「『桜の森の満開の下』論」(『日本文学誌要』83(2011))、土屋忍「坂口安吾『桜の森の満開の下』を読む:愛と美と殺戮と」(『日本文学』2015・12)などはいずれも優れた論説とされている。また、安吾と外来思想の受容について朴智慧「安吾の〈実存〉——サルトルとの関係」(『国語と国文学』2010・7)があげられる。歴史小説の典拠に関して原卓史『坂口安吾　歴史を探偵すること』(双文社出版、2013・5)は示唆が多い論著である。

## 【参考文献】


江口恭平『晩年の坂口安吾』作家社、1964年1月

新妻孝一「桜花幻想—坂口安吾『桜の森の満開の下』小論—」『大正大学研究紀要』、1986年10月

若月忠信『資料坂口安吾』武蔵野書房、1988年12月

坂口三千代『クラクラ日記』文藝春秋、1989年10月

細野律「坂口安吾『真珠』論——所謂『十二月八日』小説との関連から」『近代文学研究』、1995年3月

大原祐治「坂口安吾『吹雪物語』論序説——〈ふるさと〉を語るために」『日本近代文学』、2000年5月

大原祐治「小説家の墓——坂口安吾『吹雪物語』論」『昭和文学研究』、2001年3月

西川長夫「戦争と文学——文学者たちの十二月八日をめぐって」『立命館文學』、2002年2月

押野武志「坂口安吾『真珠』の同時代性——詩と散文のあいだ」(上)(下)『文芸研究』、2003年9月、2004年3月

相馬正一『坂口安吾　戦後を駆け抜けた男』人文書館、2006年11月

五味渕典嗣「坂口安吾の戦後天皇論(1)——『安吾の新日本地理』を手がかりに」『大妻国文』、2007年3月

山根龍一「坂口安吾『風博士』論——福本イズム・小谷部全一郎・浪漫的英雄主義の内在批判—」『日本近代文学』、2007年11月

五味渕典嗣「坂口安吾の戦後天皇論(2)——『安吾の新日本地理』を手がかり

に」『大妻国文』、2008 年 3 月

半藤一利『坂口安吾と太平洋戦争』PHP 研究所、2009 年 2 月

山根龍一「坂口安吾『堕落論』論——歴史と人間との関係をめぐる懐疑の方法について」『国語と国文学』、2009 年 2 月

宮澤隆義『坂口安吾の未来』新曜社、2015 年 2 月

# 十四　近代詩歌

## 一、近代詩

### 落葉松

**『水墨集』北原白秋①**

一

からまつの林を過ぎて、
からまつをしみじみと見き。
からまつはさびしかりけり②。

---

① 北原白秋：1885—1942、日本の詩人、童謡作家、歌人。本名は北原隆吉。近代の日本を代表する詩人である。1921 年（大正 10 年）、信州星野温泉で開かれた「芸術教育夏季講習会」に講師として招かれる。その滞在中、白秋は妻（佐藤菊子）とともに朝に夕に、落葉松の林を散策。湯川沿いの小径を幾度となく訪れる中で、落葉松の芽吹きに感激したことから、代表作である「落葉松」が生まれた。その年 11 月の「明星」に発表されたが、当初は七章の詩で第四章が最後で、「水墨集」に再録される際、八章が書き足されたそうだ。4 句を以て1 章となし、各 1 章が独立して鑑賞に堪え得るように書かれているが、一編の詩として見た場合、まず第 1 章に主題を打ち出し、第 2 章から第 7 章にかけては、作者の歩みにつれて変わる風景を述べながら「からまつはさびし」「たびゆくはさびし」という主題を分かりやすく展開させ、第 8 章に人生に対する思いを述べて全体を結ぶという構成をとっている。

② さびしかりけり：「さびし」の連用形（シク活用）。「けり」は深い感動を表す。それまで気づかずにいたことに初めて気づいた時や、今までと違う感じ方を覚えて、思いを新たにした際などの、驚きや感動の気持ちを表す際に使われる。

たびゆくはさびしかりけり。

二

からまつの林を出でて、
からまつの林に入りぬ。
からまつの林に入りて、
また細く道はつづけり。

三

からまつの林の奥も
わが通る道はありけり。
霧雨（きりさの）のかかる道なり。
山風のかよふ道なり。

四

からまつの林の道は
われのみか、ひともかよひぬ。
細々と通ふ道なり。
さびさびと①いそぐ道なり。

五

からまつの林を過ぎて、
ゆゑしらず②歩みひそめつ③。
からまつはさびしかりけり、
からまつとささやきにけり。

六

からまつの林を出でて、
浅間嶺（あさまね）にけぶり立つ見つ。

---

① さびさびと：いかにもさびしげな様。副詞として使われる。

② ゆえ：原因、理由。

③ 歩みひそめつ：「ひそめ」は動詞「ひそむ」の連用形。「目立たないようにする、ひっそりと静かにする」の意味。「つ」は完了を表す助動詞。

浅間嶺にけぶり立つ見つ。
からまつのまたそのうへに。

七

からまつの林の雨は
さびしけどいよよ①しづけし②。
かんこ鳥③鳴けるのみなる。
からまつの濡るるのみなる。

八

世の中よ、あはれなりけり④。
常なれどうれしかりけり。
山川に山がはの音、
からまつにからまつのかぜ。

## 道程

**『道程』高村光太郎⑤**

僕の前に道はない
僕の後ろに道は出来る
ああ、自然よ
父よ

---

① いよよ：「ますます、いっそう」の意味。「しづけし」は古語の形容詞「静けし」の終止形。

② しづけし：古語の形容詞「静けし」の終止形。

③ かんこ鳥：カッコウの別名。「閑古鳥」とも表記される。意味合いとしては、訪れる人や客が少なく、ひっそうりしている様子の例えとして使われることが多い。

④ あはれ：「あはれ」はしみじみとした趣や、しみじみと湧き上がってくる気持ちを表す古語。「世の中よ、あはれなりけり」は「世の中は、しみじみと趣深いものだなあ」。

⑤ 高村光太郎：1883—1956、日本の詩人、歌人、彫刻家、画家。本名は光太郎。近現代を代表する詩人。『道程』は1914年（大正3年）2月9日作で、原形となる詩は102行の詩で「美の廃墟」の3月号に発表され、その凝縮した9行詩は同10月、自費出版の第一詩集『道程』に掲載された。この凝縮した部分は自立を宣言する最後の部分のみだった。それは偉大な父との精神的な決別であり、新しい人生を自分の力で切り拓く決意である。

僕を一人立ちにさせた広大な父よ
僕から目を離さないで守る事をせよ
常に父の気魄を僕に充たせたよ
この遠い道程のため
この遠い道程のため

## 小諸なる古城のほとり

**島崎藤村①**

小諸なる古城のほとり
雲白く遊子（いうし）悲しむ
緑なす②繁蔞（はこべ）③は萌えず
若草も藉（し）くによしなし
しろがねの衾（ふすま）の岡邊
日に溶けて淡雪流る

あたゝかき光はあれど
野に滿つる香（かをり）も知らず
淺くのみ春は霞みて
麥の色わづかに靑し
旅人の群はいくつか

① 島崎藤村：1872—1943、日本の詩人、作家。本名は春樹。詩集「若菜集」などでロマン主義的詩風を示す。小説「破戒」によって作家の地位を確立。「春」「家」「新生」「嵐」などの自伝的作品で自然主義文学を代表。「幼きものに」「ふるさと」などの童話もある。『小諸なる古城のほとり』は明治33年（1900）雑誌「明星」創刊号に掲載し、題名は「旅情」である。翌年、詩集「落梅集」で「小諸なる古城のほとり」に改められる。

② 緑なす：緑の。

③ 繁縷：ナデシコ化科の越年草。日当たりのよい草地。

畠中の道を急ぎぬ①

暮れ行けば淺間も見えず
歌哀し佐久の草笛（くさぶえ）
千曲川いざよふ波の
岸近き宿にのぼりつ
濁り酒濁れる飲みて
草枕しばし慰む②

## 荒城の月

**土井晩翠③**

春高楼の花の宴
めぐる盃（さかずき）の影さして
千代の松が枝わけ出でし
むかしの光いまいづこ。

秋陣営④の霜の色
鳴き行く雁（かり）の数見せて
植うるつるぎに照りそひし

① 急ぎぬ：急いだ。「ぬ」は完了を表す助動詞である。

② 草枕しばし慰む：「しばし」は「しばらく」の意味を表す。しばらく旅情を慰める。

③ 土井晩翠：1871—1952、宮城県出身。日本の詩人、英文学者。本名、林吉。1899 年、第一詩集『天地有情』、1901 年第二詩集『暁鐘』を刊行し、詩人としての地位を得た。男性的な漢詩調の詩風で、女性的な詩風の島崎藤村と並んで「藤晩時代」と称された。英文学者としては、ホメロス、カーライル、バイロンなどを翻訳している。1901 年に「荒城の月」として発表されたこの詩に、瀧廉太郎が曲をつけて、日本の歴史的に重要な曲となる。この詩は、晩翠が、時間的に悠久無常の哀愁を詠み表した名作である。

④ 秋陣営の霜の色：秋、軍営におく、きらきら光って刃のような霜の色。

むかしの光今いづこ。

いま荒城のよは①の月
変わらぬ光たがためぞ②
垣に残るはただかづら
松に歌ふはただあらし。

天上影は変らねど③
栄枯(えいこ)は移る世の姿
写さんとてか④今もなほ
ああ荒城の夜半の月。

## 短歌

やは肌のあつき血汐にふれも見でさびしからずや道を説く君
髪五尺ときなば水にやはらかき少女ごころは秘めて放たじ
その子二十櫛にながるる黒髪のおごりの春のうつくしきかな
海恋し潮の遠鳴りぞへては少女となりし父母の家

**——与謝野晶子⑤**

みづうみの氷は解けてなほ寒し三日月の影波にうつろふ
夕焼空焦げきはまれる下にして氷らんとする湖(うみ)の静けさ

---

① よは：深夜中の月。

② 変わらぬ光たがためぞ：人は変わっても月は変わらない。その変わらない月光は誰のためにあるのだろうか。「た」は「誰」、「が」は「の」を意味する。「たがため」：誰のため。

③ ど：逆説助詞。

④ 写さんとてか：その世の姿を月に写そうとしてか。

⑤ 与謝野晶子：1878—1942、歌人。与謝野鉄幹の短歌に刺激され、短歌の形式によって自分の実感を表現しようと思い立つ。鉄幹との出会いは晶子の情熱を生み、『乱れ髪』に結晶し、近代ロマン主義化風を示した。『小扇』『恋衣』『常夏』『舞姫』なども代表的な詩集である。

信濃路はいつ春ならん夕づく日入りてしまらく黄なる空のいろ

**——島木赤彦①**

幾山河越えさり行かば寂しさの終てなむ国ぞ今日も旅ゆく

白鳥は哀しからずや空の青海のあをにも染まずただよふ

うす紅に葉はいちはやく萌えいでて咲かむとすなり山ざくら花

ただひとり小野の樹に倚り深みゆく春のゆふべ②をなつかしむかな倚

**——若山牧水③**

ふるさとの訛（なまり）なつかし
停車場の人ごみの中に
そを聴きにゆく

はたらけど
はたらけど猶わが生活（くらし）楽にならずり
ぢっと手を見る

東海の小島の磯の白砂に
われ泣きぬれて
蟹とたはむる

---

① 島木赤彦：1876—1926、明治・大正時代のアララギ派歌人。長野師範学校を卒業後、作歌に励み、歌誌『比牟呂』を創刊。伊藤左千夫に師事し、『比牟呂』を『アララギ』に合併し活躍した。以後『アララギ』編集に尽力、歌壇の主流となった。主観と感傷を排した客観写生を強調、「鍛煉」道を説いた。代表作は『氷魚』『太虚集』『柹蔭集』などがある。

② ゆふべ：夕べ。

③ 若山牧水：1885—1928、歌人。早大時代、北原白秋らと交友し、尾上柴舟の門下に入った。国木田独歩の武蔵野に感化され、自然に開眼する。清新で流麗な歌風を確立し、『海の声』『一人歌へる』『別離』で名声を得た。旅がすきで、旅中で自然詠は牧水の特色で、歌を通して人生、生命そのものを捉えようとした。

たはむれに母を背負ひて

そのあまり軽(かろ)きに泣きて

三歩あゆまず

——石川啄木①

## 【読解鑑賞】

### ☞ 近代詩の歩み

1882年（明治15）に発表された『新体詩抄』は、和歌・俳句・漢詩などの伝統的な詩を離れた新しい詩を求め、西洋の詩を模範として新しい詩のあり方を示そうとした。

1889年（明治22）に森鴎外らによる訳詩集『於母影』が出て、新体詩は芸術的香りを高めた。1897年（明治30）に島崎藤村は内面の要求を情熱的かつ率直にうたった『若菜集』を発表した。それは日本の近代叙情詩の真の出発点となった。また上田敏は『海塩音』によってフランスの象徴詩の紹介をした。形式・文体の上からみると伝統的な五七調・七五調の文語定型詩であったが、明治末期には北原白秋が文語自由詩を発表し、室生犀星が後に続いた。更に大正時代には、高村光太郎が『道程』を、萩原朔太郎が『月に吠える』を出し、ここに口語自由詩は真に完成し、自分の考え、感情を自由に表現する道が開かれた。

そして昭和・現代では、詩人の個性に即して求める方向に進んでおり、散文詩なども書かれるようになった。

---

① 石川啄木：1886—1912、歌人、詩人。岩手県の渋民村で育ち、終生この地を愛した。『明星』に長詩を発表し、明星派天才詩人の名声を得て、浪漫詩集『あこがれ』を刊行した。貧困と病苦の現実は生活者の視点を育てた。実生活の感情を日常語で歌う自然主義に変貌し、特に1910年（明治3）に刊行した『一握の砂』では、三行の分から書き短歌が試みられ、視覚的な新しさと内在律の直接表現で歌壇に新風を送った。

## ☞『落葉松』前文について

北原白秋「水墨集」に収録された『落葉松』には、その冒頭で、作者自身による次のような前文が置かれている。

落葉松の幽かなる、その風のこまかにさびしく物あはれなる、ただ心より心へと伝ふべし。また知らむ。その風はそのささやきは、また我が心の心のささやきなるを、読者よ、これらは声に出して歌ふべききはのものにあらず、ただ韻（ひびき）を韻とし、匂を匂とせよ。

## ☞ 島崎藤村『藤村詩集』「自序」

遂に、新しき詩歌の時は來りぬ。

（中略）　新しきうたびとの群の多くは、たゞ穆實なる青年なりき。その藝術は幼稚なりき、不完全なりき、されどまた僞りも飾りもなかりき。青春のいのちはかれらの口脣にあふれ、感激の涙はかれらの頬をつたひしなり。こゝろみに思へ、清新横溢なる思潮は幾多の青年をして殆ど寢食を忘れしめたるを。また思へ、近代の悲哀と煩悶とは幾多の青年をして狂せしめたるを。われも拙き身を忘れて、この新しきうたびとの聲に和しぬ。

詩歌は靜かなるところにて思ひ起したる感動なりとかや。げにわが歌ぞおぞき苦闘の告白なる。

なげきと、わづらひとは、わが歌に殘りぬ。思へば、言ふぞよき。ためらはずして言ふぞよき。いさゝかなる活動に勵まされてわれも身と心とを救ひしなり。

誰か舊き生涯に安んぜむとするものぞ。おのがじゝ新しきを開かんと思へるぞ、若き人々のつとめなる。生命は力なり。力は聲なり。聲は言葉なり。新しき言葉はすなはち新しき生涯なり。

われもこの新しきに入らんことを願ひて、多くの寂しく暗き月日を過しぬ。

藝術はわが願ひなり。されどわれは藝術を輕く見たりき。むしろわれは藝術を第二の人生と見たりき。また第二の自然とも見たりき。

あゝ詩歌はわれにとりて自ら責むるの鞭にてありき。わが若き胸は溢れて、花も香もなき根無草四つの巻とはなれり。われは今、青春の記念として、かゝるおもひでの歌ぐさかきあつめ、友とする人々のまへに捧げむとはするなり。

## ☞ 近代短歌の歩み

明治20年代頃から、花鳥風月を詠じることを主とし、生命の脈打たない短歌の形式主義への不満がおこり、落合直文が「あさ香社」を設立、短歌革新の口火を切った。明治33年に、『明星』を創刊し、新しい短歌の実践を目指した。与謝野晶子の『みだれ髪』は短歌に近代化の道を開く画期的な歌集となった。正岡子規は『歌よみに与ふる書』を書き、旧派歌人に対抗するとともにロマン的な明星派に写実の方向から対立し、「根岸短歌会」を設立し、伊藤左千夫、長塚節らがそれを継承した。明治40年代、散文壇での自然主義風潮の影響を受けて、歌壇でも次第に社会主義的傾向を帯びていった。

昭和期になって、短歌の定型打破や口語を使用する新傾向、また現実生活に根ざした社会的な短歌を目指したプロレタリア短歌運動が興った。北原白秋は、新幽玄体の樹立を提唱、ロマン精神の復興を求めた。戦後、短歌の内省時代を迎え、昭和40年代以後、現代短歌における主題、イメージが模索されている。近年では、口語表現や外来語、音楽などの記号を用いた短歌も現れ、俵万智の会話体を生かした『サラダ記念日』の成功は短詩型ブームを興した。

## ☞ 正岡子規『歌よみに与ふる書』

従来の和歌を以て日本文学の基礎として城壁と為さんとするは弓矢剣槍を以て戦はんとすると同じ事にて、明治時代に行はるべき事にては無之候。今日軍艦を購(あがな)ひ、大砲を購ひ、巨額の金を外国に出すも、畢竟(ひっきょう)日本国を固むるに外ならず、されば僅少(きんしょう)の金額にて購ひ得べき外国の文学思想抔(など)は、続々輸入して日本文学の城壁を固めたく存候。生は和歌につきても旧思想を破壊して、新思想を注文するの考にて、随つて用語は雅語、俗語、漢語、洋語必要次第用うるつもりに候。

追て、伊勢の神風、宇佐の神勅云々の語あれども、文学には合理非合理を論ずべき者にては無之、従つて非合理は文学に非ずと申したる事無之候。非合理の事にて文学的には面白き事不少（すくなからず）候。生の写実と申すは、合理非合理事実非事実の謂（いい）にては無之候。油画師は必ず写生に依り候へども、それで神や妖怪（ようかい）やあられもなき事を面白く画き申候。しかし神や妖怪を画くにも勿論写生に依るものにて、ただありのままを写生すると、一部一部の写生を集めるとの相違に有之、生の写実も同様の事に候。これらは大誤解に候。

# 付録　日本近現代文学史年表

| 西暦 | 小説・詩歌・評論・随筆その他 | 社会・文化 |
|---|---|---|
| 1868<br>（明治 1） | 立憲政体略（加藤弘之） | |
| 1870<br>（明治 3） | 西洋道中膝栗毛（仮名垣魯文） | |
| 1871<br>（明治 4） | 安愚楽鍋（仮名垣魯文）） | 廃藩置県 |
| 1872<br>（明治 5） | 学問のすすめ（福沢諭吉） | 「東京日日新聞」創刊 |
| 1873<br>（明治 6） | 柳橋新誌第二編（成島柳北） | 「読売新聞」「朝野新聞」「明六雑誌」創刊 |
| 1875<br>（明治 8） | 文明論の概略（福沢諭吉） | 「仮名読新聞」創刊 |
| 1879<br>（明治 12） | 民権自由論（植木枝盛） | |
| 1882<br>（明治 15） | 新体詩抄（外山正一ら） | 「自由新聞」「時事新報」創刊 |
| 1883<br>（明治 16） | 経国美談（矢野龍渓） | 鹿鳴館開館 |
| 1885<br>（明治 18） | 当世書生気質・小説真髄・詩歌の改良（坪内逍遥）佳人之奇遇（東海散士） | 硯友社結成「我楽多文庫」創刊 |
| 1886<br>（明治 19） | 雪中梅（末広鉄腸）新体詞選（山田美妙）<br>小説総論（二葉亭四迷） | |

續表

| 西暦 | 小説・詩歌・評論・随筆その他 | 社会・文化 |
|---|---|---|
| 1887<br>（明治 20） | 浮雲（二葉亭四迷）武蔵野（山田美妙） | 民友社結成 |
| 1888<br>（明治 21） | あひびき・めぐりあひ（二葉亭四迷訳）言文一致概論（山田美妙） | |
| 1889<br>（明治 22） | 露団々・風流仏（幸田露伴）二人比丘尼色懺悔（尾崎紅葉）於面影（森鴎外ら訳） | 「しがらみ草紙」創刊 |
| 1890<br>（明治 23） | 舞姫（森鴎外）一口剣（幸田露伴）うたかたの記（森鴎外）浮城物語（矢野龍渓） | 第一回帝国議会<br>教育勅語発布 |
| 1892<br>（明治 25） | 三人妻（尾崎紅葉）厭世詩家と女性（北村透谷）冠弥左衛門（泉鏡花） | |
| 1894<br>（明治 27） | 大つごもり（樋口一葉） | 中日甲午戦争始まる |
| 1895<br>（明治 28） | たけくらべ・にごりえ（樋口一葉）<br>夜行巡査・外科室（泉鏡花） | 「帝国文学」創刊 |
| 1896<br>（明治 29） | 多情多恨（尾崎紅葉）<br>照葉狂言（泉鏡花） | 森鴎外主宰「めざまし草」<br>「文芸倶楽部」創刊 |
| 1897<br>（明治 30） | 金色夜叉（尾崎紅葉）<br>源叔父（国木田独歩） | 足尾銅山鉱毒事件<br>「ほととぎす」創刊 |
| 1900<br>（明治 33） | 高野聖（泉鏡花）<br>自然と人生（徳冨蘆花） | 「明星」第一次創刊 |
| 1901<br>（明治 34） | 牛肉と馬鈴薯（国木田独歩）暁鐘（土井晩翠）落梅集（島崎藤村）みだれ髪（与謝野晶子） | |
| 1902<br>（明治 35） | はやり唄（小杉天外）地獄の花（永井荷風）自然主義とは何ぞや（長谷川天渓） | 日英同盟条約調印 |
| 1905<br>（明治 38） | 我輩は猫である・倫敦塔（夏目漱石）春鳥集（蒲原有朋） | |
| 1906<br>（明治 39） | 破戒（島崎藤村）坊っちゃん・草枕（夏目漱石）其面影（二葉亭四迷）舞姫（与謝野晶子） | 夏目漱石の木曜会始まる |
| 1907<br>（明治 40） | 蒲団（田山花袋）虞美人草（夏目漱石）塵埃（正宗白鳥） | 観潮楼歌会始まる<br>「新思潮」第一次創刊 |

續表

| 西暦 | 小説・詩歌・評論・随筆その他 | 社会・文化 |
|---|---|---|
| 1909（明治42） | 邪宗門（北原白秋）それから（夏目漱石）田舎教師（田山花袋）ヰタ・セクスアリス（森鴎外） | 「スバル」創刊 |
| 1910（明治43） | 歌行燈（泉鏡花）家（島崎藤村）ふらんす物語（永井荷風）刺青（谷崎潤一郎）門（夏目漱石）網走まで（志賀直哉）土（長塚節） | 大逆事件<br>「白樺」「三田文学」「新思潮」（第二次）創刊 |
| 1911（明治44） | 妄想・雁（森鴎外）善の研究（西田幾多郎）お目出たき人（武者小路実篤） | |
| 1913（大正2） | 大菩薩峠（中里介山）桑の実（鈴木三重吉）阿部一族（森鴎外） | |
| 1914（大正3） | こころ（夏目漱石）日本橋（泉鏡花）桜の実の熟する時（島崎藤村） | 第一次世界大戦始まる<br>「新思潮」（第三次）創刊 |
| 1916（大正5） | 鼻（芥川龍之介）渋江抽斎（森鴎外）腕くらべ（永井荷風）明暗（夏目漱石） | 「新思潮」（第四次）創刊 |
| 1917（大正6） | 城の崎にて・和解（志賀直哉）父帰る（菊池寛）神経病時代（広津和郎） | ロシア二月革命<br>十月革命 |
| 1919（大正8） | 或る女（有島武郎）恩讐の彼方に（菊池寛） | |
| 1920（大正9） | 小僧の神様（志賀直哉）<br>短歌に於ける写生の説（斉藤茂吉） | |
| 1921（大正10） | 暗夜行路（志賀直哉）唯物史観と文学（平林初之輔） | 「種蒔く人」創刊 |
| 1922（大正11） | 多情仏心（里見弴）破船（久米正雄）都会の憂鬱（佐藤春夫）藪の中（芥川龍之介） | |
| 1923（大正12） | 日輪・蝿（横光利一）青猫（萩原朔太郎）水墨集（北原白秋）青銅の基督（長与善郎） | 「文芸春秋」創刊<br>関東大震災 |
| 1924（大正13） | 痴人の愛（谷崎潤一郎）頭ならびに腹（横光利一）注文の多い料理店・春と修羅（宮沢賢治）新感覚派の誕生（千葉亀雄） | 「日光」「文芸戦線」創刊 |
| 1925（大正14） | 檸檬（梶井基次郎）大導寺信輔の半生（芥川龍之介）淫売婦（葉山嘉樹） | 日本プロレタリア文芸連盟結成治安維持法公布 |

續表

| 西暦 | 小説・詩歌・評論・随筆その他 | 社会・文化 |
|---|---|---|
| 1926（昭和 1） | セメント樽の中の手紙（葉山嘉樹）伊豆の踊り子（川端康成）海に生くる人々（葉山嘉樹）春は馬車に乗って（横光利一）<br>自然成長と目的意識（青野季吉） | |
| 1927（昭和 2） | 河童・歯車・或阿呆の一生（芥川龍之介）冬の日（梶井基次郎） | |
| 1928（昭和 3） | 上海（横光利一）放浪記（林芙美子） | 第一回普通選挙<br>「戦旗」「詩と詩論」創刊 |
| 1929（昭和 4） | 夜明け前第一部（島崎藤村）蟹工船（小林多喜二）太陽のない街（徳永直）屋根の上のサワン（井伏鱒二）敗北の文学（宮本顕治）様々なる意匠（小林秀雄） | 世界大恐慌始まる<br>日本プロレタリア作家同盟結成 |
| 1930（昭和 5） | 機械（横光利一）聖家族（堀辰雄）寝園（横光利一） | 「ナップ」創刊　新興芸術派倶楽部結成 |
| 1931（昭和 6） | 風博士（坂口安吾）ゼーロン（牧野信一） | 九・一八事変起こる<br>日本プロレタリア文化連盟（コップ）結成 |
| 1932（昭和 7） | 日本三文オペラ（武田麟太郎）<br>女の一生（山本有三） | |
| 1933（昭和 8） | 春琴抄・陰翳礼賛（谷崎潤一郎）<br>党生活者（小林多喜二） | |
| 1934（昭和 9） | 紋章（横光利一）<br>羊の歌（中原中也） | |
| 1935（昭和 10） | 仮装人物（徳田秋声）雪国（川端康成）<br>宮本武蔵（吉川英治） | 芥川賞・直木賞創設 |
| 1938（昭和 13） | 麦と兵隊（火野葦平） | 日独文化協定　国家総動員法公布 |
| 1939（昭和 14） | 如何なる星の下に（高見順）富岳百景・女生徒（太宰治）政治と文学（岩上順一）農民作家論（窪川鶴次郎） | 第二次世界大戦起こる |

續表

| 西暦 | 小説・詩歌・評論・随筆その他 | 社会・文化 |
|---|---|---|
| 1940（昭和 15） | 夫婦善哉（織田作之助）走れメロス（太宰治）姨捨（堀辰雄） | 日独伊三国同盟 |
| 1941（昭和 16） | 菜穂子（堀辰雄）縮図（徳田秋声）侘日記（上林暁）歴史と文学（小林秀雄） | 太平洋戦争始まる |
| 1942（昭和 17） | 山月記・光と風と夢（中島敦） | 日本文学報国会結成 |
| 1943（昭和 18） | 東方の門（島崎藤村）細雪（谷崎潤一郎）李陵（中島敦） | |
| 1944（昭和 19） | 津軽（太宰治） | |
| 1945（昭和 20） | お伽草紙・パンドラの匣（太宰治） | 第二次世界大戦終わる |
| 1946（昭和 21） | 白痴・堕落論（坂口安吾）赤蛙（島木健作）暗い絵（野間宏）焼跡のイエス（石川淳）文学における戦争責任の追及（小田切秀雄）復興期の精神（花田清輝） | 新憲法公布　日本文芸家協会、日本文学協会成立「近代文学」「新日本文学」創刊 |
| 1947（昭和 22） | 斜陽（太宰治）深夜の酒宴（椎名麟三）夏の花（原民喜）近代文学の運命（中野好夫） | |
| 1948（昭和 23） | 捕虜記・野火（大岡昇平）人間失格（太宰治） | |
| 1949（昭和 24） | 山の音・千羽鶴（川端康成）闘牛（井上靖） | |
| 1950（昭和 25） | 武蔵野夫人（大岡昇平）チャタレイ夫人の恋人（伊藤整訳）遥拝隊長（井伏鱒二）昭和文学論（平野謙）文学入門（桑原武夫） | |
| 1951（昭和 26） | 壁（阿部公房） | |
| 1952（昭和 27） | 二十四の瞳（壺井栄）真空地帯（野間宏）国民文学の問題点（竹内好） | |
| 1953（昭和 28） | 悪い仲間（安岡章太郎）時間（堀田善衛）銀貨（永井龍男） | テレビ放送始まる |

續表

| 西暦 | 小説・詩歌・評論・随筆その他 | 社会・文化 |
|---|---|---|
| 1954（昭和 29） | 潮騒（三島由紀夫）<br>ひかりごけ（武田泰淳） | |
| 1955（昭和 30） | 太陽の季節（石原慎太郎）<br>白い人（遠藤周作） | |
| 1956（昭和 31） | 金閣寺（三島由紀夫）鍵（谷崎潤一郎）氷壁（井上靖）地唄（有吉佐和子） | 日本・国際連合加盟 |
| 1957（昭和 32） | 女坂（円地文）死者の奢り（大江健三郎）<br>裸の王様（開高健） | ソ連、人工衛星打ち上げ成功 |
| 1958（昭和 33） | 飼育（大江健三郎）第四間氷期（安部公房）物語戦後文学史（本多秋五） | 川端康成、国際ペングラブ副会長就任 |
| 1959（昭和 34） | 敦煌（井上靖）海辺の光景（安岡章太郎）<br>日本三文オペラ（開高健） | |
| 1960（昭和 35） | 眠れる美女（川端康成）海鳴りの底から（堀田善衛）<br>日本浪漫派批判序説（橋川文三） | 日米安全保障条約改定 |
| 1961（昭和 36） | 雁の寺（水上勉）古都（川端康成）憂国（三島由紀夫）砂の器（松本清張） | |
| 1962（昭和 37） | 砂の女（阿部公房）<br>出発は遂に訪れず（島尾敏雄） | 米ソ対立激化（キューバ危機） |
| 1963（昭和 38） | 世阿弥（山崎正和）<br>白い巨塔（山崎豊子） | |
| 1964（昭和 39） | されど我らが日々——（柴田翔）個人的な体験（大江健三郎）他人の顔（阿部公房） | 東京オリンピック開催 |
| 1965（昭和 40） | 黒い雨（井伏鱒二）春の雪（三島由紀夫）<br>本居宣長（小林秀雄） | 米軍、北ベトナム爆撃 |
| 1968（昭和 43） | 三匹の蟹（大庭みな子）<br>日本の現代小説（中村光夫） | 川端康成、ノーベル文学賞受賞 |
| 1969（昭和 44） | アカシヤの大連（清岡卓行）<br>暗室（吉行淳之助） | 東大安田講堂攻防戦 |
| 1970（昭和 45） | 杳子（古井由吉）<br>豊饒の海（三島由紀夫） | |

續表

| 西暦 | 小説・詩歌・評論・随筆その他 | 社会・文化 |
|---|---|---|
| 1975<br>(昭和 50) | 火宅の人（檀一雄）<br>岬（中上健次） | ベトナム戦争終結 |
| 1976<br>(昭和 51) | 限りなく透明に近いブルー（村上龍）人間の証明（森村誠一） | |
| 1977<br>(昭和 52) | 蛍川（宮本輝）<br>項羽と劉邦（司馬遼太郎） | |
| 1979<br>(昭和 54) | 同時代ゲーム（大江健三郎）<br>風の歌を聴け（村上春樹） | |
| 1980<br>(昭和 55) | 日本文学史序説（加藤周一） | |
| 1981<br>(昭和 56) | 吉里吉里人（井上ひさし）<br>本覚坊遺文（井上靖） | |
| 1982<br>(昭和 57) | 寂兮寥兮（大庭みな子）<br>羊をめぐる冒険（村上春樹） | 核戦争の危機を訴える文学者の声明 |
| 1983<br>(昭和 58) | 新しい人よ眼ざめよ（大江健三郎）<br>戦後史の空間（磯田光一）構造と力（浅田彰） | |
| 1984<br>(昭和 59) | 光抱く友よ（高樹のぶ子）冷たい夏、熱い夏（吉村昭）方舟さくら丸（安部公房） | |
| 1985<br>(昭和 60) | 世界の終わりとハードボイルド・ワンダーランド（村上春樹）きらめく星座（井上ひさし） | |
| 1987<br>(昭和 62) | ノルウエイの森（村上春樹）優駿（宮本輝）キッチン（吉本ばなな） | |

# 参考文献


吉田精一『現代日本文学史』筑摩書房、1963 年 9 月

久松潜一・吉田精一『近代日本文学辞典』東京堂出版、1975 年 8 月

藤村作『日本文学大辞典』新潮社、1977 年 4 月

松本清『日本文学史の研究』第一学習者、1978 年 3 月

吉田精一『日本文学間小事典』東京道出版、1978 年 4 月

森野宗明ほか『日本文学名作事典』三省堂、1984 年 5 月

有精堂編集部『近代小説研究必携（1—3）』有精堂、1988 年 6 月

曽根博義『大学で読む現代の文学』双文社出版、1992 年 6 月

竹盛天雄［ほか］『新・現代文学研究必携』学燈社、1993 年 2 月

佐々木八郎ら『日本文学史』（新訂版）京都書房、1999 年 1 月

平居謙・田井英輝『近代文学入門』双文社出版、2000 年 9 月

加藤道理『常用国語便覧』浜島書店、2002 年 2 月

王志松・島村輝『日本近現代文学研究』外語教学与研究出版社、2014 年 8 月